竞争法裁判规则评析

（第一辑）

张黎　李雪宇　主编

中国人民公安大学出版社
群众出版社
·北　京·

图书在版编目（CIP）数据

竞争法裁判规则评析．第一辑 / 张黎，李雪宇主编．—北京：中国人民公安大学出版社，2020.1

ISBN 978-7-5653-3697-3

Ⅰ．①竞…　Ⅱ．①张…　Ⅲ．①反不正当竞争－经济纠纷－审判－案例－中国 ②商标法－经济纠纷－审判－案例－中国　Ⅳ．① D922.294.5 ② D923.435

中国版本图书馆 CIP 数据核字（2019）第 241004 号

竞争法裁判规则评析（第一辑）

张黎　李雪宇　主编

出版发行：中国人民公安大学出版社
地　　址：北京市西城区木樨地南里
邮政编码：100038
经　　销：新华书店
印　　刷：北京市泰锐印刷有限责任公司

版　　次：2020 年 1 月第 1 版
印　　次：2020 年 1 月第 1 次
印　　张：15.5
开　　本：787 毫米 × 1092 毫米　1/16
字　　数：296 千字

书　　号：ISBN 978-7-5653-3697-3
定　　价：68.00 元

网　　址：www.cppsup.com.cn　www.porclub.com.cn
电子邮箱：zbs@cppsup.com　zbs@cppsu.edu.cn

营销中心电话：010-83903254
读者服务部电话（门市）：010-83903257
警官读者俱乐部电话（网购、邮购）：010-83903253
公安业务分社电话：010-83906108

编　委　会

写在前面的话

……

不曾忘记的
是古老的痕迹和誓词
心上的天空是什么颜色
呐喊 就是什么颜色

蒋碧荣《我们仍如孩童般天真》

自 2013 年 10 月竞争小组成立至今，已经六年有余。

最初想就一些经典案例予以点评，是因为社会各界都在点评案例，一时成风。仿佛法律界人士不点评案例实在是不专业且落伍的表现。纵观几类风格的点评文章，多以“赞颂”和“褒扬”法院观点为中心。但实际上，众所周知，法官也有迷茫的时候，法院也有为时世所迫的时候，因此，判决书体现出来的多有当时情势下的痕迹，及值得进一步追究法律本源的地方。但律师毕竟不是专业的法学人士，所知的法律理论和案件背景都远离应有的说理基础。通过怎样的途径和方法将历年来竞争法案例给予点评，在于点评的基础和目标设定。

我们将案例点评设定在一般律师能够通读统感的基础上，用案例展示竞争法的脉络、理念以及审判变迁的过程为一宏大目标。最为关键的是，要让律师群体在案例中真正领悟和受益于现行的裁判规则，而不是局限于个案的评述。法律脱离现实背景就是满纸的条文，并无实现公平正义的实践意义。因此，我们所做的每一个案例都将尽可能地与当年的经济、技术、社会以至人文相关联，即使不能融会贯通，也是一种追溯的过程记录。

我们期望各位读者对于“不妥和错误”，不要过于介意，亦不要对个人言论过分苛责，尤其不应以学术研究讨论之观点，做不当的利用或使用。

一路走来的践行过程，是困苦的过程，是进步的过程，请给我们时间，让我们慢慢成长！

竞争小组

2019年12月12日

目 录

华为技术有限公司诉 IDC 滥用市场支配地位侵权纠纷案（潘志成）// 1
佛山市川东磁电股份有限公司诉佛山市高明西特电器有限公司擅自使用知名商品特有名称纠纷案（甄庆贵）// 15
上海中韩晨光文具制造有限公司诉宁波微亚达文具有限公司、宁波微亚达制笔有限公司、上海成硕工贸有限公司擅自使用知名商品特有装潢纠纷案（赵吉军）// 33
维布络安舍（广东）日用品有限公司诉佛山市雅洁丽化妆品有限公司、徐闻县万家惠商贸有限公司擅自使用知名商品特有包装、装潢纠纷案（崔　军）// 44
宁波畅想软件股份有限公司诉宁波中源信息科技有限公司、宁波中晟信息科技有限公司商业诋毁、虚假宣传纠纷案（秦　鹏）// 54
为你读诗（北京）科技有限公司诉尚客圈（北京）文化传播有限公司商业诋毁纠纷案（李雪宇）// 70
深圳市理邦精密仪器股份有限公司诉深圳迈瑞生物医疗电子股份有限公司商业诋毁纠纷案（邵　伟　徐伟宁）// 84
北京爱奇艺科技有限公司诉北京极科极客科技有限公司违反诚实信用原则和公认商业道德纠纷案（张　黎）// 94
吴广侵犯商业秘密罪案（张　耀）// 118
荣华饼家有限公司、东莞荣华饼家有限公司诉广州市好又多（天利）百货商业有限公司世博分公司等公司、第三人苏国荣侵害注册商标专用权及不正当竞争纠纷案（马　翔）// 136
北京百度网讯科技有限公司、百度在线网络技术（北京）有限公司诉北京奇虎科技有限公司、奇智软件（北京）有限公司侵害商标权及不正当竞争纠纷案（冯克法）// 144
毕飞宇、人民文学出版社有限公司诉陈枰、西苑出版社、北京市新华书店王府井书店侵害著作权及不正当竞争纠纷案（于　鹏）// 154

北京乐动卓越科技有限公司诉北京昆仑乐享网络技术有限公司、北京昆仑在线网络科技有限公司、北京昆仑万维科技股份有限公司侵害著作权及不正当竞争纠纷案（李晓月　赵俊杰）// 165
深圳市超脑力信息咨询有限公司诉苏州新右脑文化传播有限公司侵害著作权及不正当竞争纠纷案（李雪宇）// 173
北京联创种业有限公司诉黄战胜、山东浩丰种业有限公司侵害植物新品种权及不正当竞争纠纷案（张凤书）// 187
江苏中江种业股份有限公司诉连云港市千秋种业有限公司侵害植物新品种权及不正当竞争纠纷案（韦　国）// 198
江苏苏科种业有限公司诉江苏思源种业科技有限公司植物品种许可合同纠纷案（张凤书）// 206
北京中通网络通信有限公司诉北京安博在线软件有限公司技术合同纠纷案（张　旺　徐伟宁）// 214
天津市高夫科技有限公司诉北京格林福天科技开发有限公司技术合同纠纷案（张　黎）// 223

华为技术有限公司诉 IDC 滥用市场支配地位侵权纠纷案

潘志成 ①

一、案例基本信息

案例类型	不公平高价 搭售 滥用市场支配地位 反垄断
案例名称	华为技术有限公司诉 IDC 滥用市场支配地位侵权纠纷案
裁判文书	一审：广东省深圳市中级人民法院（2011）深中法知民初字第 858 号《民事判决书》 二审：广东省高级人民法院（2013）粤高法民三终字第 306 号《民事判决书》
合议庭成员	二审：审判长邱永清、代理审判员肖海棠、代理审判员石静涵
一审原告	华为技术有限公司（本文简称“华为公司”）
一审被告	被告 1：交互数字技术公司 被告 2：交互数字通信有限公司 被告 3：交互数字公司 （本文将被告方统称为“IDC 公司”）
二审上诉人	华为公司、IDC 公司
二审被上诉人	IDC 公司、华为公司
立案日期	2011 年 12 月 6 日
裁判日期	二审：2013 年 10 月 21 日
法律程序	一审、二审
一审判决结果	一、被告交互数字技术公司、交互数字通信有限公司、交互数字公司立即停止针对原告华为技术有限公司实施的过高定价和搭售的垄断民事侵权行为； 二、被告交互数字技术公司、交互数字通信有限公司、交互数字公司自本判决生效之日起十日内连带赔偿原告华为技术有限公司经济损失人民币 2000 万元； 三、驳回原告华为技术有限公司的其他诉讼请求

① 潘志成，上海市汇业律师事务所，高级合伙人，法学博士。

续表

二审判决结果	驳回上诉，维持原判
涉案法律	一审： 《反垄断法》第二条[①]；第十二条[②]；第十七条[③]第一款第（一）、（五）、（六）项，第二款；第十八条[④]；第五十条[⑤]。 《最高人民法院关于审理因垄断行为引发的民事纠纷案件应用法律若干问题的规定》第十四条[⑥]。 《中华人民共和国民事诉讼法》第六十四条[⑦]第一款。 二审： 《中华人民共和国民事诉讼法》第一百七十条[⑧]第一款第（一）项

---

①《反垄断法》第二条：中华人民共和国境内经济活动中的垄断行为，适用本法；中华人民共和国境外的垄断行为，对境内市场竞争产生排除、限制影响的，适用本法。

②《反垄断法》第十二条：本法所称经营者，是指从事商品生产、经营或者提供服务的自然人、法人和其他组织。

本法所称相关市场，是指经营者在一定时期内就特定商品或者服务（以下统称商品）进行竞争的商品范围和地域范围。

③《反垄断法》第十七条：禁止具有市场支配地位的经营者从事下列滥用市场支配地位的行为：（一）以不公平的高价销售商品或者以不公平的低价购买商品；（二）没有正当理由，以低于成本的价格销售商品；（三）没有正当理由，拒绝与交易相对人进行交易；（四）没有正当理由，限定交易相对人只能与其进行交易或者只能与其指定的经营者进行交易；（五）没有正当理由搭售商品，或者在交易时附加其他不合理的交易条件；（六）没有正当理由，对条件相同的交易相对人在交易价格等交易条件上实行差别待遇；（七）国务院反垄断执法机构认定的其他滥用市场支配地位的行为。

本法所称市场支配地位，是指经营者在相关市场内具有能够控制商品价格、数量或者其他交易条件，或者能够阻碍、影响其他经营者进入相关市场能力的市场地位。

④《反垄断法》第十八条：认定经营者具有市场支配地位，应当依据下列因素：（一）该经营者在相关市场的市场份额，以及相关市场的竞争状况；（二）该经营者控制销售市场或者原材料采购市场的能力；（三）该经营者的财力和技术条件；（四）其他经营者对该经营者在交易上的依赖程度；（五）其他经营者进入相关市场的难易程度；（六）与认定该经营者市场支配地位有关的其他因素。

⑤《反垄断法》第五十条：经营者实施垄断行为，给他人造成损失的，依法承担民事责任。

⑥《最高人民法院关于审理因垄断行为引发的民事纠纷案件应用法律若干问题的规定》第14条：被告实施垄断行为，给原告造成损失的，根据原告的诉讼请求和查明的事实，人民法院可以依法判令被告承担停止侵害、赔偿损失等民事责任。

根据原告的请求，人民法院可以将原告因调查、制止垄断行为所支付的合理开支计入损失赔偿范围。

⑦《中华人民共和国民事诉讼法》第六十四条：当事人对自己提出的主张，有责任提供证据。

当事人及其诉讼代理人因客观原因不能自行收集的证据，或者人民法院认为审理案件需要的证据，人民法院应当调查收集。

人民法院应当按照法定程序，全面地、客观地审查核实证据。

⑧《中华人民共和国民事诉讼法》第一百七十条：第二审人民法院对上诉案件，经过审理，按照下列情形，分别处理：（一）原判决、裁定认定事实清楚，适用法律正确的，以判决、裁定方式驳回上诉，维持原判决、裁定……

续表

裁判要点	1. 涉案相关市场范围如何界定。 法院观点：IDC 公司在中国和美国的 3G 无线通信技术标准中的每一个必要专利许可市场，均构成一个独立的相关市场，本案的相关商品市场是一个个独立相关市场的集合束，相关地域市场为中国市场和美国市场。 2. 被告方在相关市场中是否具有支配地位。 法院观点：由于在知识产权与标准相结合的情况下，产品制造商要生产符合标准的产品，实施必要专利必不可少且不可替代，必要专利的专利权人从而获得超越专利权内涵的市场支配力量。IDC 公司作为涉案必要专利许可市场唯一的供给方，其在 3G 标准中的每一个必要专利许可市场具有完全的份额，故其完全具有阻碍或者影响其他经营者进入相关市场的能力。同时，IDC 公司因自身不进行任何实质性生产，不需依赖或者受制于 3G 标准中其他必要专利权利人的交叉许可，其市场支配力未受到有效制约。因此，IDC 公司在相关必要专利许可市场具有市场支配地位。 3. 被告方相关被控行为是否构成滥用市场支配地位的行为。 法院观点：（1）综合考虑相关许可费的比对、其他公司实际情况、交叉许可情况以及 IDC 公司相关诉讼情况等各因素，认定 IDC 公司就涉案必要专利许可对华为公司的报价，构成不公平的过高定价，属于滥用市场支配地位的行为；（2）标准技术条件下的必要专利具有唯一性和不可替代性，而非必要专利一般都具有可替代性。IDC 公司将必要专利与非必要专利捆绑销售，将阻碍或限制非标准必要专利市场的竞争，构成搭售，属于滥用市场支配地位的行为。 4. 被告方如何承担相关法律责任。 法院观点：根据《最高人民法院关于审理因垄断行为引发的民事纠纷案件应用法律若干问题的规定》第十四条规定，本案中，由于 IDC 公司的垄断行为损害了华为公司利益，依法应当承担赔偿责任。由于原被告双方均未提供证据证明因涉案侵权遭受的实际损失或实际的获利，故综合本案相关情况，考虑 IDC 公司侵权行为性质、主观过错程度、侵权持续时间和损害影响，并考虑华为公司因调查、制止垄断行为所支付的合理开支，酌定 IDC 公司赔偿华为公司人民币 2000 万元
案例规则	1. 每一项标准必要专利许可在确定没有其他可替代性产品或技术时均单独构成一个独立的相关市场。 2. 在标准必要专利权利人拒绝提供许可合同或许可费用等信息的情况下，法院可通过对比该标准必要专利权利人向其他同类公司的许可费情况并结合该权利人已实施的与许可报价相关的其他不合理的行为事实，综合认定标准必要专利权利人构成不公平高价的许可行为

续表

案例规则	3. 标准必要专利权利人在具有市场支配地位的情况下，要求被许可人支付高昂许可费的同时，还强迫被许可人向其免费交叉许可被许可人拥有的数量和价值高于权利人的全部专利，可构成滥用市场支配地位中的附加不合理条件行为。 4. 标准必要专利权利人在具有市场支配地位的情况下，将必要专利与非必要专利搭售，属于滥用市场支配地位的行为。 5. 合理许可费的确定应当考虑以下因素： （1）许可使用费数额的高低应当考虑实施该专利或类似专利的所获利润，以及该利润在被许可人相关产品销售利润或销售收入中所占比例； （2）专利权人所作出的贡献是其创新的技术、专利权人仅能够就其专利权而不能因标准而获得额外利益； （3）许可使用费的数额高低应当考虑专利权人在技术标准中有效专利的多少，要求标准实施者就非标准必要专利支付许可使用费是不合理的； （4）专利许可使用费不应超过产品利润一定比例范围，应考虑专利许可使用费在专利权人之间的合理分配

二、案件综述

【主要诉请】

1. IDC公司立即停止垄断民事侵权行为，包括停止过高定价行为、停止差别定价行为、停止搭售行为、停止附加不合理交易条件行为以及停止拒绝交易行为。

2. IDC公司连带赔偿华为公司经济损失人民币2000万元，华为公司保留根据进一步获知的证据以及交互数字技术公司、交互数字通信有限公司、交互数字公司侵权延续造成的损失对赔偿数额予以增加的权利。

3. IDC公司共同承担本案的诉讼费用以及华为公司为维权而支付的合理开支，包括调查费、公证费、律师费等。

【违法行为】

1. 滥用其在3G标准的必要专利许可市场的支配地位，收取不公平的高价许可费。通过将IDC公司拟授权给华为公司3G许可终端装置和基础设施设备的费率与其授权给苹果、三星、HTC等公司的许可费率进行比较，就专利许可使用费率方面，其向华为提出的费率远远高于前述公司，而华为公司在全球手机市场的排名仍远远不如苹果和三星公司。此外，IDC公司强制要求华为及其联属公司将其专利在全球范围内进行免费反向许可，甚至在双方谈判阶段，IDC 公司在美国对华为公司提出禁令之诉，意图逼迫华为公司同意接受其不公平的高价的许可费率条件。

2. 滥用其在 3G 标准的必要专利许可市场的支配地位，在 3G 标准的必要专利许可市场中，无正当理由搭售非标准必要专利许可。

【基本事实】

1. 相关市场：一审和二审法院均从需求替代与供给替代的角度将本案的相关商品市场界定为 IDC 公司持有的在 3G 无线通信技术标准（WCDMA、CDMA2000、TD-SCDMA）中的每个必要专利许可市场构成的集合束，将本案的相关地域市场界定为中国市场和美国市场。

2. 市场支配地位：IDC 公司拥有全球 3G 无线通信领域的标准必要专利，是该必要专利许可市场唯一的供给方，其在 3G 标准中的每个必要专利许可市场均具有完全的份额。相关市场中没有任何可替代的竞争性产品，也没有任何可竞争的经营者。同时，IDC 公司在本案相关市场的支配力不会受到其他同类竞争者的有效制约，其在相关必要专利许可市场中具有市场支配地位。

3. 滥用市场支配地位行为。

（1）收取不公平的高价专利许可费。经比较，以专利许可使用费率为标准，IDC 公司拟授权给华为公司 3G 许可终端装置和基础设施设备的费率大约为授权给苹果公司的许可使用费率的 100 倍，大约为授权给三星公司许可使用费率的 7~8 倍，为授权给 RIM 公司许可使用费率的 7 倍，为授权给 HTC 公司许可使用费率的 9 倍；以一次性支付专利许可使用费为标准，IDC 公司拟授权给华为公司每季度的专利许可使用费大约为其授权给苹果公司每季度许可费的 35 倍，而根据 STRATEGY ANALYTICS 研究机构对全球手机市场的分析显示，苹果公司与三星公司一直为全球前几的手机制造商，华为公司尚未列入该排名，而 IDC 公司向华为提出的许可使用费率却远远高于前述公司。此外，IDC 公司在其拥有的专利数量和质量远不如华为的情况下，要求华为及其附属公司将其专利在全球范围内进行免费反向许可；甚至在双方谈判阶段，IDC 公司向美国国际贸易委员会和美国特拉华州地方法院，对华为公司提出目的在于逼迫华为公司接受过高专利许可交易条件必要专利的禁令之诉。一审和二审法院在综合考虑相关许可费的比对、其他公司实际情况、交叉许可情况以及 IDC 公司相关诉讼情况等各因素后，认定 IDC 公司就涉案必要专利许可对华为公司的报价，构成不公平的过高定价，属于滥用市场支配地位的行为。

（2）没有正当理由搭售非无线标准必要专利。标准技术条件下的必要专利具有唯一性和不可替代性，而非必要专利一般都具有可替代性。IDC 公司在本案中无正当理由，将必要专利与非必要专利向华为公司捆绑销售，将阻碍或限制非标准必要专利市场的竞争，构成搭售，属于滥用市场支配地位的行为。

【核心要点】

1. 本案的相关商品市场为IDC公司持有的在3G无线通信技术标准（WCDMA、CDMA2000、TD-SCDMA）中的每个必要专利许可市场构成的集合束，本案的相关地域市场为中国市场和美国市场。

2. IDC公司在3G无线通信技术标准（WCDMA、CDMA2000、TD-SCDMA）中的相关必要专利许可市场中具有市场支配地位。

3. IDC公司滥用市场支配地位，收取不公平的高价专利许可费，没有正当理由搭售非标准必要专利。

【案例背景】

华为公司于1987年在深圳注册成立，其经营范围包括开发、生产、销售程控交换机，传输设备，数据通信设备，宽带多媒体设备，电源、无线通信设备，微电子产品，系统集成工程，计算机及配套设备，终端设备及相关的设备及维修，技术咨询服务等。2010年，华为公司年度研发费用达到人民币16556百万元，同比增加24.1%，投入51000多名员工（占公司总人数的46%）进行产品与解决方案的研究开发，并在美国、德国、瑞典、俄罗斯、印度及中国等地设立了20个研究所。截至2010年12月31日，华为公司累计申请中国专利31869件，申请PCT国际专利8892件，海外专利8279件，已获授权专利17765件，其中海外授权3060件。截至2010年年底，华为公司加入全球123个行业标准组织，如3GPP、IETF、ITU、OMA、NGMN、ETSI、IEEE和3GPP2等，并向这些标准组织提交提案累计超过23000件。华为公司根据内部管理要求，将其区域分部划分为中国和海外。2009年，华为公司全球收入（包括电信网络、全球服务、终端收入）为人民币1490.59亿元。2010年，华为公司全球收入（包括电信网络、全球服务、终端收入）为人民币1851.76亿元。

交互数字技术公司、交互数字通信有限公司、交互数字公司均是在美国注册的企业法人。交互数字技术公司、交互数字通信有限公司是交互数字公司的全资子公司。包括交互数字技术公司、交互数字通信有限公司、交互数字公司在内的关联公司对外统称为“InterDigital Group”（IDC公司集团）。IDC公司在2011年年报中声称，“其通过全资子公司持有超过19500项与无线通信基本技术有关的专利和专利申请组成的专利组合，这些专利组合中有许多专利和专利申请是或可能成为移动或其他无线标准（包括2G、3G、4G和IEEE 802系列标准）的关键。IDC公司集团的收入，主要来自根据专利许可协议所收取的专利使用费”。

现行通信领域技术标准主要包括2G、3G和4G。其中，3G标准包括

WCDMA、CDMA2000、TD-SCDMA 标准。其中，WCDMA、TD-SCDMA 标准由 3GPP（The 3rd Generation Partnership Project，第三代合作伙伴计划，由 ETSI 创立）制定并发布。WCDMA 标准使用地区包括欧洲、中国。TD-SCDMA 标准使用地区主要为中国。CDMA2000 标准由 3GPP2（The 3rd Generation Partnership Project2，第三代合作伙伴计划 2，由 TIA 创立）制定并发布，使用地区包括美国、中国。中国通信标准化协会（CCSA）是 3GPP、3GPP2 的会员。中国联通、中国电信、中国移动分别使用 WCDMA、CDMA2000、TD-SCDMA 标准。

从 2008 年 11 月开始，华为公司与 IDC 通信有限公司就 3G 必要标准专利许可在中国广东省深圳市等地进行了多次谈判。在谈判中，IDC 公司声称其拥有 2G/3G 领域 TDMA/WCDMA（TD-SCDMA，FDD and TDD）、Media Independent Handoff-802.21（e.g.，from WCDMA to Wifi）标准中的大量必要专利。包括 WCDMA、CDMA2000、TD-SCDMA 等涉及 2G、3G 领域的必要专利。经过多次谈判，双方仍未能就专利许可使用费方面达成一致协议。2011 年 7 月 26 日，IDC 公司将华为公司起诉到美国特拉华州法院以及美国国际贸易委员会，指控华为侵犯了其在美国享有的 7 项专利，要求法院责令华为停止侵权行为，同时请求美国国际贸易委员会对华为公司等相关产品启动调查并发布全面禁止进口令、暂停及停止销售令。与之同时，IDC 公司仍在与华为公司继续专利许可使用费率方面的谈判，仍然未果。2011 年 12 月 6 日，华为向广东省深圳市中级人民法院同时提出两起诉讼，一起是请求法院按照公平、合理、无歧视条件判决确定 IDC 公司向华为公司收取的许可费率或费率范围对象为 IDC 公司的全部中国标准必要专利（IDC 公司持有的、对应中国无线通信标准的、包括 2G、3G 和 4G 在内的中国标准必要专利及专利申请），另一起是华为公司认为 IDC 公司滥用市场支配地位，侵犯其合法权益，构成垄断，要求 IDC 公司停止侵权、赔偿损失。两起诉讼均于 2013 年 2 月由深圳市中级人民法院作出一审判决，于 2013 年 10 月由广东省高级人民法院作出终审判决。①

三、案例评析

【名词解释】

1. 技术标准。

技术标准是指对一个或几个生产技术设立的必须符合要求的条件以及能

---

①（2011）深中法知民初字第 857 号《民事判决书》、（2011）深中法知民初字第 858 号《民事判决书》、（2013）粤高法民三终字第 305 号《民事判决书》、（2013）粤高法民三终字第 306 号《民事判决书》。

达到此标准的实施技术。[①]

2. 标准必要专利。

标准必要专利（Standard Essential Patents，SEPs）是指技术标准中包含的必不可少和不可替代的专利，即是为实施技术标准而不得不使用的专利。如果一个技术标准得到了广泛应用而成为行业标准或者国家强制性标准，而达不到标准的产品或者服务就不能进入市场，这个技术标准对相关企业就是强制性的要求。[②]

3. FRAND 原则。

FRAND 原则又称为“公平、合理、无歧视原则”，实行 FRAND 原则是标准组织的一项国际惯例，凡是纳入标准的必要专利，其权利人均应遵循该原则进行许可。其目的在于为避免专利权人滥用专利标准化给自己带来的强势地位，拒绝向竞争对手许可实施专利技术，导致竞争对手因无法执行技术标准而被排除在市场之外，或者借助标准实施的强制性向被许可人索取高额专利使用费，形成专利“讹诈”。[③]

【案例评析】

1. 本案在本质上具有滥用因知识产权形成的相关市场支配地位的特征。

本案中，IDC 公司拥有全球 3G 无线通信领域的标准必要专利，是该必要专利许可市场唯一的供给方，其在 3G 标准中的每一个必要专利许可市场均具有完全的份额。每一个相关市场中没有任何可替代的竞争性产品也没有任何可竞争的经营者。基于 IDC 公司在本案相关市场的支配力不会受到其他同类竞争者的有效制约，其在相关必要专利许可市场中具有支配地位。尽管该种结果的形成，与相关市场的准入门槛和进入难度较高相关，也尽管拥有标准必要专利并不意味着拥有市场支配地位的事实，但就本案而言，究其主要原因仍在于 3G 无线通信领域的标准必要专利的强制性、唯一性、暂无替代性的情形赋予了 IDC 公司以主要的市场竞争优势，使有相应需求的通信制造商对其具有高度的依赖，再加上其在相关市场中的独占地位而又可不受其他竞争者的制约，再次强化了 IDC 公司对相关市场的控制能力，可见 IDC 公司拥有的该等知识产权是其获得并维持市场控制能力的主要因素。因此，本案在本质上具有滥用因知识产权形成的相关市场支配地位的特征。

2. 相关市场界定分析。

科学和合理地界定相关市场，是识别市场上的竞争者和潜在竞争者，判定相关企业的市场份额和市场集中度，从而认定企业的市场地位及其市场行为对竞争的影响，以最终判断该企业是否占市场支配地位的一个基本

---

① 广东省深圳市中级人民法院（2011）深中法知民初字第 858 号《民事判决书》。

② 王晓晔：《标准必要专利反垄断诉讼问题研究》，载《中国法学》2015 年第 6 期。

③ 广东省深圳市中级人民法院（2011）深中法知民初字第 857 号《民事判决书》。

步骤。[①]

界定相关市场一般需要考虑案件所涉及的相关产品以及相关产品竞争所影响的地域范围，即“相关产品市场”和“相关地域市场”，这一点已为各国立法或国际组织达成共识。但除此之外，目前各国的实践中也已出现技术市场和时间市场等概念。就相关产品市场而言，根据国务院反垄断委员会《关于界定相关市场的指南》第三条规定，相关商品市场，是根据商品的特性、用途及价格等因素，由需求者认为具有较为紧密替代关系的一组或一类商品所构成的市场。因此，此处主要考虑的是需求替代性。而界定相关地域市场则主要需要考虑相关产品所处的地域范围。关于技术市场，目前美国的《知识产权许可反托拉斯指南》以及欧盟的《关于技术转让协议适用〈欧盟运行条约〉第一百零一条的指南》中均有明确提出此概念。当然，我国国务院反垄断委员会发布的《关于界定相关市场的指南》第二条中也有表述，在技术贸易、许可协议等涉及知识产权的反垄断执法工作中，可能还需要界定相关技术市场，考虑知识产权、创新等因素的影响。可见，在涉及知识产权许可协议等反垄断案件中，技术市场的界定可能必不可少。

本案中，法院基于涉案标准必要专利的自身属性，从需求替代和供给替代分析等因素综合考虑界定本案相关产品市场为 IDC 公司持有的在 3G 无线通信技术标准（WCDMA、CDMA2000、TD-SCDMA）中的每一个必要专利许可市场构成的集合束，笔者认为并无不妥之处，只是在一审法院的判决书中，并未具体明确此处的标准必要专利许可市场究竟是产品市场还是技术市场，而根据国家工商总局 2015 年 4 月发布的《关于禁止滥用知识产权排除、限制竞争行为的规定》第三条的规定，在涉及知识产权许可等反垄断执法工作中，相关商品市场可以是技术市场，也可以是含有特定知识产权的产品市场。而在知识产权许可事宜中，产品市场与技术市场所对应的市场需求者是不相同的，由此导致的就是对相关市场的不同范围界定。因此，一审法院的笼统表述可能有些模糊，易产生疑义。IDC 公司就相关商品市场界定进行抗辩时，提出本案的相关产品应当为 3G 标准覆盖的最终产品，市场需求者应当包括终端消费者，这在本案中明显不合理，因此在终审判决书中法院明确以技术市场的表述予以相关反驳，笔者认为值得肯定。希望在此后的知识产权相关的反垄断案件分析过程中，均能采用更为严密的表述，明确区分知识产权中的产品市场与技术市场。

此外，关于涉及标准必要专利的相关市场界定，林秀芹等在《标准必要

---

① 国务院反垄断委员会《关于界定相关市场的指南》第二条。

专利的反垄断法规制——兼与欧美实践经验对话》[①]一文中提及，欧盟的经验目前已从2012年谷歌并购摩托罗拉案中认为标准必要专利这一术语本身便意味着其没有替代物，因此认定每一标准必要专利都构成一个单独的相关技术市场；发展到了在审理2014年有关摩托罗拉和三星公司的两个标准必要专利垄断案件时认为前述命题并不是当然成立，而是附有条件的，即在技术市场上，不同的技术方案之间存在替代：当某一技术方案被纳入特定技术标准成为标准必要专利后，由于存在相互竞争的技术标准，这些技术标准下相对应的标准必要专利之间也可能构成替代关系。因此，只有所涉标准必要专利是所有相互竞争技术标准的共同选择；或者某技术标准经由立法或标准实践成为产业的唯一事实标准的情况下所涉标准必要专利才没有可替代技术，"每一标准必要专利构成单独的相关市场"的论断才成为可能。笔者认为，欧盟后续采取的动态分析标准必要专利相关市场的经验对我国确有一定的借鉴价值。当然，在本案中，法院本身就采用了一定的动态分析的方法。此外，一审和二审法院一致基于专利的地域性将本案的相关地域市场界定为是中国市场和美国市场，笔者认为实属合理。

3. 滥用知识产权违法行为的认定难点。

知识产权本质上就是一种合法的垄断权，一般不受反垄断法的规制，因此，如何科学合理地认定知识产权的合法垄断权利，与反垄断法的规制范围划出界限，是认定滥用知识产权违法行为的难点之一。众所周知，专利法赋予给专利所有权人以合法垄断权的本意在于鼓励市场创新以提高经济效率。假如相关权利人在行使该等权利过程中不当扩张了其垄断权的范围，将其享有的合法权利演变成了控制市场、排除或限制市场竞争、支配其他市场参与主体的经济权力[②]，该种情况违反了专利保护政策中保护经济效率的本意，同时已经符合反垄断法中规定的排除或限制竞争、损害市场竞争秩序的情形，则应当纳入反垄断法的规制范围中。

在本案中，法院主要认定标准必要专利权人IDC公司构成了过高定价以及搭售的滥用知识产权的行为。鉴于搭售行为特征表现明显，不太容易引起争议，而且在本案中法院对搭售的认定与国家工商总局发布的《关于禁止滥

---

① 林秀芹、刘禹：《标准必要专利的反垄断法规制——兼与欧美实践经验对话》，载《知识产权》2015年第12期。

② 徐士英：《竞争政策视野下知识产权领域的竞争法实施》，载《中国价格监管与反垄断》2015年第4期。

用知识产权排除、限制竞争行为的规定》第九条规定[①]中的认定模式基本相同，不需要过多分析，仅需注意的是此处对搭售行为的认定必须是在认定该知识产权权利人已经具有市场支配地位的前提下进行。笔者认为，本案的认定难点在于对不公平的高价许可费行为以及 FRAND 原则（见【名词解释】FRAND 原则）在确定许可费是否合理的司法实践中的适用。

（1）在标准必要专利许可中认定不公平的高价许可费行为。众所周知，标准必要专利持有人一般在进行专利许可时应当遵循 FRAND 原则，即公平、合理和无歧视的原则。然鉴于 FRAND 原则的规定过于模糊，在具体的司法实践中，对于标准必要专利权利人滥用市场支配地位，实施不公平的高价许可费的认定仍具有较大难度。

根据《反垄断法》第十七条规定："禁止具有市场支配地位的经营者从事下列滥用市场支配地位的行为：（一）以不公平的高价销售商品或者以不公平的低价购买商品……"在此处对不公平高价行为的认定较为模糊，仅强调了不公平与高价两个要素。另外根据国家发改委发布的《反价格垄断规定》第十一条规定："认定'不公平的高价'和'不公平的低价'，应当考虑下列因素：（一）销售价格或者购买价格是否明显高于或者低于其他经营者销售或者购买同种商品的价格；（二）在成本基本稳定的情况下，是否超过正常幅度提高销售价格或者降低购买价格；（三）销售商品的提价幅度是否明显高于成本增长幅度，或者购买商品的降价幅度是否明显高于交易相对人成本降低幅度；（四）需要考虑的其他相关因素。"根据前述规定，对于不公平高价的认定主要通过价格比较的方法进行。

在本案中，法院在 IDC 公司不愿意披露其对其他公司按许可费收取的情况及相关许可使用合同的情况下，通过年报披露的内容及其他被许可人的销售收入及其他相关情况，以此推算许可费率从而与本案 IDC 公司许可给华为公司的费率进行比对，以此作为判断 IDC 公司是否存在过高定价的参考，虽然不具有非常的准确性，但法院同时结合了 IDC 公司强制要求华为及其联属公司将其专利在全球范围内进行免费反向许可以及在双方谈判阶段，IDC 公司在美国对华为公司提出禁令之诉，意图逼迫华为公司同意接受其不公平的高价的许可费率条件等相关事实综合认定 IDC 公司构成不公平的过高定价行为，违反了反垄断法的规定。笔者认为，结合本案的具体事实情况，可以认

---

① 《关于禁止滥用知识产权排除、限制竞争行为的规定》第九条规定的具有市场支配地位的经营者没有正当理由，不得在行使知识产权的过程中，实施同时符合下列条件的搭售行为，排除、限制竞争："（一）违背交易惯例、消费习惯等或者无视商品的功能，将不同商品强制捆绑销售或者组合销售；（二）实施搭售行为使该经营者将其在搭售品市场的支配地位延伸到被搭售品市场，排除、限制了其他经营者在搭售品或者被搭售品市场上的竞争。"

同法院的上诉认定结果，在高院的判决书中，此版块在论述IDC公司的过高定价行为对竞争的影响时太过简略，而且主要提到的是制约华为公司的竞争能力，而未提及对整个终端行业市场的影响以及相关消费者的影响，论述不够充分。尤其是在对于标准必要专利许可费的价格是否构成高价的具体认定难度极大的情况下，笔者认为除了应考虑价格是否公平合理的情况下，还应当注重考虑该行为对竞争的损害及消费者的影响，因为反垄断法的根本宗旨就在于确保市场存在有效竞争，维护消费者利益和社会公共利益，提高经济运行效率。

（2）FRAND原则在司法实践中确定合理的专利许可费的适用。FRAND原则又称为“公平、合理、无歧视原则”，实行FRAND原则是标准组织的一项国际惯例，凡是纳入标准的必要专利，其权利人均应遵循该原则进行许可。其目的在于为避免专利权人滥用专利标准化给自己带来的强势地位，拒绝向竞争对手许可实施专利技术，导致竞争对手因无法执行技术标准而被排除在市场之外，或者借助标准实施的强制性向被许可人索取高额专利使用费，形成专利“讹诈”。[①]

本案是我国首例适用FRAND原则来判断标准必要专利许可费率是否合理、是否构成滥用市场支配地位行为的案例。根据法院的判决书内容，法院判决构成FRAND许可费的主要认定点在于专利权人收取许可费应遵循合理原则和无歧视原则，此处许可费的合理性既表现为许可费本身的合理，也表现为不同被许可人的许可费相互比较的合理性。同时笔者注意到，在法院另案再审的关于要求确定许可费率的案件中，法院在认定IDC公司给予华为公司的许可费是否合理时，鉴于IDC公司拒绝提供相关的许可合同或许可费率情况，法院分别对苹果和三星公司的许可费作了比较，最后因IDC公司授权三星公司的许可费率是在法律诉讼背景下达成的，授权苹果的许可费率则是在双方平等、自愿和协商的条件下达成的，法院主要比较了IDC公司与苹果公司之间的专利许可费，最终判决了一个法院认为比较公平且合理的费率。在该案中，法院还归纳了判断许可费是否合理至少应当考虑的几大因素。

笔者认为，在本案中，鉴于只有专利权人本身才掌握着其是否在被许可人之间存在价格歧视的深度信息，所以这种信息的不对等，可以使得在法院通过与其他公司的专利费比对及其他因素综合分析后认定其构成不公平高价行为时，由专利权人自身来承担举证不构成不公平高价的责任，也许这便是法院在判决书中强调IDC公司无法否认它向华为公司收取了过高许可费的原因所在。因此，笔者认为本案法院对于使用FRAND原则及其他要素综合认定IDC公司构成不公平的高价许可行为是正确且值得肯定的，但是，笔者认为

---

① 广东省深圳市中级人民法院（2011）深中法知民初字第857号《民事判决书》。

法院在判决书中仍有部分不足，需要进一步明确。比如，法院认定 IDC 公司构成不公平的高价许可行为，属于滥用市场支配地位，但在判决书中很少对该种不公平高价行为的竞争影响进行分析，那么笔者想问，是否标准必要专利权利人违反了 FRAND 原则进行不公平合理的许可，就必然会滥用市场支配地位呢？笔者认为，两者并非是必然的直接关系，只有在必要专利权利人违反了 FRAND 原则的同时还违反了反垄断法的规定，实施了排除限制竞争，损害消费者利益或公共利益的行为才会构成真正意义上的滥用市场支配地位的行为。

此外笔者认为，对于法院通过与其他公司许可费率的对比综合确定具体费率的做法，还是具有一定局限性的，比较许可各方的具体情况包括其市场地位、综合水平、谈判能力等均不同，这样的对比仅能作为一个粗略的情况参考，否则可能仍有失公允。如果 IDC 未向苹果或者三星等公司许可其必要专利，法院该将如何确定 IDC 必要专利的许可费呢？因此，该种对比确定许可费率的做法其不确定性因素较大，期待在未来知识产权的执法及司法实践中能确立更为明确化的 FRAND 许可费确定机制。

【总体评价】

华为诉 IDC 一案，是我国第一起由标准必要专利许可引起的反垄断诉讼案件，也是我国法院第一次引入 FRAND 原则作为判案依据，这的确表明了中国反垄断领域司法水平的提升，也明确了我国对滥用知识产权垄断行为规制的态度，在国内乃至国际的反垄断司法实践中均具有一定的意义。中国反垄断领域的执法和司法能力值得肯定，但同时仍有些许不足和遗憾，但正因如此，才留给我们对中国未来反垄断领域内执法和司法的更多期待。

【案例规则】

1. 每一项标准必要专利许可在确定没有其他可替代性产品或技术时均单独构成一个独立的相关市场。

2. 在标准必要专利权利人拒绝提供许可合同或许可费用等信息的情况下，法院可通过对比该标准必要专利权利人向其他同类公司的许可费情况并结合该权利人已实施的与许可报价相关的其他不合理的行为事实，综合认定标准必要专利权利人构成不公平高价的许可行为。

3. 标准必要专利权利人在具有市场支配地位的情况下，要求被许可人支付高昂许可费的同时，还强迫被许可人向其免费交叉许可被许可人拥有的数量和价值高于权利人的全部专利，可构成滥用市场支配地位中的附加不合理条件行为。

4. 标准必要专利权利人在具有市场支配地位的情况下，将必要专利与非必要专利搭售，属于滥用市场支配地位的行为。

5. 合理许可费的确定应当考虑以下因素：

（1）实施该专利或类似专利的所获利润，以及该利润在被许可人相关产品销售利润或销售收入中所占比例；

（2）专利权人仅能够就其对技术的创新所获的专利权获取收益，而不能因标准而获得额外利益；

（3）许可使用费的数额高低应当考虑专利权人在技术标准中有效专利的数量和比例；

（4）专利许可使用费不应超过产品利润一定比例范围，应考虑专利许可使用费在专利权人之间的合理分配。

佛山市川东磁电股份有限公司诉佛山市高明西特电器有限公司擅自使用知名商品特有名称纠纷案

甄庆贵[①]

一、案例基本信息

案例类型	知名商品　特有名称　不正当竞争　民事案件
案例名称	佛山市川东磁电股份有限公司诉佛山市高明西特电器有限公司擅自使用知名商品特有名称纠纷案
裁判文书	一审：广东省佛山市中级人民法院（2015）佛中法知民初字第1号《民事判决书》 二审：广东省高级人民法院（2015）粤高法民三终字第707号《民事判决书》
合议庭成员	一审：审判长刘建红、代理审判员谭志华、代理审判员郑正坚 二审：审判长岳利浩、代理审判员肖海棠、代理审判员肖少杨
一审原告	佛山市川东磁电股份有限公司（本文简称“川东公司”）
一审被告	佛山市高明西特电器有限公司（本文简称“西特公司”）
二审上诉人	西特公司
二审被上诉人	川东公司
受理日期	一审：2015年1月27日
裁判日期	一审：2015年9月21日 二审：2016年7月4日
法律程序	一审、二审

① 甄庆贵，北京市中伦文德律师事务所，高级合伙人。

续表

一审判决结果	一、佛山市高明西特电器有限公司应于判决发生法律效力之日起立即停止不正当竞争行为； 二、佛山市高明西特电器有限公司应于判决发生法律效力之日起十日内向佛山市川东磁电股份有限公司赔偿经济损失人民币 700000 元以及佛山市川东磁电股份有限公司为制止侵权支付的合理费用人民币 81100 元，合计人民币 781100 元； 三、驳回佛山市川东磁电股份有限公司的其他诉讼请求
二审判决结果	撤销一审判决，驳回原告全部诉讼请求
涉案法律、法规和解释	一审： 《中华人民共和国民法通则》第一百一十八条[①]、第一百三十四条[②]第一款第（一）项、第（七）项、第二款； 《中华人民共和国反不正当竞争法》第二条[③]第一款、第五条[④]第（二）项

---

①《民法通则》第一百一十八条：公民、法人的著作权（版权），专利权、商标专用权、发现权、发明权和其他科技成果权受到剽窃、篡改、假冒等侵害的，有权要求停止侵害，消除影响，赔偿损失。

②《民法通则》第一百三十四条：承担民事责任的方式主要有：(一)停止侵害；(二)排除妨碍；(三)消除危险；(四)返还财产；(五)恢复原状；(六)修理、重作、更换；(七)赔偿损失；(八)支付违约金；(九)消除影响、恢复名誉；(十)赔礼道歉。

以上承担民事责任的方式，可以单独适用，也可以合并适用。

人民法院审理民事案件，除适用上述规定外，还可以予以训诫、责令具结悔过、收缴进行非法活动的财物和非法所得，并可以依照法律规定处以罚款、拘留。

③《反不正当竞争法》第二条：经营者在生产经营活动中，应当遵循自愿、平等、公平、诚信的原则，遵守法律和商业道德。

本法所称的不正当竞争行为，是指经营者违反本法规定，损害其他经营者的合法权益，扰乱社会经济秩序的行为。

本法所称的经营者，是指从事商品生产、经营或者营利性服务（以下所称商品包括服务）的自然人、法人和非法人组织。

④《反不正当竞争法》(1993 年）第五条：经营者不得采用下列不正当手段从事市场交易，损害竞争对手：

（一）假冒他人的注册商标；

（二）擅自使用知名商品特有的名称、包装、装潢，或者使用与知名商品近似的名称、包装、装潢，造成和他人的知名商品相混淆，使购买者误认为是该知名商品；

（三）擅自使用他人的企业名称或者姓名，引人误认为是他人的商品；

（四）在商品上伪造或者冒用认证标志、名优标志等质量标志，伪造产地，对商品质量作引人误解的虚假表示。

续表

涉案法律、法规和解释	《最高人民法院关于审理不正当竞争民事案件应用法律若干问题的解释》第一条[①]第一款、第十七条[②]第一款； 《中华人民共和国民事诉讼法》第六十四条[③]第一款。 二审： 《中华人民共和国反不正当竞争法》第二条、第五条第（二）项； 《最高人民法院关于审理不正当竞争民事案件应用法律若干问题的解释》第二条[④]；

① 《最高人民法院关于审理不正当竞争民事案件应用法律若干问题的解释》第一条：在中国境内具有一定的市场知名度，为相关公众所知悉的商品，应当认定为反不正当竞争法第五条第（二）项规定的“知名商品”。人民法院认定知名商品，应当考虑该商品的销售时间、销售区域、销售额和销售对象，进行任何宣传的持续时间、程度和地域范围，作为知名商品受保护的情况等因素，进行综合判断。原告应当对其商品的市场知名度负举证责任。

在不同地域范围内使用相同或者近似的知名商品特有的名称、包装、装潢，在后使用者能够证明其善意使用的，不构成反不正当竞争法第五条第（二）项规定的不正当竞争行为。因后来的经营活动进入相同地域范围而使其商品来源足以产生混淆，在先使用者请求责令在后使用者附加足以区别商品来源的其他标识的，人民法院应当予以支持。

② 《最高人民法院关于审理不正当竞争民事案件应用法律若干问题的解释》第十七条：确定反不正当竞争法第十条规定的侵犯商业秘密行为的损害赔偿额，可以参照确定侵犯专利权的损害赔偿额的方法进行；确定反不正当竞争法第五条、第九条、第十四条规定的不正当竞争行为的损害赔偿额，可以参照确定侵犯注册商标专用权的损害赔偿额的方法进行。

因侵权行为导致商业秘密已为公众所知悉的，应当根据该项商业秘密的商业价值确定损害赔偿额。商业秘密的商业价值，根据其研究开发成本、实施该项商业秘密的收益、可得利益、可保持竞争优势的时间等因素确定。

③ 《民事诉讼法》第六十四条：当事人对自己提出的主张，有责任提供证据。

当事人及其诉讼代理人因客观原因不能自行收集的证据，或者人民法院认为审理案件需要的证据，人民法院应当调查收集。

人民法院应当按照法定程序，全面地、客观地审查核实证据。

④ 《最高人民法院关于审理不正当竞争民事案件应用法律若干问题的解释》第二条：具有区别商品来源的显著特征的商品的名称、包装、装潢，应当认定为反不正当竞争法第五条第（二）项规定的“特有的名称、包装、装潢”。有下列情形之一的，人民法院不认定为知名商品特有的名称、包装、装潢：

（一）商品的通用名称、图形、型号；

（二）仅仅直接表示商品的质量、主要原料、功能、用途、重量、数量及其他特点的商品名称；

（三）仅由商品自身的性质产生的形状，为获得技术效果而需有的商品形状以及使商品具有实质性价值的形状；

（四）其他缺乏显著特征的商品名称、包装、装潢。

前款第（一）、（二）、（四）项规定的情形经过使用取得显著特征的，可以认定为特有的名称、包装、装潢。

知名商品特有的名称、包装、装潢中含有本商品的通用名称、图形、型号，或者直接表示商品的质量、主要原料、功能、用途、重量、数量以及其他特点，或者含有地名，他人因客观叙述商品而正当使用的，不构成不正当竞争行为。

续表

涉案法律、法规和解释	《中华人民共和国民事诉讼法》第六十四条第一款、第一百七十条[①]第一款第（二）项
裁判要点	1. 本案原告主张知名商品特有名称保护的必要条件是商品或服务的名称具有知名度和特有性，为此，原告必须举证同时证明名称的“知名度”和“特有性”且与企业建立起稳定的联系，只有知名度与特有性相结合，且与企业建立起稳定的联系，才能产生标识和区别商品或服务来源的作用，才能获得反法的保护。 2. 原告依据《反不正当竞争法》第二条主张被告违反诚实信用，须证明被告在主观上存在过错，客观上造成商品来源的混淆，且获得了不正当利益
案例规则	商品名称需具有原创性，或虽非原创但通过使用具有了特定含义或显著特征，并与特定经营者或商品建立起稳定的联系，可以获得知名商品特有名称的法律保护

二、案例综述

【主要诉请】

川东公司以西特公司销售被诉侵权产品构成不正当竞争为由，请求法院判令：1. 西特公司立即停止不正当竞争行为，即立即停止在磁控开关产品上以及销售凭证上停止使用“CPS-3150”、“CPS”字样；2. 西特公司在《佛山日报》、《日用电器》媒体上刊登面积不小于 10cm × 10cm 的公开声明，消除其侵权影响；3. 西特公司赔偿川东公司经济损失 500 万元以及合理维权支出 10 万元，共计 510 万元；4. 西特公司承担本案的全部诉讼费用。

---

① 《民事诉讼法》第一百七十条：第二审人民法院对上诉案件，经过审理，按照下列情形，分别处理：

（一）原判决、裁定认定事实清楚，适用法律正确的，以判决、裁定方式驳回上诉，维持原判决、裁定；

（二）原判决、裁定认定事实错误或者适用法律错误的，以判决、裁定方式依法改判、撤销或者变更；

（三）原判决认定基本事实不清的，裁定撤销原判决，发回原审人民法院重审，或者查清事实后改判；

（四）原判决遗漏当事人或者违法缺席判决等严重违反法定程序的，裁定撤销原判决，发回原审人民法院重审。

原审人民法院对发回重审的案件作出判决后，当事人提起上诉的，第二审人民法院不得再次发回重审。

【基本事实】

一审法院审查确认的事实：

1. 关于川东公司企业及品牌知名度的事实。

2011年，川东公司被佛山市政府授予“佛山市2011年度纳税超亿元企业”称号。2012年，广东省名牌产品评价中心认定川东公司生产的“（川东磁电+图形）牌温控器”产品为广东省名牌产品。2015年，川东公司在温度敏感控制器上注册的“川东磁电+图形”商标被认定为广东省著名商标。2013年，川东公司被广东省知识产权局评为广东省知识产权优势企业。川东公司于2008年5月获广东省人民政府颁发的《广东省科学技术奖励证书》（三等奖），2006年获佛山市政府颁发的《佛山市科学技术奖励证书》（一等奖），2006年、2010年、2011年、2012年川东公司还多次获得佛山市政府颁发的《佛山市科学技术奖励证书》，分别被评为一等奖、三等奖、二等奖、二等奖。

2. 关于川东公司CPS系列型号产品生产、销售及宣传的相关事实。

（1）关于川东公司CPS系列磁控开关产品的CQC认证事实。2011年12月28日，中国质量认证中心对川东公司生产的型号为“CPS-8500B、CPS-8500M0.1A220VAC1C”的磁控开关产品颁发CQC产品认证证书（证书编号：CQC04002010449）[①]，认证模式为“产品型式试验+初次工厂检查+获证后监督”，该证书还载明产品的命名规则为：CPS-8500□，其中“C”表示公司名称，“PS”表示磁控开关，“8500”表示机种类别编号，“□”为B表示常闭型，为M表示常开型。同日，中国质量认证中心对川东公司生产的型号为“CPS-3150”等多个型号以CPS开头的磁控开关产品颁发CQC产品认证证书（证书编号：CQC04002010450）[②]，产品标准和技术要求为“GB14536.1-2008”，认证模式为“产品型式试验+初次工厂检查+获证后监督”，该证书还载明产品的命名规则为：CPS-□-□，其中“C”表示公司名称，“PS”表示磁控开关，第一个“□”表示机种类别编号，第二“□”表示单机种编号。川东公司提交的证据显示，川东公司2004年取得上述CQC认证证书后，中国质量认证中心自2004年至2013年每年均对川东公司生产的包括“CPS-3150”产品内的多个CPS系列型号产品进行现场工厂检查，并出具了相应的《工厂检查报告》。通过登录中国质量认证中心的官方网站，检索关键字“CPS-3150”的检索结果显示[③]，包括“CPS-3150”在内的多个CPS系列型号产品取得CQC认证，申请人、制造商、生产厂均为川东公司，产品类别为磁控开

① http://webdata.cqccms.com.cn/webdata/query/ZYCerti.do。

② http://webdata.cqccms.com.cn/webdata/query/ZYCerti.do。

③ http://webdata.cqccms.com.cn/webdata/query/ZYCerti.do。

关。该 CQC 认证至今有效。

（2）关于川东公司 CPS 系列磁控开关产品的相关检测事实。2004 年 3 月 3 日，中国家用电器检测所出具《CQC 自愿性产品认证试验报告》，川东送检的“CPS-3150”、“CPS-8500”等一批以型号 CPS 开头的磁控开关产品检验合格，且在“样品描述及说明”一栏中补充说明，该次送检 CPS 系列磁控开关的结构均相同，样品外形尺寸不同，该栏中还注明对送检产品型号“CPS-3150-602”的解释：“C”代表公司名称，“PS”代表磁控开关，“3150”代表机种类别编号，“602”代表单机种编号。2010 年 2 月 26 日，中国家用电器检测所出具《CQC 标志认证案例型式试验报告》，川东送检的“CPS-3150”、“CPS-8500”等一批型号以 CPS 开头的磁控开关产品检验合格，且在“样品描述及说明”一栏中对送检产品型号“CPS-3150-602”的解释为：“C”代表公司名称，“PS”代表磁控开关，“3150”代表机种类别编号，“602”代表单机种编号。2011 年 11 月 30 日，佛山市质量计量监督检测中心出具检验报告，川东公司送检的型号为“CPS-85000.05A24VDC”的磁控开关产品符合 GB14536.1-2008 标准的要求。2013 年 10 月 10 日，深圳市北测检测技术有限公司出具检测报告，川东公司送检的型号包括 CPS-3150 等多个以 CPS 开头的磁控开关产品检验合格。2014 年 9 月 30 日，深圳市北测检测技术有限公司出具检测报告，川东公司送检的型号为“CPS-3150”的磁控开关产品符合标准要求。

（3）关于川东公司销售磁控开关产品的事实。2013 年 10 月至 2014 年 3 月 21 日，川东公司向浙江绍兴苏泊尔生活电器有限公司、海信容声（扬州）冰箱有限公司、海信（山东）冰箱有限公司、广东美的环境电器制造有限公司、广东美的生活电器制造有限公司、美的生活电器公司、佛山市顺德区美的电热电器制造有限公司、中山市格兰仕公司、杭州九阳欧南多小家电有限公司、中山市华虹电器有限公司、中山市韩派电器有限公司、广东新宝电器股份有限公司、昆山市华胜塑胶机电有限公司、广州建龙电器有限公司、东莞昭和机电有限公司、东莞爱电电子有限公司、慈溪市粤海环保科技有限公司、广东中宝电器制造有限公司等公司销售磁控开关产品，销量较大。

（4）关于川东公司相关广告宣传的事实。川东公司自 2013 年 8 月起多次通过《日用电器》杂志对川东公司及其产品进行广告宣传。其中 2014 年 7 月、2015 年 1 月至 5 月的《日用电器》显示，川东公司宣传的产品为机械式磁性接近开关，其中包括型号为“CPS-8500”、“CPS-3150”和“CPS-8500B”三个型号的干簧管式磁控开关产品。下图为川东公司部分磁控开关产品的图片[①]。

① http：//www.cdm21.com/productmain-51-1.html#pp。2017 年 1 月 9 日截取。

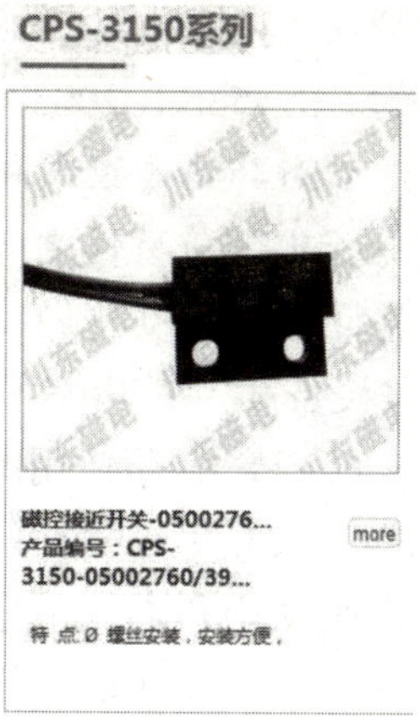

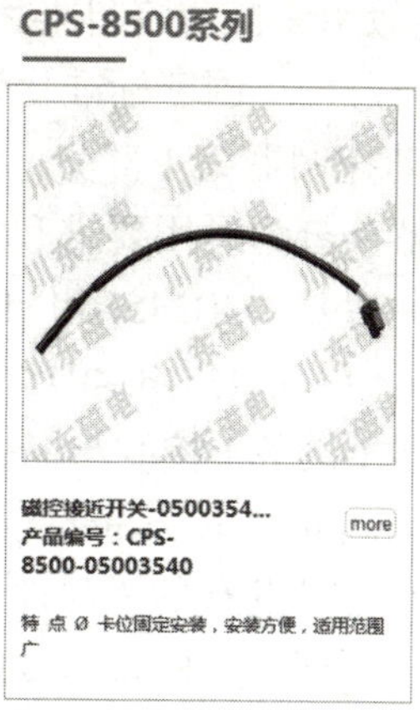

3. 关于西特公司生产、销售被诉侵权磁控开关产品的事实。

2014 年 9 月 27 日，川东公司委托代理人黎小华到西特公司，在公证员的见证下，以普通消费者的身份从西特公司购买了包括本案被诉侵权产品干簧管组件的产品数件。所购买的被诉侵权产品上印有“CPS–3150–108”字样。2015 年 3 月 16 日，西特公司委托代理人龚彬在公证人员的见证下，使用公证处连接互联网的电脑，在输入用户名和密码后登录美的公司的供应链管理系统。该系统中美的生活电器公司发给西特公司的邮件载明，西特公司向美的生活电器公司供货的干簧管组件应正确印有厂家标识“CPS–3150–108XT1404”。2015 年 7 月 8 日，原审法院依川东公司申请向美的生活电器公司调查取证。该次调查结果显示，西特公司于 2014 年 3 月 12 日与美的生活电器公司签订供货合同，在供货期间，向美的生活电器公司销售干簧管组件总价（不含税价格）2516908.4 元。美的生活电器公司称西特公司向其供货至 2014 年 9 月。美的生活电器公司出具的供货统计表所使用的产品型号是美的生活电器公司自编的型号。在庭审过程中，西特公司确认其从 2013 年起就向美的公司供应 CPS 型号的干簧管组件，也确认其曾向美的公司供应型号为 CPS–3150 的干簧管组件。

4. 与涉案技术相关的事实。

川东公司提交的专利号为 ZL201320592582.8、名称为“开盒盖干簧管固定结构”的实用新型专利，与西特公司提交的专利号为 ZL201320531049.0、名称为“一种干簧管固定装置”的实用新型专利的授权公告文件“背景技术”一项中均记载：“干簧管也称舌簧管或磁簧开关，是一种磁敏的特殊开关，是干簧继电器和接近开关的主要部件。”川东公司提交的其磁控开关产品的检验报告均显示，所有检验机构检验所使用的检验依据均为 GB14536.1–1998《家用和类似用途自动控制器第 1 部分：通用要求》或 GB14536.1–2008《家用和类似用途自动控制器第 1 部分：通用要求》，部分还包括 GB14536.2–1996

《家用和类似用途自动控制器家用电器用电控制器的特殊要求》。国家质量监督检验检疫总局、国家标准化管理委员会发布的 GB14536.1–2008《家用和类似用途自动控制器第 1 部分：通用要求》载明，GB14536《家用和类似用途自动控制器》分为通用要求和特殊要求两个部分，本部分替代之前所发布的 GB14536.1–1993、GB14536.1–1998。国家质量监督检验检疫总局、国家标准化管理委员会发布的 GB14048.9–2008《低压开关设备和控制设备第 6–2 部分：多功能电器（设备）控制与保护开关电器（设备）（CPS）》所使用的英文名称为：controlandprotectiveswitchingdevices（orequipment）（CPS）。国家认证认可监督管理委会员发布的《部件自愿性认证实施规则家用和类似用途自动控制器》记载，认证实施的基本要求包括初始工厂审查，以及获证后每年至少对工厂一次监督检查。监督复查合格后，可以继续保持认证资格使用认证标志，监督复查时发现的不合格应在规定的时间内进行整改，逾期将撤消认证证书、停止使用认证标志，并对外公告。川东公司提交的中国质量认证中心出具的发票显示，川东公司自 2006 年至 2015 年每年均向中国质量认证中心缴纳年金和监督检查费。川东公司提交的中国质量认证中心出具的工厂检查报告显示，中国质量认证中心自 2004 年至 2013 年，每年均对川东公司生产的包括 CPS–3150 在内的多个 CPS 系列产品在内多项产品进行工厂监督检查，并出具相应的工厂检查报告。

5. 其他案件相关事实。

2010 年，川东公司曾向西特公司销售过温控器产品一批。川东公司前身为佛山市川东热敏磁电有限公司，于 2011 年 10 月 11 日变更公司名称为佛山市川东磁电股份有限公司（现川东公司），经营范围为家用电器、磁电器产品、磁性材料、工业电器、传感器、电光源及温敏电子元件等。川东公司提交的上市《公开转让说明书》显示，川东公司 2013 年的资产总计 1 亿 3 千多万元，2014 年上半年资产总计 1 亿 2 千多万元，2013 年利润 600 多万元，2014 年上半年利润 170 多万元。西特公司成立于 2001 年 8 月 17 日，经营范围为生产、销售温控器及电器配件、电子控制器等。川东公司为本案诉讼支付了律师费 80000 元，公证费 1100 元。

二审法院经审理补充查明以下事实：

1. 涉案被诉侵权产品是一种磁控开关（也称接近开关，或干簧管组件，下同），是根据干簧管在遇到磁铁会断开或闭合的原理所制造的控制电器某些电路的开关，对家用电器的安全起到保护作用。磁控开关在进行 CQC 检测时使用国家标准 GB14536.1–2008《家用和类似用途自动控制器第 1 部分：通用要求》。2015 年，国家标准委通知开始制定“家用和类似用途机械式磁性接近开关”的推荐国家标准。目前，此类产品没有规范的商品名称。经互联网搜索，同行业有若干公司在中文名称后标注 CPS 标识，也有公司在中文名称后标注 CK、GPS 等标识。

2. 川东公司和西特公司均为美的公司提供过磁控开关商品。川东公司的磁控开关消费用户是家电行业的大型生产企业，并不向普通社会公众销售。美的公司对所有核心关键零部件，均要求有两家或两家以上的供应商。对每个产品零部件都要有明显的供应商标记。在美的公司发送西特公司的采购图纸中，对于干簧管组件的命名要求为“激光刻字 CPS-3150”。被诉侵权产品上除刻有“CPS”字样外，还同时印有“XT”标识。川东公司进行 CQC 自愿检测的送检产品上除标注有“CPS”字样外，还同时印有“川东”标识。

三、案例评析

【法律背景】

1. 关于《反不正当竞争法》(1993 年）第二条的适用。

我国《反不正当竞争法》是于 1993 年出台的，在当时算得上是一部超前的法律。而随着经济的日益繁荣，新的业态形式不断涌现，尤其是互联网领域新的不正当竞争行为，现行《反不正当竞争法》已经越来越无法适应经济发展的需要。法律的滞后导致了法律具体适用的困难，因此《反不正当竞争法》第二条频繁地被法官用来对新兴领域尤其是互联网领域的竞争行为进行定性判断，北京的法院和其他地方一些法院都有以《反不正当竞争法》(1993 年）第二条作为裁判依据来解决互联网企业之间竞争案件的判决。例如，北京市第二中级人民法院在奇虎公司与腾讯公司的不正当纠纷案[①]，百度在线网络技术（北京）有限公司等与北京奇虎科技有限公司等不正当竞争纠纷上诉案[②]中，法院都以《反不正当竞争法》(1993 年）第二条作出判决。北京一中院 2014 年 6 月 20 日召开涉互联网不正当竞争案件审理情况新闻通报会，通报了互联网不正当竞争诉讼所反映的突出问题，并发布该院审理的十大典型案例，该院通过一系列判决认定，在同类产品上设置不恰当的软件冲突提示和警告，未经许可强行修改他人网页页面并给他人造成损害，通过诱导阻碍用户使用他人同类产品，垂直搜索技术的使用超出合理范围，以及恶意插标及劫持流量行为，均构成不正当竞争。虽然上述案件的判决对规范互联网领域不正当竞争行为起到了积极的作用，但也出现了一些问题，受到法律理论界与实务界的诟病，即在审理具体案件时，法官往往倾向于对当事人的商业行为作出泛泛的道德评价，以“千方百计”达到适用《反不正当竞争法》(1993 年）第二条的目的，当事人也会引用《反不正当竞争法》(1993 年）第二条，以免挂一漏万，增加案件的胜诉概率，本案也不例外。从该案的二审

---

① 北京市第二中级人民法院（2011）二中民终字第 12237 号《民事判决书》。

② 北京市高级人民法院（2013）高民终字第 2352 号《民事判决书》。

判决来看，法院已经开始收紧适用《反不正当竞争法》第二条了，在判断西特公司是否违反了诚实信用原则时，综合考虑了西特公司的行为是否具有主观过错，其行为是否会产生混淆，以及其是否因该行为获取了不正当利益等，而不是像一审判决那样，进行简单的道德评价。同时，在立法层面上，新修订的《反不正当竞争法》也很快将会颁布实施，该修订稿中对互联网等新兴领域的具体不正当竞争行为作了规制。可以预见，届时现行《反不正当竞争法》（1993 年）第二条使用的频率将会有所减少。

2. 关于知名商品特有名称的保护。

对于知名商品特有名称的认定，目前司法实践多采用“知名商品 + 特有名称”的二要件法。就特有名称而言，指商品名称非为相关商品所通用，具有显著的区别性特征①。在小肥羊案件中，河北省高级人民法院在其判决书②中指出：第一，该名称不直接表示服务的功能、用途和质量，并且与此类服务的通用名称有显著区别；第二，该名称应当具有原创性或创先使用性，或者是通过经营者的服务使通用名称具有新的特定含义而形成；第三，该名称应当具有显著的区别性，消费者可以自然地将该名称和特定经营者以及知名服务联系起来。

通用名称系指一类商品的一般称呼，并不能起到区别商品或服务来源的作用。知名商品的特有名称，顾名思义，该名称必须有自身独特的含义，以体现其与其他商品名称，尤其是与通用名称相区别，这种独特含义既可由经营者对该名称的独创而产生，也可由经营者使用通用名称而使其具有新的含义。

“竹叶青”酒历史上曾经作为通用名称在绍兴地区普遍使用，据记载，是“不经焦糖着色的一种绍兴原酒”的名称。新中国成立前很长一段时间中断生产。新中国成立后，山西杏花村汾酒厂以汾酒为基酒，加上十二种名贵药品配制而成的酒叫“竹叶青”，经广泛宣传和使用而在国内外享有盛誉，消费者只要提到竹叶青就是指杏花村汾酒厂的酒，以至于该名称成为山西杏花村汾酒厂知名商品的特有名称。

上海避风塘公司诉上海德荣唐美食公司反不正当竞争纠纷一案中③，避风塘公司认为德荣唐公司在其招牌、匾额、店堂餐桌以及广告上使用“避风塘”字样的行为侵犯了其知名服务特有名称权。法院经审理认为，“避风塘”一词除了具有避风港湾的原有含义之外，在长期的历史发展中已经引申为一种烹

① 国家工商局 1995 年《关于禁止假冒知名商品特有的名称、包装、装潢若干问题的规定》第三条。

② 河北省高级人民法院（2004）冀民三终字第 42 号《民事判决书》。

③ 上海市高级人民法院（2003）沪高民三（知）终字第 49 号《民事判决书》。

调方法及菜肴的通用名称。作为一种烹调方法及菜肴的通用名称，“避风塘”一词在上海避风塘公司设立之前就已经存在，避风塘公司对“避风塘”一词的使用，既不具有原创性和创先使用性，也未对该词赋予新的特定含义而与同行业其他经营者之间相区别。被告只是在“避风塘”一词的通常含义上使用该三字，在广告宣传中仍然突出自身企业字号，因此被告的使用行为不构成对原告的不正当竞争。

就特有名称而言，即使该名称为权利人所独创，如不加以保护，也可能成为某一类商品的通用名称，产生类似商标淡化的后果。北京地坛医院于1984年研制开发出“84”肝炎洗消液（后更名为84消毒液），之后在全国范围内对多家企业转让或许可，但在技术转让或许可合同中未对“84”名称的使用进行特殊约定。后被告爱特福公司生产销售“爱特福牌84消毒液”，被北京地坛医院起诉侵权①。一审法院认定“84”消毒液为北京地坛医院知名商品特有名称，二审法院推翻了一审判决，其理由是由于北京地坛医院的技术转让许可行为，使“84”消毒液作为该类商品的名称被普遍使用，各生产企业为加以区分，只能在“84”消毒液前加上自己的商标，因此仅凭“84消毒液”的名称已经不能区分商品的来源，爱特福公司生产销售“爱特福牌84消毒液”的行为并不构成侵权。

从上述判决可以看出，作为知名商品的特有名称，必须能够使消费者将该名称与特定的商品或服务联系起来，以防止消费者因名称而对商品来源发生混淆。

就知名商品，司法实践中，一般认为，首先是商品必须具有一定的知名度，原告应当对其商品的市场可以看出知名度负举证责任。

虽然最高法院关于《反不正当竞争法》的司法解释对知名商品的认定标准作出了规定，但在实务中，就权利人如何举证，仍然难以做到量化认定和客观评价。在司法实务中，长期以来都存在两种认定意见。一种意见认为，《反不正当竞争法》司法解释所确定的标准是认定知名商品的必要条件，对原告所举证据应设置较高的证明标准，对原告举证不充分的可以径直驳回；另一种意见则认为，《反不正当竞争法》司法解释所确定的标准是认定知名商品的充分条件，对这些标准应进行综合分析，同时应结合被告的主观意图及市场混淆等方面整体把握。从CPS磁控开关知名商品特有名称案的二审法院的审理情况来看，法院对知名商品的证明标准的要求有越来越严的趋势，这在一定程度上加重了原告的举证责任。但是，无论怎样，对知名商品的判断毕竟是个案问题，知名商品的知名是相对的，需要在个案中综合多方面因素加以认定。

---

① 一审：北京市高级人民法院（2001）高知初字第79号《民事判决书》；二审：最高人民法院（2002）民三终字第1号《民事判决书》。

【名词解释】

1. 知名商品的特有名称。

（1）知名商品，是指在市场上具有一定知名度，为相关公众所知悉的商品。

（2）特有，是指商品名称非为相关商品所通用，并具有显著的区别性特征。

（3）知名商品特有的名称，是指知名商品独有的与通用名称有显著区别的商品名称，但该名称已经作为商标注册的除外。①

在本案中，产生争议的商品是西特公司含有“CPS”字样的磁控开关，川东公司的产品也是低压磁控开关，属于同类商品。“CPS”之所以未被二审法院认定为川东公司磁控开关的特有名称，就是因为目前同行业有许多企业都使用“CPS”作为磁控开关的型号或名称，因此“CPS”缺乏显著区别特征，不利用一般消费者识别。

2. 诚实信用原则。

诚实信用原则是民商法的一项基本原则，被奉为“帝王规则”。“诚实信用是市场活动中形成的道德规范。它要求人们在市场活动中讲究信用，恪守诺言，诚实不欺，在不损害他人利益和社会利益的前提下追求自己的利益。”“诚实信用原则属于强行性规范，不允许当事人以约定排除其适用。”②

诚实信用原则是市场经济的基本法律原则和道德规范，也是认定不正当竞争行为最具实质性的要件。在实践中，认定某种市场竞争行为是否违反诚实信用原则往往需要考虑很多因素。比如，在本案中，二审法院在判定西特公司在磁控开关上使用“CPS”字样的行为是否违反诚实信用原则时，就综合考虑了西特公司是否具有主观过错、是否会产生混淆、是否获取了不正当利益等因素。

3. 磁控开关。

磁控开关，即磁开关入侵探测器，由永久磁铁和干簧管两个部分组成。干簧管又称舌簧管，其构造是在充满惰性气体的密封玻璃管内封装 2 个或 2 个以上金属簧片。根据舌簧触点构造不同，舌簧管可分为常开、常闭、转换三种类型。具有体积小，结构简单、重量轻、耗电少，使用方便，价格便宜，动作灵敏，抗腐蚀性好，寿命长等特点。

如上所述，在本案中产生争议的商品是西特公司含有“CPS”字样的磁控开关，川东公司的产品也是低压磁控开关，属于同类商品。

---

① 国家工商局 1995 年《关于禁止假冒知名商品特有的名称、包装、装潢若干问题的规定》第三条。

② 陶希晋主编：《中国民法学民法债权》，法律出版社 1994 年版，第 389、393 页。

4. CPS。

CPS 即“控制与保护开关电器”是低压电器中的新型产品。作为新的大类产品，其产品类别代号为“CPS”，是英文“Control and Protective Switching Device”的缩写。CPS 符合的标准：IEC60947—6—2：（2002）《低压开关设备和控制设备第 6 部分多功能电器第 2 节控制与保护开关电器》和 GB14048.9—1998《低压开关设备和控制设备多功能电器：控制与保护开关电器》（等同采用 IEC60947—6—2）。下图为川东公司生产的“CPS”产品照片。①

除了上述含义以外，“CPS”还具有至少 17 种其他的含义，如信息物理系统（Cyber-Physical Systems）、商品推广解决方案（Commodity Promotion Solution）、证书操作声明（Certificate Practice Statement）、非接触能量传输系统（contactless Power System）等。②

5. CQC 认证与 3C 认证。

CQC 标志认证③是中国质量认证中心开展的自愿性产品认证业务之一，以加施 CQC 标志的方式表明产品符合相关的质量、安全、性能、电磁兼容等认证要求，认证范围涉及机械设备、电力设备、电器、电子产品、纺织品、建材等 500 多种产品。CQC 标志认证重点关注安全、电磁兼容、性能、有害物质限量（RoHS）等直接反映产品质量和影响消费者人身与财产安全的指标，旨在维护消费者利益，促进提高产品质量，增强国内企业的国际竞争力。④

---

① http://www.cdm21.com/productshow-95-102.html。2017 年 1 月 9 日截取。

② http://baike.baidu.com/view/204275.htm?force=1。2017 年 1 月 9 日截取。

③ http://baike.baidu.com/link?url=QvZcPM4pj_GPBTuH4kNN8110EGRRVbBXWiNoG5veUEhACYR2MmVz9lWeVO61MJiwGGZ0gkKUZP58sclTzo_D8_。2017 年 1 月 9 日截取。

④ http://www.cqc.com.cn/www/chinese/c/2009-12-13/488863.shtml。2017 年 1 月 9 日截取。

3C认证[①]的全称为“强制性产品认证制度”，它是中国政府为保护消费者人身安全和国家安全、加强产品质量管理、依照法律法规实施的一种产品合格评定制度。所谓3C认证，就是中国强制性产品认证制度，英文名称“China Compulsory Certification”，英文缩写CCC。[②]

与3C认证相比，CQC为自愿性认证，国家对于列入3C目录的产品实行强制认证，对于未列入目录的产品若需要认证，采用自愿认证的方式。在本案中，磁控开关商品就属于CQC自愿认证的产品范围。

【焦点评析】

1. CPS是否构成川东公司生产的磁控开关的知名商品特有名称?

一审法院认为，川东公司生产的磁控开关产品的型号具有较高可识读性，并长期使用此型号发挥标示商品名称的作用，故该型号可以视为川东公司磁控开关产品的商品名称。川东公司在磁控开关产品上使用CPS作为型号具有显著性，且该磁控开关产品销售时间长、地域范围广、销售对象包括多个大型企业，川东公司对其产品也进行了一定的宣传，认定川东公司的型号为CPS的磁控开关产品在市场上具有一定的知名度，CPS型号已与川东公司建立起特定的联系，具有区分、识别商品来源的功能，CPS已经成为知名商品的特有名称。

而二审法院根据《反不正当竞争法》（1993年）第五条第（二）项及司法解释的规定，将“知名商品的特有名称”的含义及要件作了概括。所谓知名商品的特有名称，是指不为相关商品所通用，具有显著区别性特征，并通过在商品上的使用，使消费者能够将该商品与其他经营者的同类商品相区别的商品名称。成为知名商品的特有名称应当符合以下条件：（1）该名称不直接表示商品的功能、用途和质量，并且与此类商品的通用名称有显著区别；（2）该名称应当具有原创性，或者是通过经营者使用使通用名称（型号）具有了新的特定含义或显著特征；（3）该名称应当具有显著的区别性，消费者

---

① http://baike.baidu.com/link?url=Z3urTJ65yUs5AngsbEqt8IdzTLyXFX_5TzsxOeV1DLevmrf8SPawZGkRm0Ov2MYHzkmR3bOBiSecdhuefyCsxK。2017年1月9日截取。

② http://baike.baidu.com/link?url=Z3urTJ65yUs5AngsbEqt8IdzTLyXFX_5TzsxOeV1DLevmrf8SPawZGkRm0Ov2MYHzkmR3bOBiSecdhuefyCsxK。2017年1月9日截取。

可以自然地将该名称和特定经营者以及知名商品联系起来。

经分析，二审法院认为，川东公司现有证据尚无法证明 CPS 是该公司磁控开关的知名商品特有名称。原因包括以下几点：

（1）认定川东公司生产的磁控开关商品已经达到一定知名度的证据不足。川东公司提供的证据仅可用于证明“川东磁电 + 图形”商标是广东省著名商标以及“(川东磁电 + 图形)牌温控器”商品是知名商品。然而，知名企业的商品并非都是知名商品，知名企业的某些商品知名也并不必然推导出其他商品也知名，因此这些证据与待证事实缺乏关联性。另外，川东公司提供的其他证据仅可用于证明该产品质量较好，并不能因此推定该产品的知名度高。

（2）目前，无法证明 CPS 是川东磁控开关商品的特有名称。首先，磁控开关商品目前没有国家规范名称。川东公司主张 CPS 的含义，“C”是川东的意思，“P”是 proximity（接近），“S”是 switch（开关），即川东公司的接近开关。但 CPS 作为英文字母组合，对于我国习惯中文阅读方式的普通消费者而言，其显著性并不强。在“C”没有突出使用的情况下，无法直接与川东公司联系在一起。其次，与磁控开关功能相近的“多功能电器（设备）控制与保护开关电器（设备)”的国家标准通用名称英文简称也是 CPS，也证明其原创性和显著性都不强。最后，目前同行业许多企业都使用 CPS 作为磁控开关的型号或名称，川东公司没有证据表明 CPS 经过该公司使用已经取得了显著特征。因此，不应认定 CPS 是川东公司生产的磁控开关商品所独占使用的特有名称。

（3）CPS 尚未与川东公司生产的磁控开关商品之间形成稳定联系，无法起到识别商品来源的作用。法律为知名商品特有名称提供保护的目的，是制止同行业经营者不正当地使用他人已经与特定知名商品形成稳定对应关系，可以起到识别商品来源作用的商品名称，从而维护正常的市场竞争秩序。而只有当普通消费者看到某种商品名称时就会自然联想到特定的知名商品时，这种商品名称才会产生识别商品来源的作用。然而在本案中，尚没有证据表明普通消费者在看到 CPS 时就会与川东公司生产的磁控开关商品联系在一起。相反，川东公司在磁控开关产品上除了标注有 CPS 外，也标注有川东公司的字号简称“川东”。而西特电器生产的涉案被诉侵权商品，除了标注有 CPS 外，还标有西特公司的字号简称“XT”。这种在商品上标注字号简称的做法仍然是目前区别商品来源的主要方式，也足以起到区分商品来源的作用。如果把尚未与川东公司生产的磁控开关商品形成稳定联系且无法起到识别商品来源的作用的 CPS 认定为知名商品的特有名称，显然会使川东公司独占社会公共资源，对同行业的其他经营者而言，是不公平的。

从上述一审和二审法院的分析过程来看，二审法院的论证明显更深入、更详尽。例如，在对商品知名证据的采信方面，一审法院简单地认定川东公司的CPS磁控开关产品销售时间长、地域范围广、销售对象包括多个大型企业，并对其产品也进行了一定的宣传，并没有对川东公司提交的证明商品知名的证据进行深入分析。而二审法院通过深入研究川东公司提交的知名度证据，对证据的关联性进行了否定。首先，二审法院明晰了“知名企业”和“知名商品”之间的关系，即知名企业的商品并非都是知名商品，知名企业的某些商品知名也并不必然推导出其他商品也知名。由此可以看出，欲证明某种商品知名，所提交的证据必须具体到该种商品，而不能仅仅是涉及该种商品的提供者是知名企业这一层次。其次，在判断某种CPS是否为川东公司所特有时，二审法院综合考虑了CPS的英文名称特性以及同行业企业对CPS的使用方式等因素，从而认定CPS对于中国普通消费者来说并不具有显著性，而且业内许多企业均将CPS作为磁控开关的型号或名称使用。因此，二审法院在判断名称是否特有时的逻辑是比较严谨的。再者，二审法院认为CPS尚未与川东公司生产的磁控开关商品之间形成稳定联系，无法起到识别商品来源的作用。而至于何谓“稳定联系”，二审法院认为只有当普通消费者看到某种商品名称时就会自然联想到特定的知名商品，才能达到“稳定联系”的要求。另外，从公共利益角度出发，如果把尚未与特定的知名商品形成稳定联系且无法起到识别商品来源的作用的某种商品名称认定为知名商品的特有名称，会使该知名商品独占社会公共资源，对同行业的其他经营者而言是有违公平的。

2. 西特公司在磁控开关产品上使用CPS是否违反诚信原则？

一审法院在该事实认定方面的逻辑是：川东公司生产的包括CPS-3150等多个CPS系列型号的产品已经过CQC认证，这相对其他未经任何认证的同类产品具有更高的质量保证，故在产品销售过程中具有较高竞争优势。因CQC认证所针对的是生产者所生产的特定型号产品，而非某一类产品，产品型号与CQC认证是紧密关联的，且产品的CQC认证信息是可以公开查询的信息，对相关公众而言，使用该型号的产品即为经过CQC认证的产品。因此，西特公司擅自使用川东公司经过CQC认证的产品型号CPS-3150，会使相关公众误认为西特公司的型号为CPS-3150的磁控开关产品已通过CQC认证，不正当地获得竞争优势，从而违反了诚实信用原则，整个认定显得较简单。

而二审法院结合川东公司提交的证据，对第二个事实的分析涵盖了主观故意认定、消费者注意力标准等方面。首先，西特公司系美的公司供货商，美的公司提供的图纸显示其在采购图纸中，对于干簧管组件的命名要求为“激光刻字CPS-3150-305”。西特公司根据美的公司的要求进行生产，主观上没有侵权的故意。其次，磁控开关的消费用户均为家电行业的大型生产企业，而非没有专业知识的社会公众。由于家电行业的大型生产企业使用磁控开关商品的数量多，涉及商品总价值较高，这些消费用户在采购时，会以更专业的眼光施以更高的注意力，不会仅根据商品是否标注有 CPS 而决定是否购买。再者，在美的公司生产的电压力锅进行 3C 认证时，不论零部件是否进行 CQC 自愿认证，都要在 3C 认证时报备并接受检测。川东公司的涉案产品经过 CQC 自愿认证，可免于单独送检，但现有证据并不能证明标注“CPS”的西特公司商品也可以免于送检，西特公司并未利用在商品上标注“CPS”而获得不正当的利益。因此，二审法院认为，西特电器在商品上标注 CPS 的行为没有主观过错，不会对商品来源造成混淆，也没有获得不正当利益，因此不构成违反诚信的不正当竞争行为。

3. 西特公司如果构成不正当竞争行为，赔偿数额是否合理?

鉴于西特电器在商品上标注 CPS 的行为没有主观过错，不会对商品来源造成混淆，也没有获得不正当利益，因此不构成违反诚信的不正当竞争行为。二审法院对一审法院确认的赔偿数额是否合理不再评述。

【总体评价】

1. 事实认定。

一审法院和二审法院之所以作出大相径庭的判决，主要原因在于两个关键事实认定上的不同。两个事实问题分别为：1. CPS 是否构成川东公司生产的磁控开关的知名商品特有名称；2. 西特公司在磁控开关产品上使用 CPS 是否违反诚信原则。

在第一个事实问题上，一审法院简单地认定川东公司的 CPS 磁控开关产品销售时间长、地域范围广、销售对象包括多个大型企业，并对其产品也进行了一定的宣传，并没有对川东公司提交的证明商品知名的证据进行深入分析。而二审法院通过深入研究川东公司提交的知名度证据，对川东公司提交的各份证据的关联性进行了否定，因此二审法院在事实认定方面还是比较扎实的。

在第二个事实问题上，一审法院的认定角度比较单一，而二审法院结合川东公司提交的现有证据，对第二个事实的分析更加立体，涵盖了主观故意认定、消费者注意力标准等方面，最终认定西特公司在磁控开关产品上使用 CPS 并未违反诚信原则。

2. 法律适用。

在法律适用方面，一审法院和二审法院所引用的法律条文基本上是完全一致的，核心条款主要为《反不正当竞争法》及其司法解释关于“知名商品的特有名称”的相关条款。

根据上述条款，人民法院认定知名商品，应当考虑该商品的销售时间、销售区域、销售额和销售对象，进行任何宣传的持续时间、程度和地域范围，作为知名商品受保护的情况等因素，进行综合判断。原告应当对其商品的市场知名度负举证责任。知名商品的特有名称与商标相仿，具有区别商品或服务来源的功能，但构成要件及侵权比对要比商标复杂很多，二审法院逐个分析川东公司提供的证据的关联性，并考虑CPS作为商品名称的特殊性等因素，归纳出认定知名商品特有名称的构成要素。这对以后审理类似的案件提供了有益的借鉴。

【案例规则】

法律予以保护的知名商品的特有名称，应当具备原创性，当原创性并不显著时，通过使用具有了特定含义或显著特征，并与特定经营者或商品建立起稳定的联系，亦可能受到法律的保护，否则不能获得知名商品特有名称的法律保护。

上海中韩晨光文具制造有限公司诉宁波微亚达文具有限公司、宁波微亚达制笔有限公司、上海成硕工贸有限公司擅自使用知名商品特有装潢纠纷案

赵吉军 ①

一、案例基本信息

案例类型	知名商品 特有装潢 不正当竞争 民事案件
案例名称	上海中韩晨光文具制造有限公司诉宁波微亚达文具有限公司、宁波微亚达制笔有限公司、上海成硕工贸有限公司擅自使用知名商品特有装潢纠纷案
裁判文书	一审：上海市第二中级人民法院（2008）沪二中民五（知）初字第112号《民事判决书》 二审：上海市高级人民法院（2008）沪高民三（知）终字第100号《民事判决书》 再审裁定书：最高人民法院（2010）民提字第16号《民事裁定书》
合议庭成员	一审：审判长杨煜、代理审判员徐忠、代理审判员胡宓 二审：审判长张晓都、代理审判员王静、代理审判员李澜 再审：审判长郃中林、代理审判员朱理、代理审判员郎贵梅
一审原告	上海中韩晨光文具制造有限公司（本文简称中韩晨光公司）
一审被告	宁波微亚达制笔有限公司（本文简称微亚达制笔公司）、宁波微亚达文具有限公司（本文简称微亚达文具公司）、上海成硕工贸有限公司（本文简称成硕工贸公司）
二审上诉人	微亚达制笔公司
二审被上诉人	中韩晨光公司
再审申请人	微亚达制笔公司
再审被申请人	中韩晨光公司
受理日期	2008年4月21日

① 赵吉军，山东文康律师事务所，律师。

续表

裁判日期	一审：2008年6月19日 二审：2008年12月15日 再审：2010年12月3日
法律程序	一审、二审、再审
一审判决结果	一、被告宁波微亚达文具有限公司、被告宁波微亚达制笔有限公司于本判决生效之日起立即停止实施仿冒原告上海中韩晨光文具制造有限公司知名商品K-35型按动式中性笔特有装潢的不正当竞争行为； 二、被告上海成硕工贸有限公司于本判决生效之日起立即停止销售681型水笔； 三、被告宁波微亚达文具有限公司、被告宁波微亚达制笔有限公司于本判决生效之日起十日内共同赔偿原告上海中韩晨光文具制造有限公司包括合理费用在内的经济损失人民币10万元； 四、驳回原告上海中韩晨光文具制造有限公司的其他诉讼请求
二审判决结果	驳回上诉，维持原判
再审裁判结果	一、准许宁波微亚达制笔有限公司撤回再审申请，本案终结再审程序； 二、恢复对上海市高级人民法院（2008）沪高民三（知）终字第100号民事判决和上海市第二中级人民法院（2008）沪二中民五（知）初字第112号民事判决的执行
适用法律	一审： 《中华人民共和国反不正当竞争法》（1993年）第五条第（二）项、第二十条； 最高人民法院《关于审理不正当竞争民事案件应用法律若干问题的解释》第一条第一款、第二条第一款、第四条第二款、第十七条第一款。 二审： 《中华人民共和国民事诉讼法》第一百三十条、第一百五十三条第一款第（一）项、第一百五十七条、第一百五十八条。 再审： 《最高人民法院关于适用〈中华人民共和国民事诉讼法〉审判监督程序若干问题的解释》第三十四条第一款、第三款
裁判要点	外观设计专利权终止后，该设计并不当然进入公有领域，由于商品的外观设计可能同时构成商品的包装或者装潢，在符合反不正当竞争法的保护条件时，可以依据反不正当竞争法关于知名商品特有包装、装潢的规定而得到制止混淆的保护
案例规则	可以作为知名商品特有包装、装潢外观设计应当满足以下条件： 1. 使用该设计的商品必须构成知名商品； 2. 该设计已经实际具有区别商品来源的作用； 3. 这种设计既不属于由商品自身的性质所决定的设计，也不属于为实现某种技术效果所必需的设计或者使商品具有实质性价值的设计； 4. 他人对该设计的使用会导致相关公众的混淆或者误认

二、案例综述

【基本事实】

2002年7月19日，中韩晨光公司向国家知识产权局申请了名称为“笔（事务笔）”的外观设计专利，该专利于2003年2月19日获得授权公告，专利号为ZL02316156.6，因未缴纳专利年费，其专利权已于2005年10月12日终止。

2004年9月21日，中韩晨光公司经受让取得注册商标“晨光”，商标注册证号为第1815587号，注册有效期自2002年7月28日至2012年7月27日，核定使用商品为第16类的笔、笔记本等。2005年1月，“晨光”商标被上海市工商行政管理局认定为上海市著名商标，有效期自2005年起至2007年止。2005年12月30日，国家工商行政管理总局商标局认定在第16类笔商品上的“晨光”注册商标为驰名商标。此外，“晨光”牌中性笔于2003年和2007年还多次获得“名牌”产品称号，中韩晨光公司对其产品也进行了广告宣传。

2008年4月21日，中韩晨光公司向上海市第二中级人民法院起诉称，自己是驰名商标“晨光”的所有权人。晨光牌K–35型按动式中性笔是原告的知名商品，该笔的外部装潢是知名商品的特有装潢。原告发现被告成硕公司销售的，由被告微亚达文具公司和被告微亚达制笔公司生产、销售的681型水笔仿冒了原告知名商品晨光牌K–35型按动式中性笔的特有装潢，构成了不正当竞争行为，给原告造成了较大的经济损失，故诉至法院，请求判令：1. 三被告立即停止生产和销售侵权产品的行为。2. 三被告共同赔偿原告经济损失人民币50万元。3. 三被告共同赔偿原告合理费用人民币3万元。

被告微亚达制笔公司和微亚达文具公司共同辩称：1. 中韩晨光公司的晨光牌K–35型按动式中性笔的各个部件属于笔的组成部分，不属于笔的装潢，该笔的外观不构成知名商品的特有装潢。2. 微亚达制笔公司和微亚达文具公司生产、销售681型水笔早于中韩晨光公司生产、销售K–35型按动式中性笔，享有先用权。被告成硕工贸公司辩称，其对销售的681型水笔是否构成仿冒知名商品特有装潢并不知情，不应承担民事责任。

经对比，中韩晨光公司的K–35型按动式中性笔的外观与前述外观设计专利相同。原告的K–35型按动式中性笔的外观由揿头、笔套夹、装饰圈、笔杆、笔颈、护套和尖套组成，其中笔套夹和装饰圈部分进行了专门的设计，使其除具有功能性以外，还具有较强的装饰性。原、被告产品在笔套夹和装饰圈部分的形状设计基本无差别，此外两个产品的其他部分也十分相似。

一审法院认定：

原告的K–35型按动式中性笔是在市场上具有一定的知名度，为相关公众所知悉的知名商品。K–35 型按动式中性笔外观中的笔套夹和装饰圈部分构成知名商品的特有装潢。被告微亚达文具公司和被告微亚达制笔公司提交的证据，从时间上也无法证明其生产、销售 681 型水笔早于原告，因此对两被告的辩称不予支持。

原、被告产品在笔套夹和装饰圈部分的形状设计基本无差别，构成了相近似的产品装潢，此外两个产品的其他部分也十分相似，从整体上看足以造成消费者的混淆。被告微亚达制笔公司和被告微亚达文具公司未经原告许可，擅自生产、销售使用原告知名商品特有装潢的 681 型水笔，构成了不正当竞争行为，应当承担停止侵权、赔偿损失的民事责任。

二审法院认定：

中韩晨光公司的 K–35 中性笔的笔套夹上部有两条半环形镂空，套身上有大圆形缺口，笔套夹下方又配以"S"形装饰圈，上述两个部件的设计不仅体现了防滑、节省材料、提高加工工艺性等功能性考虑，也体现了独特的装饰性效果，增加了 K–35 中性笔外形的美观，故笔套夹和装饰圈亦属于 K–35 中性笔的装潢设计。

根据本案证据显示，随着近年来中韩晨光公司对 K–35 中性笔的广泛宣传和大量销售，已经使得 K–35 中性笔笔套夹和装饰圈部件的独有设计与商品的来源即生产者被上诉人中韩晨光公司之间建立了明确和稳固的联系，使其具备了识别商品来源的显著特征，故应认定为知名商品的特有装潢。在中韩晨光公司生产的 K–35 中性笔在消费者中已享有一定知名度的情况下，上诉人作为同业竞争者，在其生产的 681 型水笔上擅自使用与 K–35 中性笔知名商品特有装潢相近似的装潢，足以使消费者在购买时对商品来源产生误认，构成不正当竞争，对此应当承担停止侵权、赔偿损失等民事责任。

宁波微亚达制笔有限公司再审申请主要理由为：原审判决将中韩晨光公司 K–35 型按动式中性笔的零部件本体、外观设计直接认定为特有装潢，认定事实不清。（1）商品的特有装潢不能是商品本体，而应该是附加、附着在商品本体上的文字、图案、色彩及其排列组合。K–35 型按动式中性笔的笔套夹和装饰圈是笔的零部件，笔的零部件本体的特有外形和特有外观设计不等于特有装潢。（2）K–35 型按动式中性笔曾获得过外观设计专利，其笔套夹和装饰圈在外观设计专利状态下属于外观设计的一部分，外观设计专利失效后，其外观设计不再受法律保护。（3）原审判决根据 K–35 型按动式中性笔的笔套夹和装饰圈与中韩晨光公司之间的联系，认定该笔套夹和装饰圈属于特有装潢，没有事实和法律依据。K–35 型按动式中性笔的外观设计并不知名，不具有指向功能，不能指向中韩晨光公司，不能起到识别产品来源的作用。

【争议焦点】

原审法院认为，本案的争议焦点为：1. 原告生产的K-35型按动式中性笔的外观是否构成知名商品的特有装潢；2. 三被告的行为是否构成擅自使用知名商品特有装潢的不正当竞争行为；3. 本案的赔偿问题。

再审法院认为，本案当事人在申请再审中争议的主要法律问题在于：获得外观设计专利的商品外观在专利权终止后能否再依据《反不正当竞争法》获得保护；形状构造类装潢获得知名商品特有装潢保护的条件。

三、案例评析

【法律背景】

1. 就权利客体而言，外观设计专利权可以和知名商品特有装潢同时存在于某一产品上。前者所保护的，是对产品的形状、图案或者其结合以及色彩与形状、图案的结合所作出的富有美感并适于工业应用的新设计。后者所保护的，是具有区别商品来源的显著特征的知名商品的特有装潢。

两种权利在其外在表现形式上，具有相同或相似之处。例如，以图案、色彩及其结合所形成的设计，是常见的外观设计专利表现形式，同时也是大多数商品装潢所采用的表现方式。虽然，外观设计专利和知名商品特有装潢两种权利取得的方式不同，其获得相应权利所需要具备的要件也不尽相同，但是，假如某一商品在受到外观设计专利保护的同时，也构成知名商品的特有装潢，它就可以同时受到反不正当竞争法的保护，而且这种对知名商品特有装潢的保护并不受专利权终止的影响。

2. 现有法律及司法解释等规定中，对于商品的“装潢”以及“知名商品特有装潢”缺乏具体的认定标准。

按照通常的理解，商品的装潢是指附着在商品上的装饰性设计，以实现美化商品的作用。装潢可以是文字、图案、色彩及其组合，还可以是一定的形状。其中，产品的形状，是外观设计专利中最常见的设计要素，而在“知名商品特有装潢”中，符合什么条件的形状可以被认为特有装潢从而受到制止仿冒和混淆的保护，却是一个在理论和实践中均缺少明确规则的问题。

最高人民法院《关于审理不正当竞争民事案件应用法律若干问题的解释》第二条中，以排除的方式对形状进行了部分限定，即“仅由商品自身的性质产生的形状，为获得技术效果而需有的商品形状以及使商品具有实质性价值的形状”不能认定为特有装潢。

在国务院法制办公布的《反不正当竞争法（修订草案送审稿）》中，将“知名商品特有装潢”归纳定义为商业标识，即指区分商品生产者或者经营者的标志，从而使其具有与商标、企业名称等标识对等的地位。这也更加凸显了对“知名商品特有装潢”司法认定标准进行明晰的重要性。

【名词解释】

1. 知名商品。

知名商品是指在中国境内具有一定的市场知名度，为相关公众所知悉的商品。

2. 知名商品特有装潢。

知名商品特有装潢是指具有区别商品来源的显著特征的知名商品的装潢。

3. 外观设计。

外观设计是指对产品的形状、图案或者其结合以及色彩与形状、图案的结合所作出的富有美感并适于工业应用的新设计。

【焦点评析】

1. 笔套夹和装饰圈等产品部件的形状是否可以构成产品的“装潢”？

在原审中，被告抗辩的主要理由就是商品的特有装潢不能是商品本体，而应该是附加、附着在商品本体上的文字、图案、色彩及其排列组合。特有装潢应该独立于商品本体而存在，并对商品的使用功能没有影响。K–35 型按动式中性笔的笔套夹和装饰圈是笔的零部件，属于笔的本体，其特有外形和特有外观设计不构成特有装潢。

对于这一抗辩，一审法院其实没有作出有针对性的阐述。一审判决认为，《反不正当竞争法》（1993 年）第五条第（二）项所称的装潢是指为识别与美化商品而在商品或者其包装上附加的文字、图案、色彩及其排列组合。上述装潢可以是平面的也可以是三维立体的。可见，一审法院是以“立体的文字、图案、色彩及其排列组合”来表述本案中的笔套夹和装饰圈形状的。但这一表述和回应并不够严谨，因为它并没有回应笔套夹和装饰圈构成商品部件、具备结构性功能的问题。该被告主张的实质不在于“装潢”为平面还是立体的问题，而是构成商品结构组件的笔套夹和装饰圈是否可以成为装潢的问题。

对于该问题，《关于审理不正当竞争民事案件应用法律若干问题的解释》第二条中规定“仅由商品自身的性质产生的形状，为获得技术效果而需有的商品形状以及使商品具有实质性价值的形状”不能作为认定为特有装潢。由此可以推知，商品的特定形状是可以作为特有装潢表现形式的。

在再审裁定中，最高人民法针对再审申请人的相同质疑作出了具体阐述。最高人民法院认为，商品的装潢的字面含义是指商品的装饰，它起着美化商品的作用。一般而言，凡是具有美化商品作用、外部可视的装饰，都属于装潢。在外延上，商品的装潢一般可以分为如下两种类型：一类是文字图案类装潢，即外在于商品之上的文字、图案、色彩及其排列组合；另一类是形状构造类装潢，即内在于物品之中，属于物品本体但具有装饰作用的物品的整体或者局部外观构造。尽管该两种类型的装潢在表现形态上存在差异，但都因其装饰美化作用而构成商品的装潢。如果把装潢仅仅理解为附加、附着在商品本体上的文字、图案、色彩及其排列组合，就会把商品自身的外观构造排除在外，从而不恰当地限缩了装潢的范围。

2. 以何种标准认定是否构成“知名商品特有的装潢”？

这其中分为“知名商品”认定和“特有装潢”认定两个方面。

对于知名商品的认定标准和司法审判中的考虑因素，在《关于审理不正当竞争民事案件应用法律若干问题的解释》中已有明确规定，人民法院认定知名商品，应当考虑该商品的销售时间、销售区域、销售额和销售对象，进行任何宣传的持续时间、程度和地域范围，作为知名商品受保护的情况等因素，进行综合判断。原告应当对其商品的市场知名度负举证责任。实践中，对商品知名度的审查已经具有相对成熟的实际经验和规则。

对于特有装潢的认定，一个总的原则是要求该装潢“具有区别商品来源的显著特征”。但是，如何来定义“具有区别商品来源的显著特征”，却是一个复杂的问题。现有司法解释中仅是列举了几种缺乏显著特征的情况来予以排除。

本案一审判决认为，笔套夹为圆柱体与半圆梯形组合成的三维立体形状，半圆梯形的最高处连接有一个7毫米宽的笔夹，笔夹面呈弧形曲面向内收敛，笔套夹上部有两条半环形镂空，套身上有大圆弧缺口，笔夹与半圆梯形结合处有一个6.5毫米长的腰形孔，笔套夹的颜色与笔芯颜色相同。装饰圈位于笔套夹下方，其弧度与笔套夹和笔杆的曲线相吻合，材质为经过电镀处理的工程塑料。原告对其中笔套夹和装饰圈部分进行了专门的设计，使其除具有功能性以外，还具有较强的装饰性，起到了美化商品的作用。因此，判决认定，K–35型按动式中性笔外观中的笔套夹和装饰圈部分构成知名商品的特有装潢。

可见，一审判决仅是强调了笔套夹和装饰圈所具有的装饰性，但并没有强调其具有的显著性，特别是没有论及该装潢是否具有区别商品来源的性质。

在二审判决中，法院有意回应了这一问题，“上述两部件的设计不仅体现防滑、节省材料、提高加工工艺性等功能性考虑，也体现了独特的装饰性效果，增加了K–35中性笔外形的美观，故笔套夹和装饰圈亦属于K–35中性笔的装潢设计。根据本案证据显示，随着近年来中韩晨光公司对K–35中性笔的广泛宣传和大量销售，已经使得K–35中性笔笔套夹和装饰圈部件的独有设计与商品的来源即生产者被上诉人中韩晨光公司之间建立了明确和稳固的联系，使其具备了识别商品来源的显著特征，故应认定为知名商品的特有装潢”。

笔者认为，“具有区别商品来源的显著特征”包括装潢“显著性”和“能够区别商品来源”两个既相互独立又相互联系的特征。

其中，就“显著性”而言，特有装潢的显著性评价标准应该略高于商标显著性的评价标准。之所以这样考虑，一方面是因为商标经注册后具有法律强制约束的特性，但装潢并不是通过注册等方式确定其权利的，而是在商品的经营中逐渐确立，因此其本身固有的特点和显著性应该更为高一些，才能给其他同类经营中预留足够的空间。另一方面，装潢的显著性也是“能够区别商品来源”的基础性条件。一个显著性较低的装潢，在客观上其区别商品来源的能力也是不高的。

“能够区别商品来源”是一个需要综合多种因素认定的特性，包括商品的知名度、装潢的显著性、消费者对装潢的认知和注意程度等。总体而言，“能够区别商品来源”要求装潢本身不仅具有独特性或显著性，还要使得消费者能够将商品的装潢与生产者和来源联系或对应起来才行。

本案原一、二审法院均认定涉案笔套夹和装饰圈构成“知名商品特有的装潢”，其论述的要点是商品知名度与笔套夹和装饰圈是专门设计的具有装饰功能的部分。而最高院在再审裁定中认为，形状构造本身与商品本体不可分割，相关公众往往更容易将其视作商品本体的组成部分，而一般不会直接将其与商品的特定生产者、提供者联系起来。即使使用该形状构造的商品已经成为知名商品，在缺乏充分证据的情况下，也不能直接得出相关公众已经将该种形状构造与特定的生产者、提供者联系起来的结论。因此，对于形状构造类装潢而言，不能基于使用该种形状构造的商品已经成为知名商品就当然认为该种形状构造已经起到了区别商品来源的作用，更不能仅凭使用该种形状构造的商品已经成为知名商品就推定该种形状构造属于知名商品的特有装潢。

从中我们似乎可以推知，最高院当初裁定再审本案的原因，很可能是认为本案中的笔套夹和装饰圈尚未具备“能够区别商品来源”的特性。换言之，该两部分组件的外观所构成的装潢，尚不能够如同商标一样给消费者有关商品来源的确定指引。

3. 被告在抗辩中可以多做考虑的几个问题。

（1）被告关于“先用权”抗辩的时点选择并不准确。本案中被告提交电子邮件、增值税发票等证据试图证明其最早生产销售涉案笔的时间为 2002 年 5 月、8 月。但法院认定中韩晨光公司对 K–35 型中性笔的最早销售时间为 2002 年 3 月，早于被告产品销售时间，因此认定该抗辩不成立。

对此问题，被告在抗辩中存在一个明显的疏忽：能够支持先用权抗辩的事实基础，不是被告产品的销售时间早于原告产品的销售时间，而是在原告的产品成为知名商品特有装潢之前，被告已经是生产、销售了该商品。

所以，被告在提出“先用权”这一抗辩事由时，需要特别关注原告商品的具体经营状况，包括时间、数量、范围、荣誉等事实。但遗憾的是，本案被告并没有关注这方面的事实和证据。原审法院认定构成知名商品的依据是“2005 年 1 月，晨光商标被上海市工商行政管理局认定为上海市著名商标”，但实际上这个时间点距离原告于 2004 年 9 月 21 日经受让取得注册商标“晨光”仅有三个月之短；距离“2005 年 12 月 30 日，国家工商行政管理总局商标局认定原告在第 16 类笔商品上的晨光注册商标为驰名商标”也仅有一年多时间，那么这些商标方面的荣誉在多大程度上可以被认为涉案商品知名的证明呢？这是需要其他证据支持的。至于说原告的“晨光”牌中性笔于 2003 年获得“名牌”产品称号，那时原告还没有获得该商标，该名牌称号与涉案商品的关联度还需要其他证据支持。

而且，原告的涉案专利在 2003 年 2 月 19 日获得授权后，很快因未缴纳专利年费于 2005 年 10 月 12 日终止，假如原告此时正在大量生产销售该产品，这一情况的发生是不太合常理的。

以商标的知名度来印证商品的知名度，而不是针对具体涉案商品的知名度进行举证，是原告证明的不足之处。假如被告可以清楚认识到，在原告产品尚未构成知名商品之前，其生产销售涉案产品并不违反法律，则其抗辩力度会有所加强。

笔者注意到，被告在本案中采取的先用权抗辩思路，可能是引用了国家工商局《关于禁止仿冒知名商品特有的名称、包装、装潢的不正当竞争行为的若干规定》（1995 年 7 月 6 日国家工商行政管理局令第 33 号公布）第四条的规定“特有的商品名称、包装、装潢应当依照使用在先的原则予以认定”。但笔者认为，该规定抛开商品知名度的事实、单纯强调装潢使用起始时间的事实是非常值得商榷的。因为“知名商品特有的装潢”必须附着在知名商品上，与著作权相关法律判断不同，仅仅是使用在先尚不足作为认定构成知名商品特有装潢的充分条件。在商品知名度不能认定的情况下，他人对近似装潢的使用并不能被法律所禁止[①]。这是权利人选择知名商品特有装潢的反不正当竞争法保护而非选择外观设计专利保护或著作权保护时，被控侵权一方需要加以特别注意的一点。

另外，《关于审理不正当竞争民事案件应用法律若干问题的解释》还规定，在不同地域范围内使用相同或者近似的知名商品特有的名称、包装、装

---

① 北京市高级人民法院知识产权庭编：《知识产权诉讼实务研究》，知识产权出版社 2008 年版，第 275 页。相关案例为北京市高级人民法院（2003）高民终字第 602 号《民事判决书》。

潢，在后使用者能够证明其善意使用的，不构成《反不正当竞争法》（1993年）第五条第（二）项规定的不正当竞争行为。因后来的经营活动进入相同地域范围而使其商品来源足以产生混淆，在先使用者请求责令在后使用者附加足以区别商品来源的其他标识的，人民法院应当予以支持。这一法律规定还可以为被告提供一种不同地域范围内使用相同或者近似装潢的抗辩角度。而本案被告在抗辩中完全没有考虑到自己最先使用涉案装潢的地域问题。

因此，原告涉案商品成为知名商品的时间、地域范围以及被告生产涉案产品的时间、地域范围，都可以是此类案件中被告抗辩的出发点。

（2）对于原告证据真实性的质疑可以通过司法鉴定予以澄清。

被告主张，中韩晨光公司在一审庭审时提交了两张发票和两张销货清单，该两张发票上无 K–35 型按动式中性笔的记载，发票正面“文化用品”四字与“附清单”三字的书写笔迹不同、颜色深浅不同、蓝印深浅不同。发票上的数据和销货清单上的数据完全不同。因此，“附清单”的字样和销货清单都是后加的，属于伪造的证据。但这一质疑并未通过司法鉴定程序予以证明。考虑到该份原告证据是证明涉案商品知名度的主要证据，还可以通过司法鉴定的方式进行反证。

【总体评价】

本案是一起典型的知名商品特有装潢保护纠纷案件，尤其与通常附着于商品外表之上的文字、图案、色彩及其排列组合类型装潢不同的是，本案涉及装潢属于形状构造类型，即属于物品本体但具有装饰作用的物品的整体或者局部外观构造形成的装潢。

对于此种类型的商品装潢，以何种标准来认定其是否具有“显著性”和“能够区别商品来源”两项特征，从而认定其是否构成“知名商品特有的装潢”是一个在理论和实际中需要更多探讨的课题。

在一、二审已经作出生效判决的情况下，最高人民法院裁定提审本案。虽然由于再审申请人的撤回再审导致再审法院没有作出最终判决，但最高院在再审裁定中，对于商品上形状构造类型的装潢部件构成知名商品特有的装潢的条件，还是进行了具有指导意义的初步阐述，并且特别指出，审查此类型装潢是否起到了区别商品来源的作用，是判断是否构成知名商品的特有装潢的重要因素，该案例将对今后类似案件的审判和理论研究提供有益的借鉴。

【案例规则】

1. 享有外观设计专利权的商品在符合反不正当竞争法的保护条件时，可以依据《反不正当竞争法》关于知名商品特有包装、装潢的规定而得到制止混淆的保护。

2. 可以作为知名商品特有装潢外观设计应当满足以下条件：（1）使用该设计的商品必须构成知名商品；（2）该设计已经实际具有区别商品来源的作用；（3）这种设计既不属于由商品自身的性质所决定的设计，也不属于为实现某种技术效果所必需的设计或者使商品具有实质性价值的设计；（4）他人对该设计的使用会导致相关公众的混淆或者误认。

维布络安舍（广东）日用品有限公司诉佛山市雅洁丽化妆品有限公司、徐闻县万家惠商贸有限公司擅自使用知名商品特有包装、装潢纠纷案

崔　军①

一、案例基本信息

案例类型	知名商品　特有包装装潢　不正当竞争　民事案件
案例名称	维布络安舍（广东）日用品有限公司诉佛山市雅洁丽化妆品有限公司、徐闻县万家惠商贸有限公司擅自使用知名商品特有包装、装潢纠纷案
裁判文书	一审：（2015）佛三法民三初字第 4 号《民事判决书》 二审：（2015）佛中法知民终字第 73 号《民事判决书》
合议庭成员	一审：审判长何永添、审判员洪宗健、人民陪审员陈伟基 二审：审判长温万民、代理审判员余珂珂、代理审判员徐允贤
一审原告	维布络安舍（广东）日用品有限公司（以下简称维布络安舍公司）
一审被告	佛山市雅洁丽化妆品有限公司（以下简称雅洁丽公司）、徐闻县万家惠商贸有限公司（以下简称万家惠公司）
二审上诉人	维布络安舍公司
二审被上诉人	雅洁丽公司、万家惠公司
受理日期	2015 年 1 月 26 日

① 崔军，北京德恒（深圳）律师事务所，律师。

续表

裁判日期	一审：2015年6月18日 二审：判决书上记载“2014年11月10日”，裁判日期有误
法律程序	一审、二审
一审判决结果	一、驳回原告维布络安舍（广东）日用品有限公司的全部诉讼请求。 二、案件受理费9405元，由原告维布络安舍（广东）日用品有限公司负担
二审判决结果	一、撤销广东省佛山市三水区人民法院（2015）佛三法民三初字第4号民事判决； 二、被上诉人佛山市雅洁丽化妆品有限公司应于本判决发生法律效力之日起立即停止生产、销售擅自使用了上诉人维布络安舍（广东）日用品有限公司的知名商品“艾诗”芬香滋润沐浴乳特有包装、装潢的侵权产品，并销毁库存的侵权产品及生产侵权产品的专用模具； 三、被上诉人徐闻县万家惠商贸有限公司应于本判决发生法律效力之日起立即停止销售擅自使用了上诉人维布络安舍（广东）日用品有限公司的知名商品“艾诗”芬香滋润沐浴乳特有包装、装潢的侵权产品； 四、被上诉人佛山市雅洁丽化妆品有限公司应于本判决发生法律效力之日起十日内向上诉人维布络安舍（广东）日用品有限公司赔偿经济损失及合理费用共计人民币150000元； 五、驳回上诉人维布络安舍（广东）日用品有限公司的其他诉讼请求。 如果未按本判决指定的期间履行给付金钱义务，应当依照《中华人民共和国民事诉讼法》第二百五十三条之规定，加倍支付迟延履行期间的债务利息。 一审案件受理费9405元，二审案件受理费9405.6元，共18810.6元，由上诉人维布络安舍（广东）日用品有限公司负担5643.18元，由被上诉人佛山市雅洁丽化妆品有限公司负担13167.42元
涉案法律、法规和解释	一审： 《中华人民共和国反不正当竞争法》（1993年）第五条第（二）项[①]；

① 《反不正当竞争法》（1993年）第五条：经营者不得采用下列不正当手段从事市场交易，损害竞争对手：……（二）擅自使用知名商品特有的名称、包装、装潢，或者使用与知名商品近似的名称、包装、装潢，造成和他人的知名商品相混淆，使购买者误认为是该知名商品。

续表

涉案法律、法规和解释	《最高人民法院关于审理不正当竞争民事案件应用法律若干问题的解释》第一条、第二条、第四条①； 《中华人民共和国民事诉讼法》第六十四条第一款、第一百四十四条②的规定。

① 《最高人民法院关于审理不正当竞争民事案件应用法律若干问题的解释》第一条：在中国境内具有一定的市场知名度，为相关公众所知悉的商品，应当认定为反不正当竞争法第五条第（二）项规定的“知名商品”。人民法院认定知名商品，应当考虑该商品的销售时间、销售区域、销售额和销售对象，进行任何宣传的持续时间、程度和地域范围，作为知名商品受保护的情况等因素，进行综合判断。原告应当对其商品的市场知名度负举证责任。

在不同地域范围内使用相同或者近似的知名商品特有的名称、包装、装潢，在后使用者能够证明其善意使用的，不构成反不正当竞争法第五条第（二）项规定的不正当竞争行为。因后来的经营活动进入相同地域范围而使其商品来源足以产生混淆，在先使用者请求责令在后使用者附加足以区别商品来源的其他标识的，人民法院应当予以支持。

第二条：具有区别商品来源的显著特征的商品的名称、包装、装潢，应当认定为反不正当竞争法第五条第（二）项规定的“特有的名称、包装、装潢”。有下列情形之一的，人民法院不认定为知名商品特有的名称、包装、装潢：（一）商品的通用名称、图形、型号；（二）仅仅直接表示商品的质量、主要原料、功能、用途、重量、数量及其他特点的商品名称；（三）仅由商品自身的性质产生的形状，为获得技术效果而需有的商品形状以及使商品具有实质性价值的形状；（四）其他缺乏显著特征的商品名称、包装、装潢。

前款第（一）、（二）、（四）项规定的情形经过使用取得显著特征的，可以认定为特有的名称、包装、装潢。

知名商品特有的名称、包装、装潢中含有本商品的通用名称、图形、型号，或者直接表示商品的质量、主要原料、功能、用途、重量、数量以及其他特点，或者含有地名，他人因客观叙述商品而正当使用的，不构成不正当竞争行为。

第四条：足以使相关公众对商品的来源产生误认，包括误认为与知名商品的经营者具有许可使用、关联企业关系等特定联系的，应当认定为反不正当竞争法第五条第（二）项规定的“造成和他人的知名商品相混淆，使购买者误认为是该知名商品”。

在相同商品上使用相同或者视觉上基本无差别的商品名称、包装、装潢，应当视为足以造成和他人知名商品相混淆。

认定与知名商品特有名称、包装、装潢相同或者近似，可以参照商标相同或者近似的判断原则和方法。

② 《中华人民共和国民事诉讼法》第六十四条：当事人对自己提出的主张，有责任提供证据。

当事人及其诉讼代理人因客观原因不能自行收集的证据，或者人民法院认为审理案件需要的证据，人民法院应当调查收集。

第一百四十四条：被告经传票传唤，无正当理由拒不到庭的，或者未经法庭许可中途退庭的，可以缺席判决。

续表

涉案法律、法规和解释	二审： 《中华人民共和国反不正当竞争法》（1993 年）第五条第（二）项、第二十条[①]； 《中华人民共和国民事诉讼法》第一百七十条第一款第（三）项
裁判要点	维布络安舍公司所享有的外观设计专利权虽已失效，在专利法范围内不能受到保护，但并不妨碍维布络安舍公司所享有的知名商品的特有包装、装潢的权益受到反不正当竞争法的保护
案例规则	认定“仿冒知名商品特有包装、装潢”行为，应首先审查商品是否属于反不正当竞争法规定的知名商品，并只有在该商品属于知名商品的前提下，再进一步对其包装、装潢是否属于其特有包装、装潢以及被诉侵权商品使用的包装、装潢是否与该知名商品包装、装潢相同或相近似，足以造成相关消费者混淆误认进行审查

二、案例综述

【主要诉请】

1. 判令被告一立即停止生产、销售侵权商品，停止使用原告知名商品特有的包装、装潢行为，并销毁用以生产侵权商品的专用磨具、图纸等生产工具及库存侵权商品；

2. 判令被告二立即停止销售侵权商品，停止使用原告知名商品特有的包装、装潢行为；

3. 二被告连带赔偿原告经济损失人民币 50 万元；

4. 本案诉讼费、律师费、公证费、购买商品的费用 60560 元由二被告共同承担。

【基本事实】

一审法院查明：

原告提供的被侵权商品“艾诗”芬香滋润沐浴乳是原告维布络安舍公司的商品。原告提供的被诉侵权商品“潘雪”瑞士百花香沐浴宝是被告雅洁丽公司的商品。2013 年 9 月 5 日，原告维布络安舍公司以每瓶 20 元的价格，从被告万家惠公司购得“潘雪”瑞士百花香沐浴宝，万家惠公司开具了相应的

---

① 《反不正当竞争法》（1993 年）第二十条：经营者违反本法规定，给被侵害的经营者造成损害的，应当承担损害赔偿责任，被侵害的经营者的损失难以计算的，赔偿额为侵权人在侵权期间因侵权所获得的利润；并应当承担被侵害的经营者因调查该经营者侵害其合法权益的不正当竞争行为所支付的合理费用。

被侵害的经营者的合法权益受到不正当竞争行为损害的，可以向人民法院提起诉讼。

购物发票。

2013年12月23日，原告维布络安舍公司向佛山市中级人民法院起诉被告雅洁丽公司、被告万家惠公司侵害了其第200930237876.8号外观设计专利，该案的被诉侵权商品即本案的被诉侵权商品“潘雪”瑞士百花香沐浴宝的包装瓶。该案经过佛山市中级人民法院一审和广东省高级人民法院二审，（2014）粤高法民三终字第526号《民事判决书》已生效。广东省高级人民法院经审理后认为，“潘雪”瑞士百花香沐浴宝的外观设计使用的是申请号为第01347747.1、名称为“罗马纹瓶（艾诗550ml）”的在先设计的外观设计专利，且该在先设计的专利权已因专利期限届满而终止，雅洁丽公司并不构成侵害外观设计专利。

2014年6月9日，被告雅洁丽公司向国家知识产权局专利复审委员会请求宣告维布络安舍公司的第200930237876.8号外观设计专利无效。2014年10月30日，国家知识产权局专利复审委员会作出第24298号《无效宣告请求审查决定书》，因第200930237876.8号外观设计专利与第01347747.1号外观设计专利相近似，宣告第200930237876.8号外观设计专利权无效。维布络安舍公司不服该决定，向北京知识产权法院提起诉讼，案号为（2015）京知行初字第737号，该案审理尚未完结。

近年来，原告维布络安舍公司为包括“艾诗”系列产品在内的产品投入了较大的宣传经费，利用多种载体进行了时间较长、范围较广的宣传，并曾通过诉讼等多种方式维权。

二审法院另查明：

受维布络安舍公司委托，信永中和会计师事务所于2015年3月17日出具专项审计报告，报告显示与涉案被侵权商品——“艾诗”芬香滋润沐浴乳外包装相同的商品于2013年、2014年在全国各省、自治区、直辖市的销售量分别为13559437支、17005179支，销售额分别为15846万元、16445万元；维布络安舍公司于2013年、2014年就同一包装的商品在全国各省、自治区、直辖市各地方电视台、地铁灯箱、优酷等互联网、专业杂志等刊物投放广告，广告投入额分别为3527万元、3238万元。

名称为罗马纹瓶（艾诗550ml）、专利号为ZL01347747.1的外观设计专利的专利权人为东莞安舍日用品有限公司，专利申请日为2001年10月12日，授权公告日为2002年5月1日。2010年8月31日，东莞安舍日用品有限公司经东莞市工商行政管理局核准变更为维布络安舍公司。

维布络安舍公司于1994年9月3日成立，注册资本2453.3万元港币，经营范围为生产和销售家用洗洁品、个人洗浴品、美容化妆品，从事洗浴品的进出口和批发等。

庭审中，雅洁丽公司确认被诉侵权产品为其制造并销售给万家惠公司。

【争议焦点】

一审法院认为：

本案诉请是以制止不正当竞争行为的方式保护知名商品特有的包装、装潢，需要重点解决的是被诉侵权商品与被侵权商品的包装、装潢是否相近似，足以引起市场的混淆、误认；被侵权商品是否为知名商品，其包装、装潢是否为特有的包装、装潢。

二审法院认为：

本案为擅自使用知名商品特有名称、包装、装潢纠纷。《反不正当竞争法》（1993年）第二条第一款规定，经营者在市场交易中，应当遵循自愿、平等、公平、诚实信用的原则，遵守公认的商业道德。该法第五条第（二）项进一步明确规定，经营者擅自使用知名商品特有的名称、包装、装潢，或者使用与知名商品近似的名称、包装、装潢，造成和他人的知名商品相混淆，使购买者误认为是该知名商品，属于使用不正当竞争手段从事市场交易，损害竞争对手的不正当竞争行为。上诉人维布络安舍公司依据该法律规定，主张被上诉人雅洁丽公司在经营过程中擅自使用其知名商品，即“艾诗”芬香滋润沐浴乳特有的包装、装潢，构成不正当竞争。故本案应首先审查维布络安舍公司生产的“艾诗”芬香滋润沐浴乳是否属于反不正当竞争法规定的知名商品，并只有在“艾诗”芬香滋润沐浴乳属于知名商品的前提下，再进一步对其包装、装潢是否属于其特有包装、装潢，以及雅洁丽公司的被诉侵权商品即“潘雪”瑞士百花香沐浴宝使用的包装、装潢是否与维布络安舍公司的“艾诗”芬香滋润沐浴乳包装、装潢相同或相近似，足以造成相关消费者混淆、误认进行审查。

【法院认定】

一审法院认定：

被诉侵权商品与被侵权商品的包装、装潢并不相似，一般消费者只需施以普通注意即可分清商品来源。

鉴于被诉侵权商品与被侵权商品的包装、装潢并不近似，不足以造成市场的混淆、误认，被侵权商品是否为知名商品，其包装、装潢是否为特有的包装、装潢等问题，本院不再予以评述。

二审法院认定：

维布络安舍公司生产、销售的“艾诗”芬香滋润沐浴乳属于知名商品；

“艾诗”芬香滋润沐浴乳的包装、装潢具有区别于其他同类产品的显著性特征。涉案知名商品的包装、装潢属于商品的特有包装、装潢；

雅洁丽公司的“潘雪”瑞士百花香沐浴宝所使用的包装、装潢与维布络安舍公司的“艾诗”芬香滋润沐浴乳包装、装潢近似，仅有细微的差别，足以造成相关公众对商品来源产生混淆、误认。认定被诉侵权产品的包装、装潢构成仿冒知名商品的特有包装、装潢。

三、案例评析

【法律背景】

1. 我国《反不正当竞争法》在《著作权法》、《商标法》、《专利法》等知识产权专门法之外，还给予知名商品的特有包装、装潢提供了特殊保护。《反不正当竞争法》（1993 年）第五条第（二）项规定，经营者不得采用擅自使用知名商品特有的名称、包装、装潢，或者使用与知名商品近似的名称、包装、装潢，造成和他人的知名商品相混淆，使购买者误认为是该知名商品的不正当手段从事市场交易，损害竞争对手。

2. 对于《反不正当竞争法》（1993 年）第五条第（二）项规定中“知名商品”的认定标准，《最高人民法院审理不正当竞争民事案件应用法律若干问题的解释》第一条作出了具体规定：“人民法院认定知名商品，应当考虑该商品的销售时间、销售区域、销售额和销售对象，进行任何宣传的持续时间、程度和地域范围，作为知名商品受保护的情况等因素，进行综合判断。原告应当对其商品的市场知名度负举证责任。”

3. 对于《反不正当竞争法》（1993 年）第五条第（二）项规定中知名商品“特有包装、装潢”的认定，《最高人民法院关于审理不正当竞争民事案件应用法律若干问题的解释》第二条规定：“具有区别商品来源的显著特征的商品的名称、包装、装潢，应当认定为反不正当竞争法第五条第（二）项规定的‘特有的名称、包装、装潢’。有下列情形之一的，人民法院不认定为知名商品特有的名称、包装、装潢：

（1）商品的通用名称、图形、型号；

（2）仅仅直接表示商品的质量、主要原料、功能、用途、重量、数量及其他特点的商品名称；

（3）仅由商品自身的性质产生的形状，为获得技术效果而需有的商品形状以及使商品具有实质性价值的形状；

（4）其他缺乏显著特征的商品名称、包装、装潢。

前款第（一）、（二）、（四）项规定的情形经过使用取得显著特征的，可以认定为特有的名称、包装、装潢。

知名商品特有的名称、包装、装潢中含有本商品的通用名称、图形、型号，或者直接表示商品的质量、主要原料、功能、用途、重量、数量以及其他特点，或者含有地名，他人因客观叙述商品而正当使用的，不构成不正当竞争行为。”

4. 对于是否构成“仿冒”行为的认定，《反不正当竞争法》（1993 年）第五条第（二）项规定，擅自使用知名商品特有的名称、包装、装潢，或者使用与知名商品近似的名称、包装、装潢，造成和他人的知名商品相混淆，使购买者误认为是该知名商品。我国《反不正当竞争法》（1993 年）第五条对“可能引起误认”的情形未作明示，但《关于禁止仿冒知名商品特有的名称、包装、装潢的不正当竞争规定》第五条第（二）项对《反不正当竞争法》作了扩充性解释，指出：“前款所称使购买者误认为是该知名商品，包括足以使购买者误认为是该知名商品。”

【焦点评析】

1. 知名商品特有包装、装潢权与外观设计专利权的关系。

在本案中，不论是一审法院还是二审法院，均认定本案系擅自使用知名商品特有名称、包装、装潢的不正当竞争纠纷案。但作为本案被告之一的雅洁丽公司在两审中却以广东省高院的（2014）粤高法民三终字第 526 号《民事判决书》及国家知识产权局的第 24298 号《无效宣传请求审查决定书》进行举证，证明被诉侵权商品“潘雪”系列沐浴露商品没有擅自使用原告的被侵权商品“艾诗”芬香滋润沐浴乳的包装，使用的是在先设计的第 01347747.1 号、名称为“罗马纹瓶（艾诗 550ml）”的外观设计专利，且该在先设计已因专利期限届满而终止；证明被侵权商品“艾诗”芬香滋润沐浴乳的外观专利与在先设计相近似，而被国家知识产权局宣告无效。另外，雅洁丽公司其中一项重要的答辩理由就是维布络安舍公司的外观设计的专利权已因专利保护期满而终止，由此涉案的包装设计便成为公知公用的设计，任何人都可以合法使用。

实际上，上述问题反映的是知名商品特有包装、装潢的权利与外观设计专利权的关系问题，涉及反不正当竞争法与知识产权单行法在商品包装、装潢保护上的关系问题。关于此点，根据之前司法实践以及相关讨论来看其实已没有任何争议：① 外观设计专利权终止后，该设计并不当然进入公有领域，由于商品的外观设计可能同时构成商品的包装或者装潢，在符合反不正当竞争法的保护条件时，可以依据反不正当竞争法关于知名商品特有包装、装潢的规定而得到制止混淆的保护。关于此点，本案二审法院也正面明确作出了回应：“维布络安舍公司所享有的外观设计专利权虽已失效，在专利法范围内不能受到保护，但并不妨碍维布络安舍公司所享有的知名商品的特有包装、装潢的权益受到反不正当竞争法的保护。因此，雅洁丽公司该抗辩理由不成立，本院不予采纳。”

当商品的外观设计同时构成知名商品特有的包装、装潢时，在同一商品

---

① 详见：意大利某公司诉张家港某食品公司、天津某行销公司不正当竞争纠纷提审案及上海中韩晨光文具制造有限公司诉被告宁波微亚达文具有限公司、宁波微亚达制笔有限公司、上海成硕工贸有限公司擅自使用知名商品特有装潢纠纷案。

上则可同时并存根据《专利法》所保护的外观设计的权利和根据《反不正当竞争法》所保护的知名商品特有包装、装潢的权利。该两种权利保护是相辅相成的，其间并不存在排斥关系。同时，因其每种机制的运作原理各不相同，在请求权的选择上权利人完全可以自主进行合理规划和安排。

笔者认为，被告所提交的广东省高院的（2014）粤高法民三终字第526号《民事判决书》及国家知识产权局的第24298号《无效宣传请求审查决定书》，若不考虑《无效宣传请求审查决定书》中关于第200930237876.8号外观设计专利与第01347747.1号外观设计专利相近似的论证过程及决定的内容，由于本案并非"侵害外观设计专利权纠纷"，上述两份证据都与本案无关联性。但雅洁丽公司如此举证又确实体现了司法实践中经常出现的一种观点，即《反不正当竞争法》所保护的知名商品特有的包装、装潢权利应当受到《专利法》所保护外观设计专利权的相应限制。其理由大体上是：既然专门法中已对此作出具体规定，提供了特别保护，就不应该再允许经营者依据《反不正当竞争法》寻求额外保护，否则将使得权利界限难以划定，损害法律的可预测性。

但对两种权利的区别稍作讨论便可知道两种权利的存在既不重复也不相互排斥：

（1）两种权利的产生方式不同，外观设计专利是经形式审查后公告授权，即行政授予；而知名商品特有的包装、装潢使用权，因该商品在相关公众中成为知名商品，其包装、装潢成为该知名商品的显著区别性标志时权利产生，即自然产生。

（2）两种权利的获得条件不同，外观设计专利的获取以新颖性、富有美感并适于工业应用为条件；获得知名商品特有包装、装潢权的条件是商品为知名商品，包装、装潢具有特有性。

（3）权利保护的范围不同，外观设计专利权的保护范围以权利人向中国专利局申请专利时提交的图片、照片为限；知名商品特有包装、装潢权的保护范围以在市场上公开销售的已被认定为知名商品的特有包装、装潢为限。

（4）权利的保护期限、地域不同，外观设计专利权一经获取，在全国范围内有效，但权利具有10年的保护期限，期限届满就进入公共领域；知名商品特有包装、装潢权的保护虽无期限限制，但该权利并不稳定，可能消灭也可能出现，同时保护范围仅限于商品知名的地域范围。

（5）侵权判定的标准不同，外观设计专利权保护是在不考虑混淆可能性的前提下对产品包装、装潢的一种非标识性保护；知名商品特有包装、装潢使用权侵权，以造成或足以造成市场混淆或误认为标准。

（6）两种权利保护所依据的法律立法目的不同，《专利法》是为促进专利公开；《反不正当竞争法》是为保护市场竞争秩序，以及消费者合法权益，具体到本案即是为防止经营者“搭便车”，不正当的利用其他经营者的商业商誉和商品声誉等利益，以及避免市场消费者混淆、误认。综上，两种权利既然产生方式、获得条件、保护范围、保护期限和地域、侵权判定标准、立法目的等均不相同，则两种权利不应被混为一谈，不能认为两者之间有制约或排斥关系。具体到个案中如何主张，即是权利人的自由。

2. 对于仿冒知名商品特有包装、装潢行为的认定。

本案一审法院在认定涉案商品包装相近似后，又进一步对商品装潢进行对比，最终得出不相近似的结论：鉴于被诉侵权商品与被侵权商品的包装、装潢并不近似，不足以造成市场的混淆、误认，被侵权商品是否为知名商品，其包装、装潢是否为特有的包装、装潢等问题，本院不再予以评述。

而二审法院却又反其道而行之，重点首先审查认定了维布络安舍公司的“艾诗”芬香滋润沐浴乳属于知名商品，其次又审查认定了“艾诗”芬香滋润沐浴乳的包装、装潢具有区别于其他同类产品的显著性特征。最后对于雅洁丽公司的“潘雪”瑞士百花香沐浴宝使用的包装、装潢与维布络安舍公司的“艾诗”芬香滋润沐浴乳包装、装潢是否近似，却几句草草了事，甚至缺少基本的论证过程，判决书中只是提及：经对比两种商品包装、装潢相近似，仅有细微的差别，足以造成相关公众对商品来源产生混淆、误认。故本院认定被诉侵权产品的包装、装潢构成仿冒知名商品的特有包装、装潢。

判断被告商品的包装、装潢是否构成了不正当竞争时，必须要考虑三个因素：（1）原告商品是否为知名商品。（2）原告商品包装、装潢是否具有“特有性”。（3）被告是否对原告知名商品的特有包装、装潢作了相同或近似使用并足以导致消费者误认。三者缺一不可，本案一审法院似存偷闲之嫌，二审法院又虎头蛇尾。

【案例规则】

认定“仿冒知名商品特有包装、装潢”行为，应首先审查商品是否属于反不正当竞争法规定的知名商品，并只有在该商品属于知名商品的前提下，再进一步对其包装、装潢是否属于其特有包装、装潢以及被诉侵权商品使用的包装、装潢是否与该知名商品包装、装潢相同或相近似，足以造成相关消费者混淆、误认进行审查。

宁波畅想软件股份有限公司诉宁波中源信息科技有限公司、宁波中晟信息科技有限公司商业诋毁、虚假宣传纠纷案[①]

秦 鹏[②]

一、案例基本信息

案例类型	商业诋毁 虚假宣传 不正当竞争 民事案件
案例名称	宁波畅想软件股份有限公司诉宁波中源信息科技有限公司、宁波中晟信息科技有限公司商业诋毁、虚假宣传纠纷案
裁判文书	一审：浙江省宁波市中级人民法院（2014）浙甬知初字第196号《民事判决书》 二审决：浙江省高级人民法院（2015）浙知终字第71号《民事判决书》 再审：最高人民法院（2015）民申字第3340号《民事裁定书》
合议庭成员	一审：审判长宋妍、代理审判员邓梦甜、人民陪审员李宝甫 二审：审判长周平、代理审判员陈宇、代理审判员刘静 再审：周翔、钱小红、罗霞
一审原告	宁波畅想软件股份有限公司（本文简称“畅想公司”）
一审被告	宁波中源信息科技有限公司（本文简称“中源公司”） 宁波中晟信息科技有限公司（本文简称“中晟公司”）
二审上诉人	畅想公司 中源公司 中晟公司

① 本案为2015浙江省法院十大知识产权保护案例、2015中国法院50件典型知识产权案例之一。

② 秦鹏，山东康桥（北京）律师事务所，律师。

续表

再审申请人	中源公司 中晟公司
再审被申请人	畅想公司
受理日期	一审：2014 年 8 月 13 日 二审：无
裁判日期	再审：2015 年 12 月 23 日
法律程序	一审、二审、再审
一审判决结果	一、被告宁波中源信息科技有限公司、宁波中晟信息科技有限公司立即停止商业诋毁、虚假宣传行为； 二、被告宁波中源信息科技有限公司、宁波中晟信息科技有限公司于本判决生效之日起十日内在“www.joinf.com”网站上连续三日刊登对原告宁波畅想软件股份有限公司的致歉声明（内容需经本院审核，逾期不履行，本院将择要公布判决书主要内容，费用由被告宁波中源信息科技有限公司、宁波中晟信息科技有限公司承担），以消除影响； 三、被告宁波中源信息科技有限公司、宁波中晟信息科技有限公司于本判决生效之日起十日内共同赔偿原告宁波畅想软件股份有限公司经济损失人民币 40000 元（包括原告为制止侵权行为所支付的合理开支）； 四、驳回原告宁波畅想软件股份有限公司的其他诉讼请求
二审判决结果	一、撤销浙江省宁波市中级人民法院（2014）浙甬知初字第 196 号民事判决； 二、中源公司、中晟公司立即停止涉案商业诋毁、虚假宣传行为； 三、中源公司、中晟公司立即停止在百度推广服务中使用“畅想软件”、“宁波畅想软件开发有限公司”作为搜索关键词； 四、中源公司、中晟公司于本判决送达之日起十日内在“www.joinf.com”网站上连续三日刊登对畅想公司的致歉声明（内容需包含本院认定的全部不正当竞争行为，并需经本院核准，若逾期未履行，则由本院择要公布本判决的主要内容，相关费用由中源公司、中晟公司负担）； 五、中源公司、中晟公司于本判决送达之日起十日内共同赔偿畅想公司经济损失人民币 10 万元（包括畅想公司为制止不正当竞争行为所支付的合理开支）； 六、驳回畅想公司的其他诉讼请求
再审裁定结果	驳回再审申请

续表

涉案法律、法规和解释	一审： 《民法通则》第一百三十四条第一款[①]第（七）、（九）、（十）项、第二款； 《反不正当竞争法》（1993年）第九条[②]、第十四条[③]； 《最高人民法院关于审理不正当竞争民事案件应用法律若干问题的解释》第十七条[④]第一款。 二审： 《民事诉讼法》第一百七十条[⑤]第一款第（二）项； 《反不正当竞争法》（1993年）第二条[⑥]、第五条[⑦]第（三）项、第九条第一款、第十四条；

① 《民法通则》第一百三十四条：承担民事责任的方式主要有：（一）停止侵害；（二）排除妨碍；（三）消除危险；（四）返还财产；（五）恢复原状；（六）修理、重作、更换；（七）赔偿损失；（八）支付违约金；（九）消除影响、恢复名誉；（十）赔礼道歉。

以上承担民事责任的方式，可以单独适用，也可以合并适用。

人民法院审理民事案件，除适用上述规定外，还可以予以训诫、责令具结悔过、收缴进行非法活动的财物和非法所得，并可以依照法律规定处以罚款、拘留。

② 《反不正当竞争法》（1993年）第九条：经营者不得利用广告或者其他方法，对商品的质量、制作成分、性能、用途、生产者、有效期限、产地等作引人误解的虚假宣传。

③ 《反不正当竞争法》（1993年）第十四条：经营者不得捏造、散布虚伪事实，损害竞争对手的商业信誉、商品声誉。

④ 《最高人民法院关于审理不正当竞争民事案件应用法律若干问题的解释》确定反不正当竞争法第十条规定的侵犯商业秘密行为的损害赔偿额，可以参照确定侵犯专利权的损害赔偿额的方法进行；确定反不正当竞争法第五条、第九条、第十四条规定的不正当竞争行为的损害赔偿额，可以参照确定侵犯注册商标专用权的损害赔偿额的方法进行。

⑤ 《民事诉讼法》第一百七十条：第二审人民法院对上诉案件，经过审理，按照下列情形，分别处理：（一）原判决、裁定认定事实清楚，适用法律正确的，以判决、裁定方式驳回上诉，维持原判决、裁定；（二）原判决、裁定认定事实错误或者适用法律错误的，以判决、裁定方式依法改判、撤销或者变更；（三）原判决认定基本事实不清的，裁定撤销原判决，发回原审人民法院重审，或者查清事实后改判；（四）原判决遗漏当事人或者违法缺席判决等严重违反法定程序的，裁定撤销原判决，发回原审人民法院重审。

⑥ 《反不正当竞争法》（1993年）第二条：经营者在市场交易中，应当遵循自愿、平等、公平、诚实信用的原则，遵守公认的商业道德。本法所称的不正当竞争，是指经营者违反本法规定，损害其他经营者合法权益，扰乱社会经济秩序的行为。本法所称的经营者，是指从事商品经营或者营利性服务（以下所称商品包括服务）的法人、其他经济组织和个人。

⑦ 《反不正当竞争法》（1993年）第五条：经营者不得采用下列不正当手段从事市场交易，损害竞争对手：（一）假冒他人的注册商标；（二）擅自使用知名商品特有的名称、包装、装潢，或者使用与知名商品近似的名称、包装、装潢，造成和他人的知名商品相混淆，使购买者误认为是该知名商品；（三）擅自使用他人的企业名称或者姓名，引人误认为是他人的商品；（四）在商品上伪造或者冒用认证标志、名优标志等质量标志，伪造产地，对商品质量作引人误解的虚假表示。

续表

涉案法律、法规和解释	《商标法》第六十三条[①]第三款，《最高人民法院关于审理不正当竞争民事案件应用法律若干问题的解释》第十七条之规定。 再审： 《民事诉讼法》第二百条[②]第二项、第六项；第二百零四条[③]第一款
裁判要点	1. 中源公司、中晟公司以不正当地获取商业机会、挤垮竞争对手为目的，通过中晟公司的员工向畅想公司的潜在客户发送电子邮件，捏造、散布虚伪事实，损害了畅想公司的商业信誉、商品声誉，构成了对畅想公司的商业诋毁。 2. 畅想公司与中源公司、中晟公司为同行业经营者，它们之间具有直接的竞争关系，中源公司、中晟公司所进行的虚假宣传行为会使畅想公司的产品及服务的推广受到一定程度的影响，从而使畅想公司在市场竞争中处于不利地位，并使其合法权益遭受损害。 3. 中源公司、中晟公司将畅想公司的企业名称和字号设置为关键词没有任何正当理由，且它们之间存在直接的竞争关系，在畅想公司在外贸管理软件行业具有一定知名度的前提下，中源公司、中晟公司显然具有利用畅想公司商誉，不正当获取竞争利益的主观故意，中源公司、中晟公司主张关键词属于公有领域，任何人均可使用，

① 《商标法》第六十三条：权利人因被侵权所受到的实际损失、侵权人因侵权所获得的利益、注册商标许可使用费难以确定的，由人民法院根据侵权行为的情节判决给予五百万元以下的赔偿。

② 《民事诉讼法》第二百条：当事人的申请符合下列情形之一的，人民法院应当再审：（一）有新的证据，足以推翻原判决、裁定的；（二）原判决、裁定认定的基本事实缺乏证据证明的；（三）原判决、裁定认定事实的主要证据是伪造的；（四）原判决、裁定认定事实的主要证据未经质证的；（五）对审理案件需要的主要证据，当事人因客观原因不能自行收集，书面申请人民法院调查收集，人民法院未调查收集的；（六）原判决、裁定适用法律确有错误的；（七）审判组织的组成不合法或者依法应当回避的审判人员没有回避的；（八）无诉讼行为能力人未经法定代理人代为诉讼或者应当参加诉讼的当事人，因不能归责于本人或者其诉讼代理人的事由，未参加诉讼的；（九）违反法律规定，剥夺当事人辩论权利的；（十）未经传票传唤，缺席判决的；（十一）原判决、裁定遗漏或者超出诉讼请求的；（十二）据以作出原判决、裁定的法律文书被撤销或者变更的；（十三）审判人员审理该案件时有贪污受贿，徇私舞弊，枉法裁判行为的。

③ 《民事诉讼法》第二百零四条：人民法院应当自收到再审申请书之日起三个月内审查，符合本法规定的，裁定再审；不符合本法规定的，裁定驳回申请。有特殊情况需要延长的，由本院院长批准。

续表

裁判要点	其使用他人商标及字号作为关键词本身并不违法的理由不成立。另外，在搜索结果中首位出现富通天下广告推送，极有可能吸引相关公众的注意力，诱导相关公众去点击中源公司、中晟公司的网站，增加网站的点击量，从而给该两公司带来潜在的商业交易机会，也使畅想公司失去了潜在的商业交易机会，损害畅想公司的利益
案例规则	将具有竞争关系的他人知名企业名称或字号无正当理由设置为搜索关键词，构成不正当竞争

二、案例综述

【主要诉请】

畅想公司请求法院判令：

1. 立即停止不正当竞争行为；

2. 连续三个月在阿里巴巴网站（www.1688.com，www.alibaba.com）首页显要位置、官方网站（www.joinf.com）首页显要位置及《中国知识产权报》头版就其不正当竞争行为向原告致歉，消除影响；

3. 赔偿原告经济损失 100 万元；

4. 赔偿原告为制止侵权行为而支出的律师费、公证费等合理费用共计 61100 元。

【基本事实】

一审法院审查确认的事实：

1. 原告畅想公司的基本情况。

原告原名为宁波畅想软件开发有限公司，于 2001 年 11 月成立，2014 年 7 月 15 日经核准变更名称为畅想公司（即宁波畅想软件股份有限公司），注册资金为 600 万元人民币，经营范围包括电脑软件开发、批发、零售，电脑、网络设备批发、零售、安装、维护、网页设计、计算机技术咨询、技术服务，企业管理咨询，市场营销策划，主要从事外贸管理软件的研发、销售、服务等，其产品和服务为“畅想”系列外贸管理软件。自 2003 年起，原告将“畅想”系列外贸管理软件向国家版权局进行了多项计算机软件著作权登记，并获得相应证书。自 2011 年起，原告将“畅想”系列外贸管理软件向宁波市经济和信息化委员会进行登记，并获得相应证书。

原告享有第 5147164 号“intersky”注册商标专用权，注册有效期限自 2009 年 3 月 21 日至 2019 年 3 月 20 日，核定使用商品为第 9 类：计算机；已录制的计算机程序；密纹光盘（可读存储器）；已录制的计算机操作程序；计算机软件（已录制）；电脑软件（录制好的）；笔记本电脑；电子出版物（可下载）；计算机程序（可下载软件）；计算机游戏软件。原告享有第 5147163 号“intersky”注册商标专用权，注册有效期限自 2009 年 6 月 21 日至 2019 年 6 月 20 日，核定服务项目为第 42 类：计算机编程；计算机软件设计；计算机软件更新；计算机软件升级；计算机软件出租；计算机软件维护；替他人创建和维护网站；计算机系统设计；计算机软件安装；计算机程序和数据的转换（非有形转换）。

2004 年 6 月，宁波市人民政府信息化办公室向原告颁发了《软件企业认定证书》，此后逐年年检，2013 年 10 月，宁波市经济和信息化委员会又向原告颁发了证书；2011 年 11 月，宁波市科学技术局、宁波市财政局、浙江省宁波市国家税务局、浙江省宁波市地方税务局向原告颁发了《高新技术企业证书》；2008 年 12 月，中国软件网评选原告为 2008–2009 年度中国软件行业领军企业；2009 年 6 月，原告产品获中国国际软件博览会金奖；2011 年，宁波市经济和信息化委员会授予原告上年度宁波市推进企业信息化优秀服务商和中介机构荣誉称号；2012 年，原告获宁波市企业技术创新团队称号；2009 年、2012 年，原告的项目获宁波市江东区科学技术进步二等奖；2011 年、2014 年，原告获得 CMMI3 国际认证。2014 年 7 月，原告员工在宁波市参加社会养老保险的人数为 147 人。

2. 两被告的基本情况。

被告中源公司于 2003 年成立，被告中晟公司于 2011 年成立，两被告的法定代表人均为周文权，两被告登记的经营范围均包括了软件的研发、销售、维护，主要从事“富通天下”系列外贸管理软件的研发、销售与服务。2005 年，经国家工商行政管理总局商标局核准，被告中源公司注册了第 3736662 号“富通天下”商标，核定使用商品为第 9 类计算机程序等，2011 年 4 月 30 日，被告中源公司将第 3736662 号“富通天下”商标许可给被告中晟公司使用，许可方式为排他许可。2011 年 4 月 30 日，被告中源公司将其开发并申请登记的“富通天下”系列计算机软件的经营业务授权给被告中晟公司运营，上述软件的著作财产权由被告中晟公司享有，许可方式为排他许可。2014 年 8 月，被告中源公司在宁波市参加社会保险的人数为 10 人，被告中晟公司在宁波市参加社会保险的人数为 148 人。

3. 原告的涉案证据保全情况。

原告为本案进行了公证证据保全，2014 年 7 月 11 日，浙江省宁波市永欣公证处作出（2014）浙甬永证民字第 1867 号、1868 号《公证书》。根据该两份《公证书》的记载，2014 年 7 月 8 日，登录 QQ 账号及密码后，在 QQ 群阿里巴巴第三方、省电子商务促进会、橙功营英雄会互助联盟、广州橙功营二营群的群文件中下载相关文件，包括（2014）浙甬知初字第 144 号案件的

《受理案件通知书》、《民事起诉状》。两被告认可上述文件为其上传，在《民事起诉状》中，中源公司、中晟公司称畅想公司在互联网上上传双方优劣对比的文章，认为该行为对其构成商业诋毁，向其提起诉讼，要求其赔偿300万元经济损失并登报致歉、消除影响。

2014年7月9日，浙江省宁波市永欣公证处作出（2014）浙甬永证民字第1797号《公证书》。根据该《公证书》的记载，2014年7月2日，在浏览器中输入“www.joinf.com”，进入两被告的官方网站，该网站显示2012年8月7日发表一篇题为《从战略合作伙伴的高度来甄选软件服务商——富通天下中标华飞公司erp项目》的文章，文章称：某宁波本地软件公司由于技术实力和系统框架所限，最终还是没能从根本上解决困扰华飞公司的问题。出现速度越来越慢、远程性差、软件扩展性差、报表输出性能差、缺少财务系统等五大问题，在此次招标中，“富通天下”成功中标华飞公司的erp项目。2012年7月18日，华飞公司与被告中晟公司订立了《华飞公司外贸erp系统开发合同》。2014年7月16日，华飞公司出具证明，称华飞公司及关联公司到当时所用的外贸业务管理系统由畅想公司提供。

2014年7月22日，浙江省宁波市永欣公证处作出（2014）浙甬永证民字第1997号《公证书》。根据该《公证书》的记载，在浏览器中输入“www.1688.com”，进入阿里巴巴网站，在页面中点击“全球速卖通”，进入页面后点击“外贸圈”，进入页面后点击“外贸论坛”，通过搜索，2014年7月9日，文章《外贸服务市场不是娱乐圈》发表于该论坛，文章左边有“富通天下”的标识和两被告的官方网站的网址“www.joinf.com”，显示该文阅读次数为104次。该文称“外贸软件行业充斥着一股烟雾瘴气的味道，利用网络的传播效应和社交商圈，罔顾事实大肆散布谩骂诋毁言论者有之；冒充客户身份发帖跟帖刷信者有之，伪装成外贸企业潜伏在群里诱导他人者有之，甚至为了博眼球，制造一些所谓免费的营销事件”。“试想一个把心思用在炒作诽谤他人的管理层，能领导出有素养、静心做事的团队吗？”文章还称“可能今天的外贸软件行业真的只有薄利，但你仍需要拒绝浮躁，更不应该玩弄朝三暮四的所谓收费模式的创新”；“我们也忠告那些被营销蛊惑的用户，既要小心‘免费进付费出’的陷阱，还要为日后导出数据留条出路，富通天下更敬告行业内软件公司，决不允许通过技术手段绑架用户”；“即使外贸软件行业是学术圈，也应该有起码的公允良序，也应该有起码的道德底线，一旦突破底线，对这样的害群之马，富通天下一定会拿起法律的武器，捍卫行业的正义与尊严”。在该文的后面附有（2014）浙甬知初字第144号案件《受理案件通知书》、《民事起诉状》。

2014年7月22日，浙江省宁波市永欣公证处作出（2014）浙甬永证民字第1998号《公证书》。根据该《公证书》的记载，在浏览器中输入“mail.qq.com”，使用QQ账号及密码登录该邮箱，显示汉造公司林文璧向原告员工的邮箱转发了被告中晟公司员工施永补发给他的邮件，邮件主题为“关于畅想软件”，邮件内容的上方有“富通天下”的标识和宣传语“中国最大的外贸管理软件服务提供商”，邮件内容包括富通天下软件和畅想软件对比具有六大优势：“易用性，我们是唯一以客户为中心管理的外贸软件”；“后台前置型积木化平台，畅想要加字段报表怎么办？交钱，不交钱没有，报表多少钱一张？700！这是绑架客户”；“远程性能（速度快）”；“海量数据的处理技术，宁波的华飞是畅想最早的客户，老板娘每天打开畅想软件后要泡好一杯茶喝完了才会跳出界面，老板娘要换我们时，拿了10万多条数据让我们做了压力测试后，感觉速度快，才定下来换成我们的”；“无缝集成excel报表模板技术”；“强大的研发团队、专业实施团队，我们的研发团队有30多个人，畅想是夏总带着三四个徒弟写代码”；“这几年全国各地畅想用的不好的，换成富通的不是几家而是上百家了”。

2014年8月13日，浙江省宁波市永欣公证处作出（2014）浙甬永证民字第2167号《公证书》。根据该《公证书》的记载，在浏览器中输入“www.joinf.com”，进入两被告的官方网站，该网站称“2013年10月8日，富通天下正式发布目前中国外贸管理软件行业唯一的、全新的cbs架构的新一代外贸管理软件”；“对软件公司的技术研发实力要求比较高，这对软件厂商提出了更高的技术要求，目前中国外贸管理软件行业中，只有富通天下率先研发成功cbs架构的系统，这充分体现出富通天下作为行业龙头的雄厚技术实力和前瞻性的战略思想”；“中国外贸软件行业唯一的研发中心目前在杭州隆重落成”；“富通天下作为中国最大的外贸管理软件服务品牌、国家科技部唯一基金立项的外贸管理软件，10年来已为上万家外贸企业成功地实施了信息化管理系统”；“富通天下（深圳）运营中心隆重落成，现有团队成员180人，是目前国内外贸软件行业中最大的区域分支机构”；“全国30多个直属分支机构，密集分布”；“我们在全国建立了30个直属分支机构，300人的项目研发和一线工程服务团队，已为中国超过40000的外贸用户建立起了规范实用、与时俱进的信息化管理平台”；“是业内唯一真正拥有联网项目管理平台和平台化开发模式的外贸软件公司”；“富通天下品牌成为行业中唯一享誉业界的驰名商标”；“富通天下唯一得到国家商务部的认可”；“富通天下成为目前市场上最成熟、易用性最好的外贸管理系统”；“中源公司是中国最大的外贸管理软件服务提供商，在目前外贸软件行业中，唯一获得国家科技部创新基金立项的双软企业”。在“www.baidu.com”中输入“b/s”，点击第一条搜索结果，显示“b/s结构（browser/server，浏览器/服务器模式），是web兴起后的网络结构模式，web 浏览器是客户端最主要的应用软件”；在“www.baidu.com”中输入“c/s”，点击第一条搜索结果，显示“c/s 结构，即大家熟知的客户机和服务器结构”。在“www.baidu.com”中输入“cbs”，没有搜索到有关计算机软件的信息。庭审中，两被告认可“www.joinf.com”的域名由被告中源公司所有，具体的网站运营事宜由被告中晟公司负责。

根据（2014）浙甬永证民字第 1797 号《公证书》的记载，2014 年 7 月 2 日，在浏览器中输入“www.baidu.com”，进入百度网站，在搜索栏中输入“畅想软件”，点击“百度一下”，搜索结果左侧第一条标题为“富通天下外贸管理软件”，旁边标注“推广链接”，标题下方为“富通天下”的商标，同时载明“中国外贸管理软件领导者！ 12 年历史沉淀，全国百万外贸人的专业选择软件—外贸管理软件—外贸邮件软件—软件产品，www.joinf.com”。该搜索结果左侧第三条（自然搜索结果第一条）显示为“宁波畅想软件有限公司，外贸软件，外贸管理软件，外贸 erp”。

根据（2014）浙甬永证民字第 1997 号《公证书》的记载，2014 年 7 月 22 日，在浏览器中输入“www.baidu.com”，进入百度网站，在搜索栏中输入“宁波畅想软件开发有限公司”，点击“百度一下”，搜索结果左侧第一条标题为“富通天下外贸管理软件”，旁边标注“推广链接”，标题下方为“富通天下”的商标，同时载明“中国外贸管理软件领导者！ 12 年历史沉淀，全国百万外贸人的专业选择！软件——外贸软件——外贸 crm——外贸 erp——外贸客户管理系统，www.joinf.com”。该搜索结果左侧第三条（自然搜索结果第一条）显示为“宁波畅想软件有限公司，外贸软件，外贸管理软件，外贸 erp”。

根据原告申请，本院向百度公司发送《协助调查函》，要求协助调查两被告与百度公司或百度公司的代理公司在 2013 年、2014 年订立百度推广服务合同的情况；两被告在百度公司开设的百度推广服务管理账号及该账号中自 2013 年 1 月 1 日起至 2014 年 8 月 31 日止提交的以“畅想软件”、“宁波畅想软件开发有限公司”作为关键词的信息点击量统计报告、费用统计报告的网站后台记录信息。2014 年 10 月 13 日，百度公司向本院复函称：被告中源公司于 2007 年 4 月 17 日通过代理商宁波国际互联信息技术有限公司注册为百度搜索推广客户，用户名为：ps—中源，网站名为“www.joinf.com”。被告中晟公司不是其推广客户。被告中源公司自 2013 年 1 月 1 日至 2014 年 8 月 31 日提交的以“畅想软件”、“宁波畅想软件开发有限公司”作为关键词的推广结果点击量为 452 次，消费价格为 1706.74 元。

庭审中，原、被告均认可“www.joinf.com”网站上并无“畅想软件”字样及内容。根据百度网站的介绍，百度推广服务是指在“www.baidu.com”网站和百度 wap 网站、百度提供技术支持的联盟网站或应用程序等相关页面的特定位置展示用户的网站信息的技术服务及其他相关的衍生服务。用户申请百度推广应当接受百度网站上显示的《百度推广服务合同》，注册推广账户，在账户中依次输入关键词、标题、描述、链接网址然后设置出价。“推广链接”字样出现在搜索结果页的两个位置：（1）在搜索结果左侧，系统会按照一定条件自动选择竞争力强的推广结果，展现在首页左侧前三名，以特殊样式和“推广链接”字样与自然搜索结果相区分；（2）在搜索结果页及翻页后的页面右侧，为了增强推广结果的标识，也使用“推广链接”字样加以标明。关键词的排名是由百度推广客户间的质量度和出价共同决定的，系统实时调整，而质量度是根据相关性、点击率、创意撰写水平、账户综合表现等因素综合计算的。庭审中，两被告确认“畅想软件”、“宁波畅想软件开发有限公司”的关键词系由其输入。

4. 法院另行查明的事实。

原告员工曾在阿里巴巴多个QQ群上传文章或以客服身份通过QQ发送文章，将畅想公司与中源公司、中晟公司进行多方面对比，中源公司、中晟公司以畅想公司上述行为构成对其商业诋毁为由，于2014年6月26日向本院提起诉讼，案号为（2014）浙甬知初字第144号。再查明，原告自2012年起陆续在百度网站、谷歌网站、广州交易会投入广告费130万余元，原告的软件产品售价在几万元至近百万元之间。为本案，原告支付律师费、公证费、翻译费共计61100元。

三、案例评析

【名词解释】

1. 商业诋毁。

商业诋毁行为，也被称为商业诽谤行为，是指损害他人商誉、侵犯他人商誉权的行为。具体而言，它是指经营者自己或利用他人，通过捏造、散布虚伪事实等不正当手段，对竞争对手的商业信誉、商品信誉进行恶意的诋毁、贬低，以削弱其市场竞争能力，并为自己谋取不正当利益的行为。

2. 虚假宣传。

虚假宣传是指在商业活动中经营者利用广告或其他方法对商品或者服务做出与实际内容不相符的虚假信息，导致客户或消费者误解的行为。这种行为违反诚实信用原则，违反公认的商业准则，是一种严重的不正当竞争行为。

3. 搜索关键词[①]。

所谓关键字（词），英文“keyword”，是希望访问者了解的产品、服务或者公司等内容名称的用语。另外，关键字也是电脑语言用语。简单地说，关

---

① 来源《百度百科》。

键字就是用户在使用搜索引擎时，输入的能够最大程度概括用户所要查找的信息内容。在搜索引擎优化 SEO 行业谈到的关键字，往往是指网页的核心和主要内容。对于搜索引擎来说，网页主要是讲关于哪方面的内容，那个方面就可以归结出一个（更多时候会是多个）关键字。

【焦点评析】

1. 两被告及其员工发布的商业性言论，为何构成商业诋毁？

（1）商业机会、商业道德与不正当竞争见“山东省食品进出口公司、山东山孚集团有限公司、山东山孚日水有限公司与马达庆、月岛圣克达诚贸易有限公司不正当竞争纠纷案”，载《最高人民法院公报（2011 年卷）》。

在反不正当竞争法中，一种利益应受保护并不构成该利益的受损方获得民事救济的充分条件。商业机会虽然作为一种可以受到反不正当竞争法所保护的法益，但本身并非一种法定权利，而且交易的达成并非完全取决于单方意愿而需要交易双方的合意，因此，他人可以自由参与竞争来争夺交易机会。竞争对手之间彼此进行商业机会的争夺是竞争的常态，也是市场竞争所鼓励和提倡的。对于同一交易机会而言，竞争对手之间一方有所得另一方即有所失。利益受损方要获得民事救济，还必须证明竞争对手的行为具有不正当性。只有竞争对手在争夺商业机会时不遵循诚实信用的原则，违反公认的商业道德，通过不正当的手段攫取他人可以合理预期获得的商业机会，才为反不正当竞争法所禁止。

商业道德要按照特定商业领域中市场交易参与者即经济人的伦理标准来加以评判，它既不同于个人品德，也不能等同于一般的社会公德，所体现的是一种商业伦理。反不正当竞争法所要求的商业道德必须是公认的商业道德，是指特定商业领域普遍认知和接受的行为标准，具有公认性和一般性。即使在同一商业领域，由于是市场交易活动中的道德准则，公认的商业道德也应当是交易参与者共同并普遍认可的行为标准，不能仅从买方或者卖方、企业或者职工的单方立场来判断是否属于公认的商业道德。具体到个案中的公认的商业道德，应当根据特定商业领域和个案情形（如特定行业的一般实践、行为后果、交易双方的主观状态和交易相对人的自愿选择等）来具体分析确定。

（2）2014 年 7 月 22 日，浙江省宁波市永欣公证处作出（2014）浙甬永证民字第 1998 号《公证书》。根据该《公证书》的记载，在浏览器中输入“mail.qq.com”，使用账号 57×××83@qq.com 及密码登录该邮箱，显示汉造公司林文璧向原告员工的邮箱转发了被告中晟公司员工施永补发给其的邮件，邮件主题为“关于畅想软件”，邮件内容的上方有“富通天下”的标识和宣传语“中国最大的外贸管理软件服务提供商”，邮件内容包括富通天下软件和畅想软件对比具有六大优势。

第一，中源公司、中晟公司和畅想公司均系研发与销售外贸管理软件的同行业经营者，且各方的住所地均位于浙江省宁波市，它们之间具有直接的竞争关系。

第二，从施永补发送的电子邮件的对象来看，虽然其仅是一对一的发送至林文璧，但林文璧系金华市汉造贸易有限公司（以下简称汉造公司）的员工，而汉造公司系畅想公司的潜在客户，也系中源公司、中晟公司的潜在客户；从施永补发送电子邮件的目的来看，其通过对富通天下软件和畅想软件的优劣对比，以贬损畅想公司的产品及服务的方式，推销自己公司的产品及服务，以达到挤占市场、挤垮竞争对手的目的；从施永补发送电子邮件的内容来看，在该电子邮件中，施永补将中源公司、中晟公司开发的富通天下软件和畅想公司开发的畅想软件进行了对比，指出富通天下软件在易用性、后台前置型积木化平台、远程性能、海量数据的处理技术、无缝集成 excel 报表模板技术及研发团队六大方面具有优势，同时还指出："畅想是夏总带着三、四个徒弟写代码"，"这几年全国各地畅想用的不好的，换成富通的不是几家而是上百家"，"宁波的华飞是畅想最早的客户"，"老板娘要换我们时，拿了10 万多条数据让我们做了压力测试后，感觉速度快，才定下来换成我们的"等。而对该电子邮件的相关内容，中源公司、中晟公司均未提交相关证据予以佐证。

第三，施永补系中晟公司的员工，其发送电子邮件的目的是为了推广富通天下软件，是为了中源公司、中晟公司的商业利益，而非单纯的私人通信，该行为应视为中源公司、中晟公司的行为，应由中源公司、中晟公司承担法律责任。

第四，关于中源公司、中晟公司发表《外贸服务市场不是娱乐圈》一文并附《民事起诉状》和《案件受理通知书》的行为是否构成商业诋毁的问题。本院认为，该文内容虽系中源公司、中晟公司针对外贸行业乱象所发表的评论意见，文中并未出现畅想公司名称及与其有关的标识等，亦未明确指明畅想公司，但其文末表述即使外贸软件行业是学术圈，也应该有起码的公允良序，也应该有起码的道德底线，一旦突破底线，对这样的害群之马，富通天下一定会拿起法律的武器，捍卫行业的正义与尊严，并在文后附有其向法院起诉畅想公司构成商业诋毁的（2014）浙甬知初字第 144 号案的《民事起诉状》和《案件受理通知书》，以相关公众的一般认知，易使相关公众将中源公司、中晟公司在文中所称的害群之马与畅想公司联系起来，也易使相关公众将文中所称的罔顾事实大肆散布谩骂诋毁言论者、冒充客户身份发帖跟帖刷信者、伪装成外贸企业潜伏在群里诱导他人制造一些所谓免费的营销事件、玩弄朝三暮四的所谓收费模式的创新、通过技术手段绑架客户等外贸行业乱象与畅想公司联系起来。

综上，中源公司、中晟公司以不正当地获取商业机会、挤垮竞争对手为目的，通过中晟公司的员工向畅想公司的潜在客户发送电子邮件，捏造、散布虚伪事实，损害了畅想公司的商业信誉、商品声誉，构成了对畅想公司的商业诋毁。

2. 两被告所进行的虚假宣传行为为何会使畅想公司在市场竞争中处于不利地位，从而构成不正当竞争？

（1）关于引人误解的虚假宣传行为的解读。

几种特殊的虚假宣传行为。《最高人民法院关于审理不正当竞争民事案件应用法律若干问题的解释》（以下简称《解释》）第八条第一款就实践中认定虚假宣传行为的几种特殊情形作了列举性规定：一是“对商品作片面的宣传或者对比的”行为。因片面宣传或者对比而误导购买者的，可以认定为引人误解的虚假宣传行为。如果因此而损害竞争对手的商业信誉或者商品声誉，还会与《反不正当竞争法》（1993 年）第十四条规定的商业诋毁行为构成竞合。二是“将科学上未定论的观点、现象等当作定论的事实用于商品宣传的”行为。因在商品宣传中使相关公众将未定论的东西误认为定论的东西，而对商品质量等产生误解，就可以构成虚假宣传行为。三是“以歧义性语言或者其他引人误解的方式进行商品宣传的”行为。故意以模棱两可、含含糊糊等歧义性词语宣传商品，足以使相关公众产生误解的，可以构成虚假宣传行为。

引人误解的虚假宣传的本质属性是“引人误解”，通常是具有引人误解的目的或者后果。《解释》第八条第二款将“以明显的夸张方式宣传商品，不足以使相关公众对商品质量等产生误解”的行为，排除在“引人误解的虚假宣传”之外。

引人误解的虚假宣传的认定标准。《解释》第八条第三款规定了一般性的考量因素。这说明，判断是否构成引人误解的虚假宣传，主要是相关经济生活领域的日常生活经验和宣传行为的具体情形，按照相关公众中的一般主体是否产生误解来进行判断。这种判断标准虽然具有自由裁量性，但不能脱离一般的社会基础，具有一定的客观约束性。

（2）针对案例，原告应当是与本案有直接利害关系的公民、法人和其他组织。《反不正当竞争法》（1993 年）第二条第二款规定，本法所称的不正当竞争，是指经营者违反本法规定，损害其他经营者的合法权益，扰乱社会经济秩序的行为。《反不正当竞争法》（1993 年）第九条第一款规定，经营者不得利用广告或者其他方法，对商品的质量、制作成分、性能、用途、生产者、有效期限、产地等作引人误解的虚假宣传。本案中，判断畅想公司是否具有原告主体资格，需结合本案具体案情并根据上述法律的有关规定综合考虑。

首先，中源公司、中晟公司在其官网上传的文章中，宣称自身系中国最大的外贸管理软件服务品牌、行业中唯一享誉业界的驰名商标、唯一得到国家商务部的认可、目前市场上最成熟、易用性最好的外贸管理系统等，但根据原审查明的事实，富通天下商标未曾被认定为中国驰名商标，其他文章中所宣称的最大的外贸管理软件服务品牌最成熟、易用性最好的外贸管理系统等内容也缺乏事实依据。中源公司、中晟公司所进行的上述宣传行为，足以使相关公众对其所宣传的产品及服务的性能等方面产生误解，构成虚假宣传。

其次，如前所述，畅想公司与中源公司、中晟公司为同行业经营者，它们之间具有直接的竞争关系，中源公司、中晟公司所进行的上述虚假宣传行为会使畅想公司的产品及服务的推广受到一定程度的影响，从而使畅想公司在市场竞争中处于不利地位，并使其合法权益遭受损害。此外，结合本案中源公司、中晟公司还通过其员工发送电子邮件及在相关网站上发表文章并附《民事起诉状》和《案件受理通知书》的方式对畅想公司进行商业诋毁等事实，畅想公司具有主张中源公司、中晟公司构成虚假宣传的原告主体资格。

（3）两被告将畅想公司的企业名称和字号设置为关键词的行为为何构成不正当竞争行为?

《反不正当竞争法》（1993 年）第二条规定，经营者在市场交易中，应当遵循自愿、平等、诚实信用的原则，遵守公认的商业道德。本案中，根据原审查明的事实，畅想公司成立于 2001 年 11 月，经营范围包括电脑软件开发、批发、零售，电脑、网络设备批发、零售、安装、维护、网页设计、计算机技术咨询、技术服务等，主要从事外贸管理软件的研发、销售、服务等，其产品和服务为畅想系列外贸管理软件。2008 年 12 月，中国软件网评选畅想公司为 2008–2009 年度中国软件行业领军企业；2009 年 6 月，畅想公司产品获中国国际软件博览会金奖；2011 年，宁波市经济和信息化委员会授予畅想公司上年度宁波市推进企业信息化优秀服务商和中介机构荣誉称号；2012 年，畅想公司获宁波市企业技术创新团队称号；2009 年、2012 年，畅想公司的项目获宁波市江东区科学技术进步二等奖；2011 年、2014 年，畅想公司获得 CMMI3 国际认证。

依据上述事实，畅想公司经过多年经营，在外贸管理软件行业已经具有一定的知名度、影响力和竞争优势。中源公司、中晟公司在百度竞价排名搜索推广中将畅想软件、宁波畅想软件开发有限公司设置为关键词，当相关公众搜索畅想软件、宁波畅想软件开发有限公司时，在位列搜索结果首位出现富通天下广告推送，而不是在搜索结果首位出现畅想公司的相关产品及服务，虽然中源公司、中晟公司主张其是在后台使用了畅想公司的企业名称及字号，在搜索结果中中源公司、中晟公司的创意标题、描述内容和链接网址均标注了其提供的产品及服务为富通天下软件，并在标题旁边标注了推广链接，使得百度推广的结果与自然搜索的结果区分开来，但是该行为仍具有不正当性。

一方面，中源公司、中晟公司将畅想公司的企业名称和字号设置为关键词没有任何正当理由，且它们之间存在直接的竞争关系，在畅想公司在外贸管理软件行业具有一定知名度的前提下，中源公司、中晟公司显然具有利用畅想公司商誉，不正当获取竞争利益的主观故意，中源公司、中晟公司主张关键词属于公有领域，任何人均可使用，其使用他人商标及字号作为关键词本身并不违法的理由不成立。

另一方面，在搜索结果中首位出现富通天下广告推送，极有可能吸引相关公众的注意力，诱导相关公众去点击中源公司、中晟公司的网站，增加该网站的点击量，从而给该两公司带来潜在的商业交易机会，也使畅想公司失去了潜在的商业交易机会，损害畅想公司的利益。故中源公司、中晟公司该行为显属不当使用他人的企业名称或字号，有悖于诚实信用原则和公认的商业道德，具有可责性。

【总体评价】

1. 事实认定。

一审法院和二审法院及再审法院所认定事实基本相同。

2. 法律适用。

在法律适用方面，一审法院和二审法院及再审法院所引用的法律条文基本上是完全一致的，核心条款主要为《反不正当竞争法》及其司法解释关于“商业诋毁、虚假宣传”的相关条款。

3. 典型意义。

本案涉及百度推广链接商业模式下的新类型不正当竞争行为，被告将他人企业名称设置为其网站推广链接的搜索关键词，只要网络用户在百度上输入该关键词进行搜索，就会在搜索结果中出现其网站的推广链接。二审法院坚持严格保护的理念，综合考量权利标识的知名度、行为人是否具有不正当竞争的意图、在客观上是否导致权利人受损等因素，认定被诉侵权行为构成不正当竞争。尤其在损害后果方面，二审法院并未局限于传统的混淆误认思路，而将损害形式扩展至利用他人标识吸引用户注意力，进而攫取他人客户资源的层面，具有较强的创新意义，也有效规制了互联网领域的不正当竞争行为。

结语：互联网的发展日新月异，由此所产生的新事物层出不穷，基于互联网所产生的商业活动日益频繁。然而，互联网产业具有较强的虚拟性和专业性，诸多利用互联网从事的商业活动往往没有明确的物质承载体，让人难以真实感受和把握，势必会带来一定的风险。本案就是利用互联网从事商业活动而产生纠纷的一起典型案例。

【案例规则】

将具有竞争关系的他人知名企业名称或字号无正当理由设置为搜索关键词，构成不正当竞争。

为你读诗（北京）科技有限公司诉尚客圈（北京）文化传播有限公司商业诋毁纠纷案

李雪宇[①]

一、案例基本信息

案例类型	商业诋毁　不正当竞争　民事案件
案例名称	为你读诗（北京）科技有限公司诉尚客圈（北京）文化传播有限公司商业诋毁纠纷案
裁判文书	一审：北京市朝阳区人民法院（2015）朝民（初）字第42374号《民事判决书》 二审：北京知识产权法院（2016）京73民终76号《民事判决书》
合议庭成员	二审：审判长杜长辉、审判员陈勇、审判员张晓丽
一审原告	为你读诗（北京）科技有限公司（本文简称“为你读诗公司”）
一审被告	尚客圈（北京）文化传播有限公司（本文简称“尚客圈公司”）
二审上诉人	为你读诗公司
二审被上诉人	尚客圈公司
受理日期	未查询到一审受理日期
裁判日期	二审：2016年5月23日
法律程序	一审、二审
一审判决结果	驳回原告的全部诉讼请求
二审判决结果	驳回上诉，维持原判

① 李雪宇，云南凝杰鼎济律师事务所，高级合伙人。

续表

涉案法律、法规和解释	一审： 《中华人民共和国反不正当竞争法》（1993 年）第一条[①]、第二条[②]、第十四条[③] 二审： 《中华人民共和国民事诉讼法》第一百七十条第一款第（一）项[④]、第一百七十五条[⑤]
裁判要点	1. “为你读诗”App 与微信公众号“为你读诗”均为移动互联网平台，其经营、提供的服务均为诗歌朗诵类节目的制作与播放，两者在服务的内容、功能、平台、受众方面具有一致性，构成该服务领域内的竞争关系，因而双方的经营行为应受我国《反不正当竞争法》的调整与规制。 2. 认定是否构成商业诋毁，要看其是否对竞争对手的营业活动、服务进行了虚假陈述而损害其商誉。经营者对于他人的服务或者其他经营活动并非不能评论或者批评，但评论或者批评必须有正当目的，必须客观、真实、公允和中立，不能误导公众和损人商誉
案例规则	经营者对于他人的服务或者其他经营活动的评论或者批评没有不正当竞争的恶意，并非无中生有地捏造事实，不属于诋毁他人商誉的不正当竞争行为

① 《中华人民共和国反不正当竞争法》（1993 年）第一条：为保障社会主义市场经济健康发展，鼓励和保护公平竞争，制止不正当竞争行为，保护经营者和消费者的合法权益，制定本法。

② 《中华人民共和国反不正当竞争法》（1993 年）第二条：经营者在市场交易中，应当遵循自愿、平等、公平、诚实信用的原则，遵守公认的商业道德。本法所称的不正当竞争，是指经营者违反本法规定，损害其他经营者合法权益，扰乱社会经济秩序的行为。本法所称的经营者，是指从事商品经营或者营利性服务（以下所称商品包括服务）的法人、其他经济组织和个人。

③ 《中华人民共和国反不正当竞争法》（1993 年）第十四条：经营者不得捏造、散布虚伪事实，损害竞争对手的商业信誉、商品声誉。

④ 《中华人民共和国民事诉讼法》第一百七十条：第一款第（一）项第二审人民法院对上诉案件，经过审理，按照下列情形，分别处理：（一）原判决、裁定认定事实清楚，适用法律正确的，以判决、裁定方式驳回上诉，维持原判决、裁定。

⑤ 《中华人民共和国民事诉讼法》一百七十五条：第二审人民法院的判决、裁定，是终审的判决、裁定。

二、案件综述

【主要诉请】

请求判令尚客圈（北京）文化传播有限公司停止不正当竞争行为、删除其在“为你读诗”微信公众号上的不实言论，并在其“为你读诗”微信公众号和《中国青年报》上为为你读诗（北京）科技有限公司消除影响、恢复声誉，赔偿人民币10万元。

【基本事实】

一审法院审查确认的事实：

微信公众号“为你读诗”的账号主体为尚客圈（北京）文化传播有限公司（以下简称“尚客圈公司”）。该微信公众号自2013年6月1日开始以配乐加朗读的形式每天推送一期读诗作品，同时以视频的形式展现所朗诵内容的字幕。另外，每期读诗作品还配有图文，包括对诗歌及作者、朗诵者的介绍，所诵读诗歌的全部内容等。同时，微信公众号“为你读诗”在其推出的读诗作品开头一般有“朋友你好，我是某某某（读诗人名字），感谢关注Be My Guest为你读诗”作为开场。

“为你读诗”软件安卓版、IOS版的软件注册登记著作权人为首善（北京）音乐创意有限公司，根据国家版权局颁发的计算机软件著作权登记证书，上述软件的注册日期分别为2015年7月23日、2015年7月30日，登记首次发表日期分别为2014年10月1日、2014年9月16日。2015年6月23日注册人首善（北京）音乐创意有限公司名称变更登记为为你读诗（北京）科技有限公司（以下简称“为你读诗公司”）。

2015年4月30日，通过手机浏览器百度搜索“为你读诗”App，可下载并安装百度手机助手提供的“为你读诗－官方免费下载”。打开该App，进入“排行榜”下“明星主播”，有诸多主播明星头像，包括王刚、杨澜等。进入王刚的页面，显示有上传于2月16日17时42分、17时50分、18时05分的三段音频，名称分别为《自由朗诵人的一生版》、《自由朗诵陋室铭版》、《自由朗诵未选择的路版》。上述三段音频与微信公众号“为你读诗”2013年6月24日第24期《王刚为你读诗》、2013年7月4日第34期《王刚为你读诗》、2013年7月15日第45期《王刚为你读诗》在诸多方面一致，包括背景音乐，以及读诗音频的开头处“你好，我是王刚，感谢关注为你读诗”一段话。进入杨澜的页面，显示有2月16日20时02分上传的一段音频，名称为《自由朗诵你没有听见他静悄的脚步吗版》。上述音频，与微信公众号“为你读诗”2013年12月2日第185期《杨澜为你读诗》的音频内容一致，包括背景音乐，但读诗音频的开头处删除了“朋友你好，我是杨澜，感谢关注Be My Guest为你读诗”一段话。就上述读诗内容，微信公众号“为你读诗”呈现的与“为你读诗”App 中呈现的区别之一还在于微信公众号在播放内容的时候，以视频窗口的形式展现在读内容的字幕，而 App 中播放内容的时候亦有视频窗口，但视频窗口呈现的是不断滚动变换的读诗人的数张照片。

2015 年 6 月 15 日，在微信公众号“为你读诗”上发表《严正声明：“为你读诗”为什么要起诉？ | 支持百花齐放，反对恶意竞争》(简称《声明》)，称“2014 年 10 月，在原创‘为你读诗’微信公众号项目推出将近一年半的时候，社会上冒出了一个所谓‘为你读诗客户端’。这个客户端从一开始出现直到现在，不仅使用与我们完全相同的中英文名字，该公司的人还自封‘为你读诗 CEO’。更为可耻的是，他们把我们精心策划、原创制作的读诗作品偷偷下载，堂而皇之地播放在自己的平台上，让不明真相的听众误以为是他们的制作……包括该公司窃取的杨澜和王刚等人的读诗作品，都是我们原创‘为你读诗’独家制作并获得授权播出的……”。该文章最后声明：“‘为你读诗’已正式向北京市朝阳区人民法院对所谓‘为你读诗客户端’的制作公司提起诉讼。”

该《声明》发布时尚客圈公司未办理起诉手续。发表《声明》前，2015 年 4 月 30 日，尚客圈公司赴北京市方圆公证处，就其所称的“为你读诗”App 侵犯其公司知识产权的事项进行了公证证据保全。2015 年 5 月 21 日，尚客圈公司与北京大成律师事务所签订《委托代理协议》，委托北京大成律师事务所律师作为与首善（北京）文化产业有限公司不正当竞争纠纷、商标侵权 / 著作权侵权一案的一审诉讼代理人，随后尚客圈公司支付了委托代理费用；2015 年 8 月 21 日，尚客圈公司以擅自使用知名商品特有名称为由将为你读诗公司及首善（北京）文化产业有限公司起诉至一审法院。以上事实，有公证书、著作权登记证书、《委托代理协议》、付款凭证、发票、民事起诉状、诉讼费交费凭证等证据在案佐证。

二审法院审查确认的事实：

在本案审理过程中，尚客圈公司对一审法院查明的事实无异议，同时向本院提交了两份证据。证据一为国家工商行政管理总局商标局 2015 年 11 月 27 日作出的商标异议答辩通知书，内容为通知尚客圈公司针对为你读诗公司提出的商标异议申请进行限期答辩；证据二为“为你读诗”App 在百度手机助手和安智市场上的页面。尚客圈公司表示第二份证据源自为你读诗公司提出商标异议申请时提交的证据，用以证明“为你读诗”App 可以在百度手机助手上进行下载。为你读诗公司代理人表示对尚客圈公司所称商标异议一事不知情，为你读诗公司对证据二的真实性不予认可，认为两份证据与本案无关。

关于一审法院查明的事实，为你读诗公司仅对“为你读诗”App 是否是由百度手机助手下载、涉案公证书中的公证视频模糊不清、“为你读诗”微信公众号和“为你读诗”App 中杨澜、王刚朗诵诗歌的音频内容是否一致表示异议。故本院当庭对尚客圈公司在一审阶段提交的（2015）京方圆内经证字第6460号公证书中的光盘进行播放勘验，对为你读诗公司的异议内容进行了查明，该视频流畅清晰，声音内容可辨。其中，在百度中搜索“为你读诗”App字样后，出现的首条内容为“为你读诗_官方免费下载_百度手机助手”，点击“进行下载”后，进入“为你读诗”App的应用详情，点击“普通下载”后即将“为你读诗”App下载至公证手机中。

尚客圈公司代理人当庭出示其手机中的“为你读诗”App，并与公证视频中的“为你读诗”App进行对比展示，为你读诗公司认可公证视频中的“为你读诗”App与其开发的“为你读诗”App软件界面一致。

关于“为你读诗”App中杨澜、王刚等知名人士朗诵诗歌的音频内容与“为你读诗”微信公众号是否一致的问题，为你读诗公司认可一审庭审过程中进行过音频播放的勘验，其虽曾主张两者不一致，但并未申请鉴定；经查，在“为你读诗”App及同名微信公众号中，所涉诗歌的朗诵者姓名一致，诗歌名称近似。以上事实有当事人在一审、二审阶段提交的证据材料及当事人陈述等在案佐证。

【争议焦点及认定】

一审争议的焦点：

本案焦点在于微信公众号“为你读诗”所发布《声明》的内容是否构成捏造、散布虚伪事实并达到损害为你读诗公司商业信誉的程度。

二审争议的焦点：

本案的争议焦点为尚客圈公司是否存在捏造、散布虚伪事实、损害为你读诗公司商誉的行为。

一审法院的认定：

“为你读诗”苹果及安卓App与微信公众号“为你读诗”均为移动互联网平台，其经营、提供的服务均为诗歌朗诵类节目的制作与播放，两者在服务的内容、功能、平台、受众方面具有一致性，构成该服务领域内的竞争关系，因而双方的经营行为应受《反不正当竞争法》的调整与规制。根据《反不正当竞争法》第十四条的规定，经营者不得捏造、散布虚伪事实、损害竞争对手的商业信誉、商品声誉。

根据已查明的事实，通过安装并打开“为你读诗”安卓版App的方式，可进入为你读诗公司的内容平台。关于为你读诗公司所提出的安卓版App并非从为你读诗公司官方网站下载，故相应内容不属于该公司的辩论意见，一审法院认为，经过认证的第三方App来源并不能改变App应用的后台数据内容，故一审法院对其抗辩不予采信。为你读诗公司的安卓版App中存在与微信公众号“为你读诗”中内容基本一致的作品，包括杨澜、王刚等人的读诗作品。同样的作品，在微信公众号“为你读诗”中播出的时间要早于在“为你读诗”App 平台的播放时间。同时“为你读诗”App 在使用微信公众号“为你读诗”中作品的时候，进行区分处理，对含有“Be My Guest 为你读诗”内容、能体现作品独特来源的音频进行删节，甚至删除了朗读者身份的自我介绍；对无上述内容、可能会导致混淆的作品照搬使用，这一点亦从侧面体现了为你读诗公司使用他人作品的故意。综上，尚客圈公司在初步事实的基础上发布《声明》澄清事实的行为，不构成捏造虚伪事实。

关于《声明》“已正式向北京市朝阳区人民法院对所谓‘为你读诗客户端’的制作公司提起诉讼”一节，虽截至本案起诉时，尚客圈公司尚未提起诉讼，但其进行公证证据保全、委托代理人、准备诉讼属实，且最后确已提起诉讼。故其声称已提起诉讼之言虽有不准确之处，但从尚客圈公司一系列的行为及最终结果来看，《声明》并未达到捏造、散布虚伪事实的程度，就此亦不构成不正当竞争行为。

综合上述事实，一审法院认为，为你读诗公司使用尚客圈公司读诗作品在先；尚客圈公司通过微信公众号所发布的信息在后，系在自身权利受到侵犯后采取自力救济，向公众澄清真相的一种方式。结合为你读诗公司在先的不当行为，对于尚客圈公司在发布的《声明》中使用“偷偷下载”、“窃取”等表述的行为，不应对其要求过于严苛，故一审法院认定不构成捏造、散布虚伪事实。

二审法院的认定：

二审院认为，商业诋毁行为是指经营者针对竞争对手的营业活动、服务进行虚假陈述而损害其服务声誉或者商业信誉的行为。认定是否构成商业诋毁，要看其是否对竞争对手的营业活动、服务进行了虚假陈述而损害其商誉。经营者对于他人的服务或者其他经营活动并非不能评论或者批评，但评论或者批评必须有正当目的，必须客观、真实、公允和中立，不能误导公众和损人商誉。本案中，尚客圈公司对于发布了为你读诗公司主张构成诋毁商誉的《声明》的行为予以认可。

二审院认为，该《声明》虽然言词较为激烈，但是总体上反映的事实与尚客圈公司提交的证据即一审查明的事实相符。关于为你读诗公司所称尚客圈公司声明起诉在先、实际起诉在后一节，由于尚客圈公司于 2015 年 4 月 30 日就本案相关事实进行了公证，即（2015）京方圆内经证字第 6460 号公证书中内容，并于 2015 年 5 月 21 日和北京大成律师事务所就与首善（北京）文化产业有限公司之间关于不正当竞争、商标侵权和著作权侵权的一审诉讼事宜签署了委托代理协议并支付了代理费，故其准备诉讼属实，2015 年 6 月 15 日发布《声明》时虽尚未起诉，但其于 2015 年 8 月 21 日正式提起本案诉讼，故尚客圈公司的上述行为尚未达到捏造、散布虚伪事实的程度。虽然尚客圈公司《声明》中的言辞略有不当，应当在日后的经营中避免这种表述，但在

《声明》内容基本属实的前提下，尚客圈公司未违反《反不正当竞争法》的规定，不构成不正当竞争。一审法院相关认定正确，依法应予支持。

上诉人为你读诗公司主张被上诉人尚客圈公司公证下载取得的“为你读诗”App不能确认由上诉人开发，其中的音频不能确认由其发布，且音频内容与“为你读诗”微信公众号中的音频内容不一致。

对此二审法院认为：首先，根据查明的事实，尚客圈公司在公证取证过程中，通过百度搜索“为你读诗”App所得“为你读诗_官方免费下载_百度手机助手”链接下载“为你读诗”App软件，而为你读诗公司认可上述“为你读诗”App与其开发的“为你读诗”App软件界面一致，故在无相反证据的情况下，可以认定尚客圈公司公证下载取得的“为你读诗”App软件系通过百度手机助手下载，且该软件系为你读诗公司提供。其次，一审法院已经对“为你读诗”App中杨澜、王刚等知名人士朗诵诗歌的音频内容与“为你读诗”微信公众号是否一致问题进行了勘验，为你读诗公司虽然曾提出两者不一致的主张，但其并未申请鉴定，在所涉诗歌的朗诵者姓名一致、诗歌名称近似且无相反证据的情况下，可以认定上述音频内容一致且音频系为你读诗公司提供。上诉人上述上诉理由缺乏事实依据，本院不予支持。

三、案例评析

【技术背景】

移动互联网（MobileInternet，简称MI）是一种通过智能移动终端，采用移动无线通信方式获取业务和服务的新兴业务，包含终端、软件和应用三个层面。终端层包括智能手机、平板电脑、电子书、MID等；软件包括操作系统、中间件、数据库和安全软件等。应用层包括休闲娱乐类、工具媒体类、商务财经类等不同应用与服务。随着技术和产业的发展，LTE（长期演进，4G通信技术标准之一）和NFC（近场通信，移动支付的支撑技术）等网络传输层关键技术也将被纳入移动互联网的范畴之内。

随着宽带无线接入技术和移动终端技术的飞速发展，人们迫切希望能够随时随地乃至在移动过程中都能方便地从互联网获取信息和服务，移动互联网应运而生并迅猛发展。

在最近几年里，移动通信和互联网成为当今世界发展最快、市场潜力最大、前景最诱人的两大业务。它们的增长速度是任何预测家未曾预料到的。迄今，全球移动用户已超过15亿，互联网用户也已逾7亿。中国移动通信用户总数超过3.6亿，互联网用户总数则超过1亿。这一历史上从来没有过的高速增长现象反映了随着时代与技术的进步，人类对移动性和信息的需求急剧上升。越来越多的人希望在移动的过程中高速地接入互联网，获取急需的信息，完成想做的事情。所以，出现的移动与互联网相结合的趋势是历史的必然。移动互联网正逐渐渗透到人们生活、工作的各个领域，短信、铃图下载、移动音乐、手机游戏、视频应用、手机支付、位置服务等丰富多彩的移动互联网应用迅猛发展，正在深刻改变信息时代的社会生活，移动互联网经过几年来的曲折前行，终于迎来了新的发展高潮。

移动互联网应用最早让人们接受的方式，则是从短消息服务开始的。随着互联网的发展，移动互联网的应用领域也在向沟通、娱乐、手机上网业务、WAP 手机上网、移动电子商务等领域渗透。同时，移动互联网将带来新型消费模式。未来如何捕捉移动互联网用户为其提供全新的广告和信息服务消费方式将是大势所趋。也正因如此，现在的商家通过移动互联网宣传自己、获取信息、推广产品、提供服务的商业模式日新月异。①

本案中的双方也是看中了移动互联网的巨大商机，所以双方才分别通过移动互联网平台提供商业服务并获取利益。由于目前商家通过移动互联网提供商业服务的法律法规并不健全，难以找到规范商家行为的具体规定，移动互联网商机和利益的驱动，使得各经营者在经营过程中常常出现相互盗用宣传信息及宣传内容、随便搭便车、互相攻击、相互批评、损害对手等现象。出现移动互联网竞争逐步向无序发展的苗头，这需要各部门在职权范围发挥各自的力量引导移动互联网商务平台的正常有序发展。

【名词解释】

商业诋毁。

什么是商业诋毁行为？《反不正当竞争法》对此并没有做出明确具体的定义，而只是在第十四条规定："经营者不得捏造、散布虚伪事实，损害竞争对手的商业信誉、商品声誉。"此后的司法解释也没有对此做出明确的界定，更多的时候，解释商业诋毁是通过个案的审判需要作出不同的表述。

目前的主流观点认为，商业诋毁行为是指经营者自己或利用他人，通过捏造、散布虚假信息等不正当手段，对竞争对手的商业信誉进行恶意的诋毁和诽谤，削弱其市场竞争能力，为自己谋取不正当利益的行为。

本案中，二审法院的观点是，商业诋毁行为是指经营者针对竞争对手的营业活动、服务进行虚假陈述而损害其服务声誉或者商业信誉的行为。本案中二审法院对商业诋毁的定义基本上采纳了目前的主流观点，只是在表述上进行了缩减，使之更与案件联系密切，让人直截了当的地明确审判者在本案中对商业诋毁的理解及确认构成商业诋毁的度。

---

① http: //baike.baidu.com/link?url=16cFJF31bmTAs7fR_AymdDighL_6eu_SPOoxfkiVNUzEPkHe6V_gs623r17QzUmILG_H1cgzrjDWc7X77cIplhlep8-U6IFeGkuusmmUHg89NXD8zOGNpETs2QncY8vZAOZjy3MRRKaq_Xr4kRCFra

【焦点评析】

1. 商业诋毁是否需要以主观恶意为前提？

尽管本案的发生涉及移动互联网平台以及APP等，但是本案的争议焦点和审判核心还是商业诋毁。由于我国现行法律并没有对商业诋毁作出明确的定义，也没有对商业诋毁的认定标准作出相应的规定。导致实践中，审判人员对商业诋毁存在不同理解，出现不同的认定标准。

本案中，二审法院认定商业诋毁的标准是，是否构成商业诋毁，要看其是否对竞争对手的营业活动、服务进行了虚假陈述而损害其商誉。全国首例网贷评级不正当竞争案“短融网”经营者久亿恒远（北京）科技有限公司与北京融世纪信息技术有限公司不正当纠纷案中一审主审法官曹丽萍认为，对于反不正当竞争案件，法院不会从专业性、技术性角度来评判网贷评级行为，而是从行为本身是否满足商业诋毁构成要件的角度来进行评判。尤其是，认定商业诋毁，必须要有明显的主观恶意。该恶意情节的认定，要有充分的论证基础，不能以可能出现负面结果进行推论[①]。

《最高人民法院关于审理名誉权案件若干问题的解释》对产品质量、服务质量进行批评、评论引起的名誉权纠纷，如何认定是否构成侵权？作出的答复是：“消费者对生产者、经营者、销售者的产品质量或者服务质量进行批评、评论，不应当认定为侵害他人名誉权。但借机诽谤、诋毁、损害其名誉的，应当认定为侵害名誉权。”[②]尽管该规定没有直接明确商业诋毁的概念，但该规定内容包含了商业诋毁的意思。也就是说，如果在“对生产者、经营者、销售者的产品质量或者服务质量进行批评、评论”时，借机诽谤、诋毁，则构成商业诋毁。此外，从该规定所用的“借机诽谤、诋毁”来看，案例评析人认为，要构成侵权也是以存在主观恶意为前提的。

本案中二审法院认为，经营者对于他人的服务或者其他经营活动并非不能评论或者批评，但评论或者批评必须有正当目的，必须客观、真实、公允和中立，不能误导公众和损人商誉。尽管本案没有明确构成商业诋毁需要以主观恶意为前提，但是判决中明确了“评论或者批评必须有正当目的”，这里的“正当目的 ”也从另一面明确“非正当目的”的行为则有可能构成不正当竞争，这样，认定商业诋毁也是以主观恶意为基础的。

本案中，一、二审的认定也进一步明确了不以主观恶性为目的[③]的批评，

---

① http://finance.sina.com.cn/roll/2017-01-09/doc-ifxzkfvn1023987.shtml；最后访问时间2017年1月9日16：42。

② 《最高人民法院关于审理名誉权案件若干问题的解释》（法释〔1998〕26号）。

③《侵权责任法》第六条规定：“行为人因过错侵害他人民事权益，应当承担侵权责任。”这里确定过错应该包含故意和过失。本案中确定了商业诋毁的前提条件应该是故意，并不包含过失。

不对相对人造成损失的，不构成商业诋毁。

一审法院认为，尚客圈公司在初步事实的基础上发布《声明》澄清事实的行为，不构成捏造虚伪事实。其声称已提起诉讼之言虽有不准确之处，但从尚客圈公司一系列的行为及最终结果来看，《声明》并未达到捏造、散布虚伪事实的程度，因此亦不构成不正当竞争行为。为你读诗公司使用尚客圈公司读诗作品在先；尚客圈公司通过微信公众号所发布的信息在后，系在自身权利受到侵犯后采取自力救济，向公众澄清真相的一种方式。结合为你读诗公司在先的不当行为，对于尚客圈公司在发布的《声明》中使用“偷偷下载”、“窃取”等表述的行为，不应对其要求过于严苛，认定不构成捏造、散布虚伪事实。

二审法院认为，该《声明》虽然言词较为激烈，但是总体上反映的事实与尚客圈公司提交的证据即一审查明的事实相符。关于为你读诗公司所称尚客圈公司声明起诉在先、实际起诉在后一节，由于尚客圈公司于2015年4月30日就本案相关事实进行了公证，即（2015）京方圆内经证字第6460号公证书中内容，并于2015年5月21日和北京大成律师事务所就与首善（北京）文化产业有限公司之间关于不正当竞争、商标侵权和著作权侵权的一审诉讼事宜签署了委托代理协议并支付了代理费，故其准备诉讼属实，2015年6月15日发布《声明》时虽尚未起诉，但其于2015年8月21日正式提起本案诉讼，故尚客圈公司的上述行为尚未达到捏造、散布虚伪事实的程度。虽然尚客圈公司《声明》中的言辞略有不当，应当在日后的经营中避免这种表述，但在《声明》内容基本属实的前提下，尚客圈公司未违反《反不正当竞争法》的规定，不构成不正当竞争。

2. 商业诋毁是否需要以竞争关系为前提?

《反不正当竞争法》规定的不正当竞争行为是否以经营者（市场参与者）之间必须存在竞争关系甚或同业竞争为前提，是司法实践中一直在探索，但无法达到统一认识的难题。

竞争法律所调整的竞争关系是指竞争主体之间的社会学、经济学的关系，在法律规范中的体现。竞争是社会经济最强有力的推动力，其最终目的是为了造福全社会和公众。《反不正当竞争法》应当以维护市场公平、有序的竞争，保护市场竞争参与者、消费者和相关利益者的合法权益为立法目的与宗旨。纵观世界各国，特别是发达国家的竞争法一般均把反垄断和反不正当竞争行为合二为一在同一部法律中作出规定。比如，英国、加拿大、芬兰、法国、德国、以色列、意大利、日本、韩国等。这些国家在制定竞争法时均充分考虑了保护消费者的合法权益，不把竞争主体之间存在竞争关系作为判断不正当竞争及垄断的行为。[①]同样，根据《反不正当竞争法》第二条[②]的规定，竞争关系并不是不正当竞争行为的构成要件，即使不存在竞争关系，只要是违反了法律的规定，损害到其他经营者的合法权益，扰乱到经济市场秩序就属于不正当竞争的行为。

但是，就商业诋毁来说，应该是以存在竞争关系为前提的。如果不存在竞争关系的主体之间存在借机诋毁的行为，则不受《反不正当竞争法》的调整及规制，应当由民法来调整并依照《民法通则》以及《最高人民法院关于审理名誉权案件若干问题的解释》的规定，按照侵犯名誉权来处理。

基于此，本案中一审法院认为，"为你读诗"苹果及安卓 App 与微信公众号"为你读诗"均为移动互联网平台，其经营、提供的服务均为诗歌朗诵类节目的制作与播放，两者在服务的内容、功能、平台、受众方面具有一致性，构成该服务领域内的竞争关系，因而双方的经营行为应受《反不正当竞争法》的调整与规制。在方森良诉建德市方顺和食品有限公司不正当竞争案中，杭州铁路运输法院也认为原告方森良并非市场经营者，与方顺和公司之间不存在竞争关系，其不享有反不正当竞争法意义上的合法权益，与本案没有直接利害关系该裁定也是认为确定构成不正当竞争要以竞争关系为前提的。

3. 本案审理法院确定的争议焦点的总结。

在本案的审理过程中，一审和二审法院分别对本案的争议焦点进行了归纳与总结。一审确定的争议焦点：本案焦点在于微信公众号"为你读诗"所发布《声明》的内容是否构成捏造、散布虚伪事实并达到损害为你读诗公司商业信誉的程度。二审确定的争议焦点：本案的争议焦点为尚客圈公司是否存在捏造、散布虚伪事实、损害为你读诗公司商誉的行为。两审法院归纳的争议焦点内容基本是一致的。也就是要构成商业诋毁必须确认：（1）《声明》的内容是否存在或者构成捏造事实的行为？（2）捏造的事实是不是在社会公众或者一定区域内进行散布？（3）散布捏造的虚伪事实给对方造成了损失。此外，在该案的判决中，两审法院均明确了本案的被告不存在主观恶意，尽管《声明》的内容有些用词不当，但不构成《反不正当竞争法》规定的不正当竞争行为。这也是强调了行为的主观上是否存在过错，而且明确了只有存在主观恶意时才能构成商业诋毁。这也是与我国民法范畴内侵权需要承担责任的归责原则一致的。知识产权属于民法范畴，所以其归责原则也应该与民法中的归责原则一致，不能超出该原则范围内。这也是对目前部分知识产权

---

① 根据时建中所著《三十一国竞争法典》中各国的竞争法整理。

② 《反不正当竞争法》（1993 年）第二条：经营者在市场交易中，应当遵循自愿、平等、公平、诚实信用的原则，遵守公认的商业道德。本法所称的不正当竞争，是指经营者违反本法规定，损害其他经营者合法权益，扰乱社会经济秩序的行为。本法所称的经营者，是指从事商品经营或者营利性服务（以下所称商品包括服务）的法人、其他经济组织和个人。

律师要求降低知识产权归责要求的有力回应。

【总体评价】

司法实践中，传播误导性信息构成商业诋毁的案件也并非个案，其认定标准主要体现在以下几个方面。

1. 对真实事实进行片面陈述，引人误解，损害竞争对手利益构成商业诋毁。

在北京奇虎科技有限公司（以下简称奇虎公司）、奇智软件（北京）有限公司（以下简称奇智公司）与腾讯科技（深圳）有限公司（以下简称腾讯公司）、深圳市腾讯计算机系统有限公司（以下简称腾讯计算机公司）不正当竞争纠纷一案中，最高人民法院对片面陈述构成商业诋毁作了如下的认定：就片面陈述真实的事实而贬损他人商誉的情形而言，如本案中上诉人宣称“在 QQ 的运行过程中，会扫描您电脑里的文件（腾讯称为安全扫描），为避免您的隐私泄露，您可以禁止 QQ 扫描您的文件”，该宣称由于其片面性和不准确性，同虚假宣传一样容易引人误解，足以导致相关消费者对相关商品产生错误认识，进而影响消费者的决定，并对竞争对手的商品声誉或者商业信誉产生负面影响，损害竞争者的利益。换言之，即使某一事实是真实的，但由于对其进行了片面的引人误解的宣传，仍会对竞争者的商业信誉或者商品声誉造成损害，因此亦属于《反不正当竞争法》（1993 年）第十四条予以规范的应有之义，一审法院对此进行认定并无不当。①

2. 对比广告不客观、不真实、不全面，误导普通公众，损害竞争对手的利益构成商业诋毁。

在广州市番禺华南摩托企业集团有限公司与宗申产业集团有限公司商标侵权及不正当竞争纠纷上诉案中，重庆市高级人民法院对不客观、不全面的对比广告构成商业诋毁作出如下的认定：涉案广告的性质是一则比较广告，即指广告主在发布的广告中将在同一领域内自己与他人经营的商品或提供的服务进行比较，以说明自己商品或服务的优势而排斥他人的广告。虽然我国法律并不禁止比较广告，但比较广告所提供的信息应当全面和客观，不能贬低其他生产经营者的商品服务或者损害竞争对手的商业信誉和商品声誉。本案中，涉案广告中的圆柱图和文字说明内容将“飞鹰”品牌的市场成长力排名第一，而将“宗申”品牌的市场成长力排在末位，以相关公众的一般注意力为标准，根据日常生活经验，可以理解为“宗申”品牌在市场成长力方面明显落后于“飞鹰”品牌的意思表示。庭审中，被告华南公司不能说明市场成长力的具体含义，并表示不清楚关于品牌摩托市场成长力的评分标准和依据，且不能分清市场成长力与市场满意度的区别。所以本院认为，涉案广告

① 最高人民法院（2013）民三终字第 5 号《民事判决书》。

中所使用的有关品牌摩托市场成长力的数据缺乏客观依据，贬低了原告宗申公司及其产品，损害了原告宗申公司的商品声誉，因此可以认定涉案广告构成了商业诋毁的不正当竞争行为。[①] 在广州蓝鸽科技有限公司诉哈尔滨卓越电子有限公司等不正当竞争纠纷案中，上海市第一中级人民法院则认为："两被告自己在诉讼过程中也已认识到有关系统扩展能力的对比是有失准确的，而诸如此类的在客观上确属不完全或欠妥当的表述定会在一定程度上产生贬低其他经营者商品的效果。特别是对两者应用效果方面的比较，基本上都是使用具有褒贬对比的评价性语言，且此表的制作显有突出类数字化语言学习系统缺陷的意图，不论这些缺陷是否客观存在，这种以散布竞争对手缺陷为主的直接比较方式会导致相关公众对两者的实际品质产生误解，并足以影响消费者的选用决策，客观上也损害了包括原告在内的竞争对手的商业信誉和商品声誉。"[②]

3. 使用贬义词评价竞争对手的产品，构成商业诋毁。

在北京阿里巴巴信息技术有限公司诉北京三际无限网络科技有限公司著作权及不正当竞争纠纷案中，北京市第二中级人民法院对使用贬义词损害竞争对手利益构成商业诋毁作出了如下认定：鉴于恶意系贬义词，因此，将同业竞争者的产品称为"恶意"应当具有充分的事实和法律依据。在本案中，被告三际无限网络科技有限公司在"奇虎安全卫士"软件中将雅虎助手软件列为恶意软件，将雅虎助手软件描述为："软件类别：有潜在风险的；恶意表现：强制安装、干扰其他软件运行、浏览器劫持；危险级别：中"，并将雅虎助手软件默认选中被清除。而且，还在媒体上宣传雅虎助手软件是恶意软件。被告三际无限网络科技有限公司的上述行为缺乏法律依据。故本院认定，被告三际无限网络科技有限公司的上述行为损害了原告阿里巴巴公司的商誉，构成不正当竞争。[③] 所谓危险，是指有遭到损害或失败的可能。将同业竞争者的产品称为"危险"亦应当具有充分的事实和法律依据。在本案中，被告三际无限网络科技有限公司在"奇虎安全卫士"软件中将雅虎 Widget 软件标注为"危险"，并将雅虎 Widget 软件默认选中被清除。被告三际无限网络科技有限公司的上述行为缺乏法律依据，故本院认定，被告三际无限网络科技有限公司的上述行为构成不正当竞争。[④]

4. 具有强烈感情色彩的负面评价，构成商业诋毁。

在北京奇虎科技有限公司、北京三际无限网络科技有限公司与腾讯科技

---

① 重庆市高级人民法院（2009）渝高法民终字第 43 号《民事判决书》。

② 上海市第一中级人民法院（2002）沪一中民五（知）初字第 134 号《民事判决书》。

③ 北京市第二中级人民法院（2006）二中民初字第 16174 号《民事判决书》。

④ 北京市第二中级人民法院（2006）二中民初字第 16174 号《民事判决书》。

（深圳）有限公司、深圳市腾讯计算机系统有限公司、奇智软件（北京）有限公司不正当竞争纠纷一案中，北京市第二中级人民法院对具有强烈感情色彩的负面评价，构成商业诋毁作出如下的认定：这些评价和表述，使用了“窥视”、“为谋取利益窥视”、“窥视你的私人文件”、“如芒在背的寒意”、“流氓行为”、“逆天行道”、“投诉最多”、“QQ 窥探用户隐私由来已久”、“请慎重选择 QQ”等词语和表述来评价 QQ 软件。在上诉人奇虎科技公司、三际无限公司、原审被告奇智软件公司并未证明被上诉人腾讯科技公司、腾讯计算机公司扫描的文件含有用户隐私的情况下，上述评价和表述缺乏事实基础，并且带有较强的感情色彩并具有负面评价效果和误导性后果，违背诚实信用的公认商业道德，损害了腾讯科技公司、腾讯计算机公司及其“腾讯 QQ”软件产品的商业信誉，亦构成商业诋毁。①

【案例规则】

经营者对于他人的服务或者其他经营活动的评论或者批评没有不正当竞争的恶意，并非无中生有地捏造事实，不属于诋毁他人商誉的不正当竞争行为。

① 北京市第二中级人民法院（2011）二中民终字第 12237 号《民事判决书》。

深圳市理邦精密仪器股份有限公司诉深圳迈瑞生物医疗电子股份有限公司商业诋毁纠纷案

邵　伟[①]　徐伟宁[②]

一、案例基本信息

案例类型	商业诋毁　不正当竞争　民事案件
案例名称	深圳市理邦精密仪器股份有限公司诉深圳迈瑞生物医疗电子股份有限公司商业诋毁纠纷案
裁判文书	一审：深圳中级人民法院法院（2011）深中法知民初字第 319 号《民事判决书》 二审：广东省高级人民法院（2013）粤高法民三终字第 106 号《民事判决书》 再审：最高人民法院（2015）民申字第 191 号《民事裁定书》
合议庭成员	一审：于春辉、王媛媛、潘亮 二审：肖海棠、石静涵、欧阳昊 再审：孔祥俊、于泓、李伟
一审原告	深圳市理邦精密仪器股份有限公司（本文简称“理邦公司”）
一审被告	深圳迈瑞生物医疗电子股份有限公司（本文简称“迈瑞公司”）
二审上诉人	理邦公司
二审被上诉人	迈瑞公司
再审申请人	理邦公司
被申请人	迈瑞公司
受理日期	一审：2011 年 4 月 8 日

① 邵伟，北京市永新智财律师事务所，主任。
② 徐伟宁，山东省隆泰律师事务所，律师。

续表

裁判日期	一审：2012年11月13日 二审：2013年11月8日 再审：2015年5月19日
审理程序	一审、二审、再审
一审判决结果	驳回理邦公司的诉讼请求
二审判决结果	驳回上诉，维持原判
再审裁判结果	驳回理邦公司的再审申请
涉案法律法规和解释	一审、二审： 《中华人民共和国专利法》第六十条[①]； 《中华人民共和国反不正当竞争法》（1993年）第二条[②]、第十四条[③]； 《中华人民共和国民事诉讼法》第六十四条第一款[④]、第一百七十条第一款第（一）项[⑤]的规定。 再审： 《中华人民共和国民事诉讼法》第二百零四条第一款[⑥]。
裁判要点	1. 在迈瑞公司专利权有效的前提下，迈瑞公司的律师函明确了其据以主张权利的专利、涉嫌侵权的产品范围、向法院起诉的事实以及受函客户的涉嫌侵权行为，可以认定其对涉嫌侵权信息的披露是比较充分的，而且已尽到谨慎注意义务，因此不构成商业诋毁行为。 2. 迈瑞公司原法定代表人徐航接受记者采访所发表的言论，不存在捏造、散布诋毁理邦公司商誉的具体事实，主要是对于自身优势、行业发展和竞争状况等的一般性个人评价，属于商业评论的范畴，达不到引人误解和损人商誉的损害程度，尚不至于触犯法律，因而也不构成商业诋毁行为

① 《专利法》第六十条规定，未经专利权人许可，实施其专利，即侵犯其专利权，引起纠纷的，由当事人协商解决。

② 《反不正当竞争法》（1993年）第二条：经营者在市场交易中，应当遵循自愿、平等、公平、诚实信用的原则，遵守公认的商业道德。

本法所称的不正当竞争，是指经营者违反本法规定，损害其他经营者的合法权益，扰乱社会经济秩序的行为。

本法所称的经营者，是指从事商品经营或者营利性服务（以下所称商品包括服务）的法人、其他经济组织和个人。

③ 《反不正当竞争法》（1993年）第十四条：经营者不得捏造、散布虚伪事实，损害竞争对手的商业信誉、商品声誉。

④ 《民事诉讼法》第六十四条第一款：当事人对自己提出的主张，有责任提供证据。

⑤ 《民事诉讼法》第一百七十条第一款第（一）项规定：原判决、裁定认定事实清楚，适用法律正确的，以判决、裁定方式驳回上诉，维持原判决、裁定。

⑥ 《民事诉讼法》第二百零四条第一款：不符合本法规定的，裁定驳回申请。

续表

案例规则	1. 律师函的基本内容。在专利侵权纠纷中，律师函必须披露的内容应该包括：权利人据以主张权利的专利、侵权人涉嫌侵权的产品范围、权利人已经采取的法律行动以及收件人的涉嫌侵权行为。 2. 尽到谨慎注意义务的一种情形。在已向涉嫌专利侵权的产品制造商提起诉讼之后，在向其销售商发送侵权警告亦能够包括上述内容的情况下，已足以认定其发函时已尽到谨慎注意义务。 3. 部分专利无效和中途撤诉不必然构成商业诋毁。迈瑞公司据以主张权利的部分专利事后部分被宣告无效，显然不足以据此认定其在权利有效之时据以主张权利行为的不正当性，仅此也不足以认定其构成捏造、散布虚假事实。即使中途撤回部分诉讼通常也无可厚非。 4. 在捏造、散布虚伪事实的基础上进行贬低竞争对手商誉的商业评价，或者作其他足以实质性影响相关公众的认识并贬损竞争对手商誉的诋毁性评论，可以构成商业诋毁行为

二、案件综述

【基本事实】

1. 迈瑞公司与理邦公司的产品均是在生命信息与支持、临床检验、数字超声、放射影像、兽用领域，两个公司存在竞争关系。

2. 2011 年 4 月 8 日至 22 日，深圳市中级人民法院受理了迈瑞公司诉理邦公司专利权纠纷案共二十三件。在这些案件中，迈瑞公司依据其拥有的八项专利，指控理邦公司十二款产品构成专利侵权，涉及诉讼金额为 10699.7 万元。

3. 2011 年 6 月 23 日至 27 日，迈瑞公司向理邦公司的六名客户发出警告函。警告函具体内容如下：（1）迈瑞公司拥有七个专利，并且具体指明了专利号和专利名称以及使用这些专利的产品名称；（2）迈瑞公司认为，理邦公司生产、销售的十二款产品落入上述专利的保护范围，涉嫌构成侵权；（3）迈瑞公司已于 2011 年 4 月向法院提起专利侵权诉讼；（4）迈瑞公司要求收函人立即停止销售被控侵权产品的行为。

4.（再审查明的事实）2012 年 11 月至 2014 年 6 月，迈瑞公司的专利的部分权利要求被国家知识产权局宣告无效，迈瑞公司向深圳中院撤回了对理邦公司的十一个专利侵权诉讼案件，这些案件涉及三个涉诉产品。

5.（再审查明的事实）2012 年 5 月至 2014 年 7 月，深圳市中级人民法院作出十一个判决，判决认定理邦公司的产品构成专利侵权，其中一个判决已经被广东省高级人民法院维持，其余十个案件还在二审中。上述判决涉及十二个涉案产品中的十一个。

6. 在诉讼期间，迈瑞公司CEO徐航在经济观察网上，首次回应理邦侵权案，且全文内容如下："《快公司观察》记者杨萍、石俊在'中欧—成为2011创新中国高峰论坛'上，深圳迈瑞生物医疗电子有限公司（以下简称迈瑞）CEO徐航在接受本刊记者采访时，首次对理邦侵权案进行了回应。……迈瑞公司最初又是如何断定理邦仪器侵权的？迈瑞方面在接受媒体采访时曾表示，之前一直在搜集证据。此次，徐航告诉本刊记者，'一是看了理邦的上市说明书，知道了他们的业务比例，以前我们不了解（理邦的业务比例）。二是他们那儿有我们过去的人，带走了（一些技术）'。……目前，此案还是按程序进行。但有关知识产权保护的问题，成了众多投资人关注的热点。徐航称，迈瑞一直很重视知识产权的保护。……接着，徐航话锋一转：'中国的（某些）企业，如果靠这样（侵权）的办法的话，是不长久的，也是不光彩的。不是说人不能流动，但你不能照着我的一模一样的做，哪怕有点进步啊。'……谈起对理邦的评价，徐航表示：'他们做母婴监护仪，在国内做的算是比较好的，后来他们进入跟我们相同的领域。我认为，进入跟我们相同领域的公司，都是没有前途的公司。因为我们在这个领域的基础和投入已经很强了，你再花同样的代价来做，从长远来看，没有什么前途，在这个领域，关键是要拿出新东西来。'"

在中国医疗科技网"ChinaHealthcareTechnology"、MUFG所持摩根士丹利股份增至22.4%—股票—MSN中国、《快公司观察》杂志、迈瑞CEO徐航首次回应理邦侵权案—财经—凤凰网、迈瑞CEO徐航首次回应理邦侵权案—搜狐滚动的相关网页上，均转载了前述文章，内容完全一致。

再审诉讼请求：

1. 撤销广东省高级人民法院（2013）粤高法民三终字第106号民事判决；

2. 迈瑞公司向已收到律师函的理邦公司客户出具道歉说明，消除影响；停止涉嫌不正当竞争行为；

3. 迈瑞公司连续一个月在《法制日报》和《深圳特区报》等报纸及其官方网站首页显著位置就其不正当竞争行为向理邦公司道歉，消除影响；

4. 迈瑞公司赔偿理邦公司因维权支出的费用及经济损失200万元；

5. 全部诉讼费用由迈瑞公司承担。

【争议焦点】

1. 迈瑞公司向理邦公司的客户发送律师函的行为是否构成商业诋毁？

2. 迈瑞公司原法定代表人徐航接受采访时的言论是否构成商业诋毁？

三、案例评析

【案件背景】

迈瑞公司和理邦公司均是位于深圳的医疗器械公司，一家在美国纽交所上市，另一家在深圳创业板上市。根据网络上的评价[①]，其中迈瑞公司在中国排名第一，而理邦公司排名第二。在双方专利侵权诉讼开始的2011年，理邦公司已经在墨西哥和哥伦比亚取代迈瑞公司获得了绝对市场份额并且在包括云南和河北在内的国内市场获得了相对优势。整个诉讼期间，理邦公司处于上市批准阶段。

【法律背景】

此案以及随后最高人民法院关于双环案[②]的判决，都是发生在《反不正当竞争法》征求意见稿的起草期间。我国的《反不正当竞争法》自1993年颁布后，历经二十多年，在指导和规范市场经济运行、保护正当的市场竞争行为方面，发挥了重大作用。但是，随着市场经济突飞猛进发展，也屡屡暴露其不足，特别是《反不正当竞争法》（1993年）第十四条中关于商业诋毁的规定，由于仅限于“捏造、散布虚假事实”这一种情形，范围过于狭窄，不能满足商业生活的需要。

在商业活动中，无中生有、断章取义、夸大扭曲、以偏概全的事实描述显然会对经营者的商业信誉和商品信誉造成损害，而诋毁性的商业评价也会导致公众对经营者失去信任，进而对经营者的利益带来不必要的伤害。因此，有必要将商业评价纳入商业诋毁规制的范围之中。但是，商业评价毕竟是一种主观的意见表达，公众拥有言论自由而且渴望听到其他人的意见，对于商业评价过于严格的限制会妨碍信息传播并且威胁市场的流通性。

因此，商业评价显然应该受到反不正当竞争法的规制，但是对于何种商业评价构成商业诋毁也必须划出界限，以最大限度为经营者提供一个公平的经营环境，也为公众提供一个信息充分交流的良好商业氛围。[③]

【名词解释】

1. 专利无效宣告。

根据《专利法》以及《专利法实施细则》的规定，自国务院专利行政部

---

① http://stock.hexun.com/2011-06-27/130903916.html，最新访问日期：2017年1月8日。

② 最高人民法院判决书（2014）民三终字第7号，判决日：2015年12月8日。在该判决中最高人民法院再次对专利侵权的警告函是否构成商业诋毁问题，作出了详细的分析。

③ 2016年2月26日国务院法制办公室公布了《反不正当竞争法（修改方案送审稿）》。在该稿中，《反不正当竞争法》（1993年）第十四条的内容修改为“第十一条 经营者不得捏造、散布虚假信息、恶意评价信息，散布不完整或者无法证实的信息，损害他人的商业信誉、商品声誉”，将商业评价涵盖在商业诋毁的调整对象中。

门公告授予专利权之日起，任何单位或者个人认为该专利权的授予不符合本法有关规定的，可以请求专利复审委员会宣告该专利权无效。在专利诉讼过程中，专利无效宣告程序是被控侵权人的抗辩手段之一。一项专利一旦被国家知识产权局复审委员会宣布无效，即自始即不存在。

2. 谨慎注意义务。

《反不正当竞争法》中的谨慎注意义务，与侵权法中的所谓“注意义务”（duty of care）具有相同的含义，一般是指每个人在社会生活中都须在行使自己合法权利的同时，避免妨害他人利益的义务。[①]

3. 商业评价。

也称商业言论或者商业评论，是指促进交易和业务的言论[②]，这是评论者的一种主观看法，以意见为内容。在本案最高法院的裁定中，该词出现了四次，并且与“商业评论”一词交替使用。

4. 商业诋毁。

根据我国现行《反不正当法竞争法》（1993 年）第十四条的规定，是指经营者捏造、散布虚伪事实，损害竞争对手的商业信誉、商品声誉的行为。从该条的文义解释出发，目前《反不正当竞争法》的规定，仅仅规制基于“虚假事实”而导致的商誉损失。在本案中，最高法院对此条规制的内容进行了扩张。

【焦点评析】

1. 关于迈瑞公司向理邦公司客户发送律师函的行为是否构成商业诋毁的问题？

最高法院首先将迈瑞公司向理邦公司客户发送律师函的行为，定义为专利侵权警告行为，接着引用《专利法》第六十条的规定，认为为保护专利权而发送侵权警告，可视为当事人协商解决纠纷的重要途径和环节，符合法律有关鼓励当事人协商解决纠纷的规定精神，也是专利权人行使专利权的应有之义。但最高法院同时指出，专利权人发送侵权警告要适当，不能滥用侵权警告而损害他人合法权益、扰乱市场竞争秩序，如果超出这一权利行使的范围，则可以构成商业诋毁行为。正当的侵权警告与不正当竞争的划分涉及权利保护和维护公平竞争之间的利益平衡，要求既允许正当的侵权警告行为及保护权利的行使，又有效防止滥用侵权警告及保护竞争对手的合法权益。

最高法院对迈瑞公司的行为进行了分析。首先，迈瑞公司是正当维权行为还是不正当竞争行为，要根据权利人的权利状况、警告内容及发送的意图、对象、方式、范围等多种因素进行综合判断。迈瑞公司在发送律师函之时，所

---

① 李珂丽：《论侵权案件中注意义务的界定》，载《山东审判》2007 年第 6 期。

② 谢晓尧：《竞争秩序的道德解读》，法律出版社 2005 年版，第 311 页。

依据的都是当时有效的专利权，且发函对象为理邦公司涉嫌专利侵权产品的特定销售商，而这些经销商的销售行为也涉嫌构成侵权，因此这些经销商也属于涉嫌专利侵权人的范围。据此，可以认定其目的是为了维护其专利权，而非专以不正当损害他人权益为目的，因此属于正当行使权利的范围。在真实维权的情况下，即便在维权时机等方面进行有意选择，仍属行使权利的自由，仅此不足以认定其行为具有不正当性。

其次，最高法院认为，即便向竞争对手的涉嫌侵权客户发送侵权警告是以维权为目的，如果以捏造、散布虚伪事实的方式损害竞争对手的商誉，仍可能构成商业诋毁行为。就专利侵权纠纷而言，由于专利权人熟知其专利权状况，且应当并一般有能力知道相关涉嫌侵权事实，因此显然应当以此为依据发送侵权警告，在发送侵权警告时应当善尽谨慎注意义务，充分披露据以判断涉嫌构成专利侵权的必要信息。最高法院还指出，由于专利侵权警告毕竟是权利人谋求解决专利侵权争议的单方意愿，且由于专利权本身在效力上的相对不确定性及侵权判断的专业性，因此不能苛求侵权警告内容完全确定和毫无疑义，对其确定性程度的要求应当根据案件具体情况进行把握。就本案而言，迈瑞公司的律师函明确了其据以主张权利的专利，理邦公司涉嫌侵权的产品范围，向法院起诉理邦公司的事实，以及受函客户的涉嫌侵权行为，据此可以认定其对涉嫌侵权信息的披露是比较充分的，符合诚实信用的要求。至于本案所涉迈瑞公司据以主张权利的部分专利事后被宣告无效、迈瑞公司撤回部分专利诉讼等事实，能否作为认定其构成不正当竞争的依据，应当根据相关情况进行综合分析。就本案而言，鉴于专利权自身效力的相对不稳定性，专利权事后被宣告无效也非权利人当然能够预料和控制，因此，迈瑞公司据以主张权利的部分专利事后部分被宣告无效的事实，不足以导致迈瑞公司主张权利行为的不正当性，仅此也不足以认定其构成捏造、散布虚假事实。

另外，专利权人依据多项相关专利对相同或者相关涉嫌侵权产品一同提起诉讼，在专利侵权诉讼中并不鲜见，即便不能全部胜诉，也可能收广种薄收之效，即使中途撤回部分诉讼通常也无可厚非，仅此也不足以证明相关诉讼行为具有不正当性。就本案而言，判断律师函是否捏造、散布虚伪事实，也主要取决于其所列举的涉嫌侵权产品有哪些事实上构成了侵权。迈瑞公司虽撤回部分专利侵权诉讼，但就律师函涉及的十二款涉嫌侵权产品而言，在案涉其他专利侵权诉讼中，已由二审判决认定构成侵权的有一款产品，一审判决认定构成侵权的有十款产品。因此，迈瑞公司撤回部分诉讼对于涉嫌侵权的核心事实判断并无实质性影响，不足以据此认定其构成虚伪事实。而且，在专利侵权判断具有较强专业性的情况下，迈瑞公司对于涉嫌侵权事实的基本判断能够达到已获一审判决认可的程度，已足以说明迈瑞公司在发送律师函时对理邦公司专利侵权的事实判断具有较高的准确性，达到了较高的审慎注意程度，据此可以认定其已尽到谨慎注意义务，不宜再因其部分专利被宣告无效和部分案件撤诉而认定其捏造、散布虚伪事实。据此，最高法院认为，理邦公司以部分专利事后被宣告无效及撤回部分专利侵权诉讼为由主张迈瑞公司构成捏造、散布虚伪事实，理由不足。

最高法院继续指出，就专利侵权警告的内容而言，权利人在侵权警告中依据的涉嫌侵权事实应当具有较高程度的确定性，但又不能对其确定性程度要求过高和过分，否则会妨碍侵权警告制度的正常效用和有悖此类制度的初衷。在侵权警告中对于涉嫌侵权的基本事实判断事后能够达到获一审判决认可的情况下，已足可认定其在发送侵权警告时不属于捏造、散布虚伪事实，而不能再苛求只有终审判决认定的侵权事实才能作为判断依据。即便该一审判决结果在后续诉讼程序中有所变化，对于权利人在发送侵权警告时已尽到谨慎注意义务的认定并无影响。而且，考虑到竞争对手的上、下游客户对于涉嫌专利侵权问题的判断能力相对较弱、避险意识较强和更易受到侵权警告影响等实际情况，向涉嫌侵权的竞争对手的客户发送侵权警告需要在注意义务上有更高要求，但即便如此，在已向涉嫌专利侵权的产品制造商提起诉讼之后，再向其销售商发送侵权警告亦能够达到上述注意程度的情况下，已足以证明其发函时已尽到谨慎注意义务。据此，最高法院认定，理邦公司关于专利侵权是否构成应当以终审判决结论为判断标准，此前迈瑞公司一切有关专利侵权的表述均属于虚伪事实的主张理由不足，不予支持。

至于迈瑞公司律师函明确指出理邦公司生产、销售的多款产品的技术方案落入了迈瑞公司一项或多项专利权利要求范围、构成专利侵权的做法是否妥当，加之使用了“涉嫌侵权产品”等说法，毕竟是在表达单方看法，按照行业内一般人的观念，不至于对于上述说法有确定无疑构成侵权的理解，不足以据此认定其有失客观和引人误解，因而尚不足以认定此情节构成捏造、散布虚伪事实。

最高法院在裁定中批评了广东高级人民法院的判决，认为仅以迈瑞公司“向理邦公司部分经销商发送的律师函中记载的相关内容符合客观事实，并未捏造虚伪事实，其措辞亦无明显不当”为裁判理由，确实比较简略，缺乏说服力，但结论并无不当。

最后，最高法院认为，理邦公司有关迈瑞公司有商业诋毁的故意，以向理邦公司经销商大范围发出内容笼统、宽泛的律师函追求理邦公司商誉受损后果，通过起诉后又撤诉进行恶意诉讼、打击和排挤竞争对手的主张，证据不足和理由不充分，不予认定。迈瑞公司向理邦公司客户发送律师函的行为，不构成捏造、散布虚伪事实的商业诋毁行为。

2. 关于迈瑞公司原法定代表人徐航接受采访时的言论是否构成商业诋毁的问题？

最高法院认为，经营者和相关公众有进行商业评价的言论自由，但要以不损害他人合法权益为边界。最高法院指出，除了捏造、散布事实的行为外，在虚伪事实的基础上进行贬低竞争对手商誉的商业评价，或者作其他足以实质性影响相关公众的认识并贬损竞争对手商誉的诋毁性评论，也可以构成商业诋毁行为；但是如果仅是基于个人喜好、情感、价值判断等而进行一般性的或者泛泛的商业评价，按照行业内的一般理解尚不足以造成事实上确能贬低他人商誉的具体损害后果的，并不构成商业诋毁行为。

就本案而言，徐航接受记者采访所发表的言论，不存在捏造、散布诋毁理邦公司商誉的具体事实，主要是对于自身优势、行业发展和竞争状况等的一般性个人评价，属于商业评论的范畴，达不到引人误解和损人商誉的损害程度，尚不至于触犯法律，因而不能认定构成商业诋毁行为。因此，最高法院认为，理邦公司关于徐航接受采访的有关言论属于捏造、散布虚伪事实，构成商业诋毁的主张不能成立。

【总体评价】

本案在事实认定上不存在争议，焦点问题在于法律适用，即迈瑞公司向理邦公司的客户发送律师函的行为是否构成商业诋毁的问题，以及迈瑞公司原法定代表人徐航接受采访时的言论是否构成商业诋毁的问题。

最高法院首先从《专利法》出发，确认了专利权人在专利纠纷案件中发送警告信的权利，再从《反不正当竞争法》（1993 年）第二条出发，确定了警告信是否构成商业诋毁的判断方法，即根据权利人的权利状况、警告内容及发送的意图、对象、方式、范围等多种因素进行综合判断。

最高法院认为，在迈瑞公司专利权有效的前提下，迈瑞公司的律师函明确了其据以主张权利的专利、理邦公司涉嫌侵权的产品范围、向法院起诉理邦公司的事实以及受函客户的涉嫌侵权行为，据此可以认定其对涉嫌侵权信息的披露是比较充分的。同时，由于收函人也同时属于侵权人的范围，又是理邦公司的特定经销商，迈瑞公司发送的意图是为了维护专利权不受侵犯，因此其目的具有正当性。而且，在发送侵权警告时充分披露了据以判断涉嫌构成专利侵权的必要信息，律师函的内容即不构成虚假事实。

此外，最高法院还特别指出，由于专利侵权警告毕竟是权利人谋求解决专利侵权争议的单方意愿，且由于专利权本身在效力上的相对不确定性及侵权判断的专业性，因此法律不能苛求侵权警告内容完全确定和毫无疑义，对其确定性程度的要求应当根据案件具体情况进行把握。

在商业评论的合法性方面，最高法院首先将商业评论纳入《反不正当竞争法》（1993 年）第十四条规范的范畴内，并且以诉讼双方所在行业的一般理解作为标准，认定基于个人喜好、情感、价值判断等而进行一般性的或者泛泛的商业评价不构成商业诋毁。

但是遗憾的是，该份裁定书在评判律师函发送目的时，对于二审法院强调收函人属于理邦公司的经销商，而暗示不属于一般社会公众的论点[①]，没有作出直接的回答，对于商业诋毁行为的公示性没有给出一个明确的说法，属于本份文书的一个缺憾；同时裁定书中使用深圳中级人民法院的一个专利侵权判决结果佐证迈瑞公司的谨慎注意义务，也使本裁定书给出的判断规则的普遍适用性受到影响。

总之，瑕不掩瑜，本案在判断商业评论是否属于《反不正当竞争法》（1993 年）第十四条规范的内容方面，以及如何评判律师函是否商业诋毁的具体评判步骤方面，都给出了比较明确的指示，是一份不可多得的说理充分的裁判文书。

【案例规则】

1. 律师函的基本内容。在专利侵权纠纷中，律师函必须披露的内容应该包括：权利人据以主张权利的专利、侵权人涉嫌侵权的产品范围、权利人已经采取的法律行动以及收件人的涉嫌侵权行为。

2. 尽到谨慎注意义务的一种情形。在已向涉嫌专利侵权的产品制造商提起诉讼之后，在向其销售商发送侵权警告亦能够包括上述内容的情况下，已足以认定其发函时已尽到谨慎注意义务。

3. 部分专利无效和中途撤诉不必然构成商业诋毁。迈瑞公司据以主张权利的部分专利事后部分被宣告无效，显然不足以据此认定其在权利有效之时据以主张权利行为的不正当性，仅此也不足以认定其构成捏造、散布虚假事实。即使中途撤回部分诉讼通常也无可厚非。

4. 在捏造、散布虚伪事实的基础上进行贬低竞争对手商誉的商业评价，或者作其他足以实质性影响相关公众的认识并贬损竞争对手商誉的诋毁性评论，可以构成商业诋毁行为。

---

① 参见广东省高级人民法院（2013）粤高法民三终字第 106 号判决书，第 8 页，“该律师函……仅寄给理邦公司的经销商，未以其他形式对外公开散布”。

北京爱奇艺科技有限公司诉北京极科极客科技有限公司违反诚实信用原则和公认商业道德纠纷案[①]

张　黎[②]

一、案例基本信息

案例类型	违反诚实信用　商业道德　不正当竞争　民事案件
案例名称	北京爱奇艺科技有限公司诉北京极科极客科技有限公司违反诚实信用原则和公认商业道德纠纷案
裁判文书	一审：北京市海淀区人民法院（2014）海民（知）初字第21694号《民事判决书》 二审：北京知识产权法院（2014）京知民终字第79号《民事判决书》
合议庭成员	二审：审判长宋鱼水、审判员杜长辉、审判员张晓霞
一审原告	北京爱奇艺科技有限公司（简称“爱奇艺公司”）
一审被告	北京极科极客科技有限公司（简称“极科极客公司”）
二审上诉人	极科极客公司
二审被上诉人	爱奇艺公司
受理日期	二审：2014年12月2日
裁判日期	二审：2015年2月3日
法律程序	一审、二审
一审判决结果	一、本判决生效之日起十日内，极科极客公司赔偿爱奇艺公司经济损失及合理开支共计人民币40万元； 二、驳回爱奇艺公司的其他诉讼请求

① 本案为2015北京市知识产权十大创新案件之一。

② 张黎，北京市中伦文德律师事务所，执业律师。

续表

二审判决结果	驳回上诉，维持原判
涉案法律法规和解释	《民事诉讼法》第六十四条[①]第一款、《反不正当竞争法》(1993年)第二条[②]、第二十条[③]。《中华人民共和国民事诉讼法》第一百七十条[④]第一款第（一）项
裁判要点[⑤]	1. 在互联网时代，判断经营者之间有无竞争关系，应着眼于经营者的具体行为，分析其行为是否损害其他经营者的竞争利益。在新的经济模式下，只要双方在最终利益方面存在竞争关系，亦应认定两者存在竞争关系，适用《反不正当竞争法》。市场参与者的经营行为，超出正当竞争的合理限度，损害了他人合法利益，违反诚实信用原则和公认商业道德，构成不正当竞争。 2. 在互联网企业的市场竞争中，应当遵守的商业道德包括对于竞争对手经营模式的尊重等内容。在市场公平竞争的过程中，经营者可以千方百计地为网络用户提供各种服务，从而增加自身网络用

① 《民事诉讼法》第六十四条：当事人对自己提出的主张，有责任提供证据。

当事人及其诉讼代理人因客观原因不能自行收集的证据，或者人民法院认为审理案件需要的证据，人民法院应当调查收集。

② 《反不正当竞争法》(1993年)第二条：经营者在市场交易中，应当遵循自愿、平等、公平、诚实信用的原则，遵守公认的商业道德。

本法所称的不正当竞争，是指经营者违反本法规定，损害其他经营者的合法权益，扰乱社会经济秩序的行为。

本法所称的经营者，是指从事商品经营或者营利性服务（以下所称商品包括服务）的法人、其他经济组织和个人。

③ 《反不正当竞争法》(1993年)第二十条：经营者违反本法规定，给被侵害的经营者造成损害的，应当承担损害赔偿责任，被侵害的经营者的损失难以计算的，赔偿额为侵权期间因侵权所获得的利润；并应当承担被侵害的经营者因调查该经营者侵害其合法权益的不正当竞争行为所支付的合理费用。

被侵害的经营者的合法权益受到不正当竞争行为损害的，可以向人民法院提起诉讼。

④ 《民事诉讼法》第一百七十条：第二审人民法院对上诉案件，经过审理，按照下列情形，分别处理：

（一）原判决、裁定认定事实清楚，适用法律正确的，以判决、裁定方式驳回上诉，维持原判决、裁定；（二）原判决、裁定认定事实错误或者适用法律错误的，以判决、裁定方式依法改判、撤销或者变更；（三）原判决认定基本事实不清的，裁定撤销原判决，发回原审人民法院重审，或者查清事实后改判；（四）原判决遗漏当事人或者违法缺席判决等严重违反法定程序的，裁定撤销原判决，发回原审人民法院重审。

原审人民法院对发回重审的案件作出判决后，当事人提起上诉的，第二审人民法院不得再次发回重审。

⑤ 摘自一审判决：北京市海淀区人民法院（2014）海民（知）初字第21694号《民事判决书》；二审判决：北京知识产权法院（2014）京知民终字第79号《民事判决书》。

续表

裁判要点	户的数量。但是，经营者向网络用户所提供的服务亦应当遵守相应的规则，不应当以影响其他经营者正当合法的经营模式为代价获取自身利益。在市场竞争中，只要没有违反法律规定，只要不影响其他经营者的合法权益，每一个经营者的经营模式都应当遵循其自身选择。经营者的行为可能迫使其他经营者改变经营模式，但这种行为应当限定为对商品或服务的质量、便捷、价格等方面的正当竞争，不应存在损害他人正当利益的行为。 3. 互联网案件赔偿数额的确定，不能拘泥于传统案件的认定方法，不应机械地以整体盈利与否作为获利的计算依据。互联网企业的价值并不能简单地以公司净资产来计算，其未实现盈利的市场份额的价值也应当被正确评估。在互联网环境下，已经形成一定规模且相对固定的用户群即意味着巨大的盈利空间，即使这种盈利暂时还不能变现，也应当被正确地估算其中。同理，利用不正当竞争的方式，增加自身用户数量或减少竞争对手用户数量，也应当被认定为被告获利或原告损失，其具体数额亦应当考虑上述因素予以认定
案例规则	1. 当普遍存在的“行业惯例”具有不正当性时，不能为裁判所认可。 2. 行为必须以某种形式予以表现，通过对行为表现的审查，可以认定行为性质。 3. 互联网案件的赔偿数额，应当综合考虑现值盈亏、用户群增减等具有互联网经营特殊性等因素予以认定

二、案例综述

【主要诉请】

原告请求判令极科极客公司停止不正当竞争行为，消除影响，赔偿损失210万余元。[①]

【基本事实】

1. 爱奇艺公司与极科极客公司是否为竞争关系？

在本案中，极科极客公司认为其经营行为有自身的特殊性，与爱奇艺公司分属不同的行业领域，在主营业务、销售模式以及目标顾客等方面存在明显差异，从身份上两者根本不存在竞争问题。

法院审查确认的事实：

爱奇艺公司是爱奇艺网站（www.iqiyi.com）的经营者，持有网络文化

① 来源：http://bmla.chinalawinfo.com/newlaw2002/slc/slc.asp?db=fnl&gid=123666240。

经营许可证和信息网络传播视听节目许可证。爱奇艺网站为用户提供在线视频播放服务，在播放视频之前播放广告，收取广告费用以获取商业利益。极科极客公司是“极路由”路由器的生产者和销售者，其先后生产销售极壹、极壹 S、极贰型号的“极路由”路由器。[①]（参见【名词解释】“极路由”路由器）

爱奇艺公司主要依靠网站从事视频播放业务，极科极客公司主要从事硬件设备的生产和销售。两者不处于完全相同的行业、不具有完全对应的主营业务。

2. 极科极客公司的侵害行为是什么？

爱奇艺公司认为，极科极客公司生产销售的“极路由”路由器通过安装“屏蔽视频广告”插件（参见【名词解释】“屏蔽视频广告”插件）过滤了“爱奇艺”网站视频的片前广告，侵害了其权益。

极科极客公司否认了上述说法，称：“（1）我公司是制造销售路由器的企业，并非涉案“屏蔽视频广告”插件的开发、上传者。而因为平台开放，极科极客公司没有任何人作为平台管理者没有设置前置审核流程，任何第三方作者无须提供真实身份信息即可被认证并自行上传插件。（2）安装插件的操作权和收看广告的选择权均在消费者手中，并未损害消费者的权益。”

法院审查确认的事实：

（1）一审诉讼过程中，爱奇艺公司申请行为保全，请求责令极科极客公司立即停止在其销售的路由器中安装“屏蔽视频广告”插件，立即停止提供“屏蔽视频广告”插件的下载服务，立即停止“屏蔽视频广告”插件的后台运行，立即停止对外宣传其销售的路由器具有屏蔽视频广告功能。原审法院向极科极客公司送达行为保全申请书 3 日后，极路由云平台上的“屏蔽视频广告”插件即不再屏蔽爱奇艺网站视频的片前广告，但仍可屏蔽其他网站视频的片前广告。

在极科极客公司主张涉案“屏蔽视频广告”插件是由网络 ID“OpenGG”

① 图片来源：http://www.wtoip.com/news/a/20141225/7891.html，2016 年 12 月 30 日截取；来源：http://baike.so.com/doc/6994557-7217431.html。2017 年 1 月 4 日截取。

上传并非其开发上传的情况下，极科极客公司在原审证据的基础上进一步提供“OpenGG”为第三方的补充证据，然而，“OpenGG”并未出庭，极科极客公司与“OpenGG”的法律关系仍不能排除极科极客公司对其责任的承担，且原审确认极科极客公司对“OpenGG”行为负责还取决于行为保全的勘验中极科极客公司能够控制屏蔽行为，本案原审出现了不再屏蔽爱奇艺公司的广告，但可以屏蔽其他视频广告的勘验结果。

（2）极科极客公司在其经营的极路由网站（www.hiwifi.com）上推广极路由路由器时宣称：“原来广告也能加速！快到你感受不到它的‘存在’，和浪费生命的广告说再见还你轻松愉快的视频体验”、“多款插件持续更新中……现已为每台新购买的极路由准备就绪”（其中展示有“屏蔽视频广告”插件的图标）。“https：//open.hiwifi.com”是极科极客公司经营的开放平台（简称极路由开放平台），用户可在极路由开放平台申请以开发者身份注册，注册过程必须填写开发者姓名、身份证号码、详细地址、开发者能力自述并上传开发者照片。申请成功后，依次点击“应用申请”、“提交申请”、“提交审核”、“上传应用”等按钮，可上传软件。经审核通过后，该用户上传的软件即可在极科极客公司经营的“https：//app.hiwifi.com”（简称极路由云平台）上展示。极路由路由器的用户可通过PC电脑和IPAD平板电脑连接极路由路由器上网，并可从极路由云平台上下载软件。极路由云平台首页“插件选荐”栏目展示有“屏蔽视频广告”图标，图标右下方显示：“小编推荐：这是一款人气非常高的第三方插件，能够去掉一些视频网的广告。”点击该图标，打开的页面是“屏蔽视频广告”插件的描述页面，该页面显示：“第三方提供”、“应用作者OpenGG”，另有“安装步骤”、“有趣玩法”、“常见问题”等栏目。极路由路由器用户下载安装“屏蔽视频广告”插件后，通过极路由路由器上网，可屏蔽爱奇艺网站视频的片前广告。极路由云平台也有部分插件如“手机远程管理”插件显示“应用作者：北京极科极客科技有限公司”。

3. 赔偿数额如何认定？

极科极客公司认为：通过综合利用“屏蔽视频广告”插件和极路由路由器屏蔽了爱奇艺公司网站视频的片前广告，但却没有查明并确认极科极客公司因此受益或被上诉人因此减少广告收入的任何事实。

法院审查确认的事实：

极科极客公司的财务证据与其广告宣传证据严重不符，即使企业前期尚处于亏损阶段，但是其对外宣传存在相当的客户群和盈利空间，该夸大宣传甚至虚假宣传的用意在于其试图利用广告宣传行为谋取潜在的市场利益，一审法院将广告宣传数量作为损害赔偿的证据考量并无不当。

三、案例评析

【案例背景】

1. 关于广告屏蔽插件（参见【名词解释】屏蔽视频广告插件）。

当你点击准备欣赏的影片或浏览视频之后，经常先出现的是广告，且广告之长让你完全有时间去沏一杯好茶；当你正欣赏《舌尖上的中国》的时候，唯美的画面上有一个提供清理地毯、清理地板的广告出现在屏幕下方，点击关闭几秒钟之后，依然不断地跳出，顽固地“屏蔽”着字幕。几乎所有看视频的人都会碰到类似的情景。近几年来，广告时间从 30 秒到 90 秒，甚至到 130 秒、180 秒，一个逐年渐进的过程，我们都放任着“免费 + 广告 - 耐心”的模式。是否有人愿意欣赏广告（原本也是一种艺术形式）不得而知，但更多的人愿意直奔主题，讨厌一切“被欣赏”的广告和实在缺乏美感的广告。

广告屏蔽不是国内的原创技术，广告屏蔽插件存在了约 10 年的时间。2017 年 1 月 1 日，笔者依然可以查询到安装 ABP 的方式和渠道[①]：

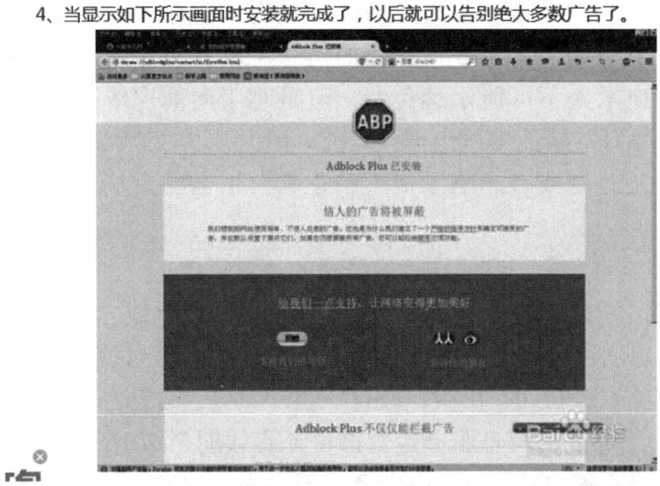

“Adblock Plus 作为一个广告屏蔽插件，存在了差不多快 10 年的时间，它登陆了五个浏览器平台，3 亿的下载量，每天都在帮超过 5000 万的用户屏蔽各种烦人的广告。但是，从 2011 年开始，它推出了‘可接受广告’计划，也就是说，它不再屏蔽一切广告，而是开始有选择地放行一部分……几乎每隔一段时间，就会有人对它进行批评。英国《金融时报》报道称，Google、亚马逊、微软等悄悄付给流行广告屏蔽软件 Adblock Plus 背后的开发商 Eyeo 一笔

① 来源：http://jingyan.baidu.com/article/4f34706ed4dd0fe387b56ded.html。

钱，换取后者不再屏蔽其广告。”“没有了广告的互联网变成了完全免费，是危险的，所以对于广告，我们还是要有一定的妥协，一方面是面向用户，另一方面是面向广告主……而他们的解决办法就是推出‘可接受的广告’，建立一个白名单，有选择性地对一些广告放行。”① 这种“放行”在多大意义上是为广告主考虑不得而知，但是经过一系列“公开、透明”的审查程序，予以放行的广告主多少都会付出相应的“对价”。而其理由是“我们妥协的原因是因为我们想要鼓励‘好的广告’。而我们相信，只要越多的人加入到白名单上来，那么糟糕的广告就会相应减少”②。对于中国市场，Adblock Plus 团队则认为：“国内广告太复杂了。复杂到什么程度呢？ Adblock Plus 在每个国家都有一个列表，针对该国广告的过滤，但是中国列表特别长，以至于他们不得不专门找一个程序员来做中国的部分。而且中国的广告很含糊，不像这边的（指“所在国”）可以清晰的定义。有的不像广告，但是又有第三方获利链接，如百度上面就有很多生活健康理财的知识弹出，被 Adblock Plus 屏蔽后，还是会出现带图形的推荐链接，虽然这是百度自己的推广，但是第三方的，而且用户反对声也很大，对于这种情况，他们就很困扰。‘所以我们还在决定能不能屏蔽。’”

可见，广告屏蔽插件并非技术发展的必然选择，而是与铺天盖地的广告营销方式密切关联。在大多数公众欢迎的背景下，技术人在消费者与商家之间玩着平衡木的游戏，法律如何认定就具有了至关重要的指南针效应。同样，技术人不可能永远免费，但是对于向商家收取“对价”是否合理？是否也要等待新的案例出现？目前，国内几个案例均不区分黑广告或白广告，只要是改变或者影响了他人的正常、正当的市场经营，均为裁判所制止。

2. 关于爱奇艺公司和极科极客公司的经营范围。

爱奇艺，原名奇艺，于 2010 年 4 月 22 日正式上线，2011 年 11 月 26 日品牌升级，启动“爱奇艺”品牌并推出全新标志。经营范围包括：互联网信息服务业务（不含新闻、出版、教育、医疗保健、含药品和医疗器械、电子公告服务）、（电信与信息服务经营许可证有效期至 2016 年 8 月 29 日）；第二类增值电信业务中的信息服务业务（不含固定网电话信息服务和互联网信息服务）、（增值电信业务经营许可证有效期至 2017 年 12 月 7 日）等。

北京极科极客科技有限公司，2013 年 2 月 27 日成立，经营范围包括：第二类增值电信业务中的信息服务业务（仅限互联网信息服务）；互联网信息服务（不含新闻、出版、教育、医疗保健、药品和医疗器械；含电子公告服

---

① 来源：http://www.pingwest.com/adblock-plus-on-acceptable-ads/。

② 来源：http://www.pingwest.com/adblock-plus-on-acceptable-ads/。

务）、（电信与信息服务业务经营许可证有效期至 2019 年 12 月 31 日）等。[①] 极科极客公司在其经营的网站自述“北京极科极客科技有限公司（以下简称极路由）成立于 2013 年 3 月，是全球首家集智能路由器软硬件研发、生产、销售为一体的厂商。截至 2015 年 1 月，极路由占据智能路由器市场超过 65% 的市场份额”[②]。

3. 技术中立原则（参见【名词解释】技术中立原则）。

（1）具有指导意义的基本原则。在本案提起诉讼的同年，即 2014 年，合一信息技术（北京）有限公司诉北京金山网络科技有限公司、北京金山安全软件有限公司、贝壳网际（北京）安全技术有限公司不正当竞争纠纷案件[③]（以下简称“合一案”）落锤定音，该案与本案很多焦点问题极其相似。“合一案”确定了三个具有指导意义的基本规则[④]：

一是确定竞争关系的构成不取决于经营者之间是否属于同业竞争，亦不取决于是否属于现实存在的竞争，而应取决于经营者的经营行为是否具有“损人利己的可能性”；

二是确立了不正当利用其他经营者经营利益的行为违反诚实信用原则，属于不正当竞争行为；

三是确定技术中立原则的中立指的是“技术本身”的中立，而非对技术的“使用行为”的中立。

在技术中立问题上，对于“合一案”法院裁判认为：“具体到本案，金山网络公司与金山安全公司开发并向用户提供具有视频广告过滤功能的猎豹浏览器的行为同时符合这两类行为的要求，有违诚实信用原则。”“金山网络公司主张被诉猎豹浏览器的视频广告过滤功能属于新技术，依据技术中立原则不应认定该技术提供行为构成不正当竞争，否则有违技术中立原则，阻碍技术创新。对此，法院不予支持。”

“技术中立原则虽非法定原则，但因该原则有其合理性，故应予适当考虑。对于技术中立原则的正确理解，其核心在于区分‘技术本身’与对技术的‘使用行为’。具体而言，技术中立原则的中立指的是‘技术本身’的中立，而非对技术的‘使用行为’的中立。也就是说，依据技术中立原则，仅仅是不能认定某个特定的技术本身属于违法技术，但对于该技术的使用行为则不受此限。这也就意味着，如果该使用行为违反了相关法律规定，则其依然可能构成侵权或不正当竞争行为。鉴于对同一项技术可能会有多种使用行

---

① 来源：http://baike.so.com/doc/22377933-22929406.html。

② 来源：http://www.hiwifi.com/intro。

③ 一审：北京市海淀区人民法院（2013）海民初字第 13155 号《民事判决书》；二审：北京市第一中级人民法院（2014）一中民终字第 3283 号《民事判决书》。

④ 李雪宇、张黎、赵俊杰：《2014 年 · 竞争法年度报告》。

为，而对于侵权或不正当竞争行为的认定仅是针对其中某一特定的使用行为，并不会影响对该技术的其他合法使用行为，因此对该特定行为的侵权或不正当竞争的认定不会阻碍技术的发展。”

“具体到本案，具有中立性的是被诉猎豹浏览器为达到视频广告过滤功能而采用的具体技术手段（用以拦截或屏蔽相关信息的技术手段，如金山网络公司的专家辅助人所提出的广告过滤所采用的 URL 地址过滤、使用插件、底层扩展过滤技术），而非对使用上述技术的被诉猎豹浏览器的开发及提供行为。依据技术中立原则，仅是无法认定上述技术具有违法性，但却并不妨碍对使用上述技术手段的被诉浏览器的开发及提供行为是否违法予以认定。根据本案的认定，被诉浏览器中所使用的过滤技术虽然用以过滤视频广告构成不正当竞争，但其仍然具有其他的合法使用方式，因此对于本案被诉行为构成不正当竞争的认定并不违反技术中立原则。”

“金山网络公司主张，因合一公司网络中片头广告的时间过长且无法关闭，属于网络无法接受的恶意广告，故被诉猎豹浏览器对该广告进行过滤具有合理性。对此，法院不予支持。”①

结合本案，在手段不同，但性质相同的情况下，法院判决爱奇艺公司赢得诉讼就是顺理成章的结果。

（2）技术中立的不同声音。

“支持判决结果者认为，屏蔽广告行为严重破坏了视频网站经营模式的运行，对视频行业的危害是致命性的。他们认为，近年来，视频网站在购买正版版权上投入的资金越来越多，而且，这些视频网站长期以来赖以生存的就是‘免费 + 广告’经营模式，如果没有了广告收入，无疑将陷入绝境。而反对判决者则认为，‘极路由’是一款硬件，其自身并不带有屏蔽广告的插件，可以自行选择加载屏蔽广告的插件，是广大互联网用户权益得到尊重的表现。屏蔽广告的行为可以促使视频网站加快创新，从技术上反制屏蔽行为，或是开发出新的经营模式。”②

北京航空航天大学法学院教授周学峰对于快播案中涉及的技术中立原则表示说，在中国现行语境下，“技术中立”原则有两种含义，一种是指“非歧视”原则，即政府在制定各种规则或标准时，应对各种技术同等对待，给予各种技术以公平竞争的机会；另一种含义则是用来指代美国知识产权法中的“实质性非侵权用途”规则。在快播案中，被告和辩护人所提出的“技术中立”原则，指的就是后一种含义。欲了解快播案的被告人可否基于“技术中立”原则而主张免责，首先需要了解其意义和适用条件。所谓的“实质性

① 来源：http：//bmla.chinalawinfo.com/newlaw2002/slc/slc.asp?db=fnl&gid=121744571。

② 来源：http：//www.wtoip.com/news/a/20141225/7891.html。2016 年 12 月 30 日截取。

非侵权用途”规则，其实是一项责任抗辩事由。在美国侵权法中，明知或应知他人实施侵权行为而给予帮助的人也要承担侵权责任。如果某类物品既可以被用于合法的用途，也可被用于侵权用途，那么，不能仅仅因为该类物品有可能被他人用于侵权用途而推定提供者“应当知道”他人侵权，更不能以此为由被要求承担帮助责任或替代责任，这就是“实质性非侵权用途”规则的含义。该项规则是美国联邦最高法院在1984年的“索尼”案中提出来的，该案是一起涉及版权侵权的案件，但这项规则实际上是从专利法中借鉴而来的。①

知识产权战略研究与咨询服务中心主任邓文认为：“最常见的，如菜刀销售商会因为出售菜刀而犯法吗？正式确立技术中立原则是在美国最高法院1984年审理的Sony Corp.Of America诉Universal City Studios案。它认为，如果产品‘能够具有实质性的非侵权用途’，即使制造商和销售商知道其设备可能被用于侵权，也不能推定其故意帮助他人侵权并构成‘帮助侵权’。这一原则一度成为被告的挡箭牌。但‘技术中立原则’的适用是存在前提条件的：（1）该产品或技术的主要用途为用于非侵权的用途；（2）该产品或技术的提供者并非‘实际知道侵权的具体情形并且在知情的情况下未采取任何措施’。笔者认为，在技术未作非中立性技术应用时，不得适用技术中立原则。”

“事实上，本案并非个案。猎豹浏览器屏蔽广告所引发的不正当竞争纠纷案似乎与本案如出一辙。可以预料，这类案件还将出现。这反映了互联网环境下如何看待通常的商业模式的保护以及打破通常的商业模式是否存在不正当竞争、对消费者和市场竞争秩序究竟存在怎样的影响等复杂问题。”“由于技术本身具有中立性，经营者利用技术手段开展竞争是否需要受到法律的干预，这并不是一个很简单的问题。尽管本案极科极客公司被判决构成不正当竞争，其仍然存在一些值得思考之处，如网络环境下商业模式如何受到保护、技术中立原则如何适用、涉案消费者‘受益’与消费者最终‘受损’，以及技术手段运用对市场竞争秩序影响的多面性等。”②

“市场竞争必然会导致不同经营者之间市场机会或者市场利益的得失，因而市场竞争具有天然的损人利己性，故而，自由和公平更应成为市场竞争严于恪守的法则。我们不能简单地以‘在市场竞争中获利的一方的行为导致对方利益受损’为由便当然认定某行为是‘不正当的’，但是，搭便车、不正当妨碍、诋毁或者混淆误导等‘人为损人利己’、扭曲竞争的行为应为反不正当竞争法所严格禁止。我们认为，屏蔽广告行为实质上是一种‘搭便车’的

---

① 来源：http：//www.cb.com.cn/index.php?m=content&c=index&a=show&catid=22&id=1168430&all。

② 来源：http：//bmla.chinalawinfo.com/newlaw2002/slc/slc.asp?db=fnl&gid=123666240。

行为。‘搭便车’是经济学概念，其基本含义是得到一种物品的利益但避免为此付费，从外部性的理论来分析，如果某一行为人的活动产生了正外部性的效应，即使他人或社会受益，而受益者无须花费代价，且未给行为他人造成负面损害，则这样的搭便车行为是可以被接受的，但是，如果搭便车行为致使他人或者社会受损，则此时的搭便车行为应为法律所禁止。我们认为，屏蔽广告行为即属于后者，其在搭便车的同时，使他人（网络内容服务提供商、广告商等）利益受损，扭曲了正常的市场竞争秩序，违背正当市场竞争的应有之义。”①

4. 行业惯例（参见【名词解释】行业惯例）和公众利益。

（1）在“合一案”中，被告提到“广告过滤”的行业习惯问题，法院判决认为：“金山网络公司认为，浏览器中增加视频广告过滤功能属于行业惯例，故其行为具有合法性。对此，法院不予支持。首先，根据现有证据，一些浏览器确有过滤广告的功能，但该过滤功能均非针对视频广告。其次，无论其他企业的浏览器是否具有视频广告过滤功能，该情形与被诉猎豹浏览器开发及提供行为是否具有合法性均无必然联系。对于行为合法性的判断应以其是否违反了法律的相关规定为依据，不具有合法性的行为即便已被同行业广泛使用，亦不能据此而使其具有合法性。”②

在本案中，极科极客公司也提到“屏蔽视频广告是行业惯例”的问题，在一审判决中，法院认为：“互联网上确有其他具有屏蔽视频广告功能的软件存在，但其他同类软件的使用行为是否合法还有待判断，同类软件的存在及数量本身均不能自证其合法性，如某一行为被判定非法，该行为的普遍存在只能证明违法现象严重，而不能以‘行业惯例’为由推论该非法行为因此合法。”在二审判决中，未就行业惯例作出审理说明，也就是同样没有得到法院的支持。

（2）在“合一案”中，被告抗辩称其行为有利于公众利益，法院审理则认为：“金山网络公司及金山安全公司开发并提供被诉浏览器的行为并非基于公益目的。被诉浏览器的视频广告过滤功能虽然满足了部分用户需求，但在客观上并不利于社会公共利益，反而会使用户付出更高的代价，影响视频网站行业的发展。”“就短期来看，视频网站的主要商业模式可能因此而产生变化，从而对用户利益产生影响。”“目前，视频网站的商业模式主要包括两种：①免费视频加广告模式；②收费模式。其中，免费视频加广告的模式是视频网站最为主要的商业模式。在这一模式下，用户需要支付一定时间成本观看广告，但无须支付经济成本。因为视频网站之所以允许用户免费观看视

① 张钦坤、刘一娜：《腾讯法律评论 | 浅析屏蔽视频网站广告行为的违法性》，2015年10月16日。

② 来源：http://bmla.chinalawinfo.com/newlaw2002/slc/slc.asp?db=fnl&gid=121744571。

频，并非视频网站不具有营利目的，而是因为广告收入可以在相当程度上抵消网站购买视频的费用以及其他经营成本。因此，如果法院对于提供具有视频广告过滤功能的猎豹浏览器的行为合法性予以确定，则很可能意味着视频网站难以获得广告收入，从而使得其主要商业模式由免费视频加广告变为收费模式。这一变化将使得用户观看视频所支付的对价由原来的可选择性地支付时间成本或经济成本变为只能支付经济成本，这一变化很难说对用户有利。”

在本案中，二审判决认为：“极科极客公司的这一行为近期看会使网络用户欣赏影片时不再需要观看广告，对于网络用户是有‘利’的。但是，失去了广告收入这一主要盈利点的爱奇艺公司等视频网站必将难以支付高额的版权支出，网络用户将会失去该经营模式的消费体验，广大网民的利益必将受到影响。”

在有先例判决的情形下，极科极客公司的行为和抗辩理由应当能够判断裁判的结果。

5. 本案双方当事人爱奇艺公司和极科极客公司高层的不同看法。

极科极客公司总裁李恺在接受《中国知识产权报》记者采访时表示，应当允许互联网生态的多样化。采用某种技术或者商业模式，并不一定意味着它必须比现有技术反映出更好的结果，而是源于技术本身的谦让性，即采用一种技术的同时，允许探索和推进其他技术。视频广告技术的存在并不意味着其必须持续处于独占或垄断地位，不能被任何技术手段所取代。屏蔽视频广告技术与智能路由器结合，只是用户多了一项选择功能，能够增强用户体验，进而促进整个网络行业的发展。李恺认为，“极路由”为网民提供多元化的功能选择，迎合了不同网民的个性化需求，是一种前所未有的技术革新，这一创新性的技术产品极大地便利了公众，深受相关公众喜爱，理应受到尊重、保护与推崇，而不是如爱奇艺所为，因为自身某种程度的利益受损，而对新型的技术产品进行打压和排斥。[①]

爱奇艺公关总监冻千秋在接受《法治周末》记者采访时则表示：“爱奇艺成立之后，一直引领着视频行业往正版、高清内容方向发展，并花费重金购买版权内容，‘免费观看广告’是视频网站的主要盈利模式，不管是浏览器还是新兴的硬件尝试，屏蔽广告都从根源上伤害了视频网站的利益。‘我们无法容忍这种伤害行为，因此从爱奇艺自身和对行业发展的保护两个方面对极路由提出诉讼。’阿里高级法务专家吕长军也告诉《法治周末》记者：‘屏蔽广告行为危害了视频网站经营模式的运行，减少了爱奇艺增值业务交易机会和

① 来源：http：//www.wtoip.com/news/a/20141225/7891.html。

广告收益。’”[①]

“极科极客 CEO 王楚云认为：‘去广告无疑是极路由众多功能插件中的一大亮点，这也是用户自行的选择。’王楚云告诉法治周末记者，‘极路由的出发点是在路由器上面打造出一个类似于 PC 级别的平台，第三方开发者可以在上面做各种程序和功能，以此把硬件能力较大地开发出来，并不是说有意去伤害谁。’据王楚云介绍，屏蔽视频网站广告的插件一方面是由第三方开发者上传，另一方面除了这一插件，极路由平台上还有包括游戏加速、视频加速等其他多种插件，此外究竟要使用哪一款插件，也是用户自行去选择的。因此，在王楚云看来，极路由此次被判不正当竞争难免有些冤枉。王楚云在接受采访的过程中表示，‘我们的过失是可能没有做好一些监管’。”[②]

“不过冻千秋却并不这么认为，他告诉记者，极路由称‘屏蔽视频广告插件’只是极路由平台众多插件中的一款，并且由第三方开发；事实上，经过法院认定，现有的证据表明，极路由是‘屏蔽视频广告’插件的开发者、上传者，并且在产品的宣传上，极路由也一直将屏蔽视频网站广告功能作为产品的主要卖点。显然，极路由在为自己的侵权行为找借口，不愿意承担法律责任，而将问题归咎于第三方。”[③]

其实，无论在同行业中还是不同行业的专业领域中，不损害他人利益都是做事的基本前提。彼此之间“相爱没有那么容易，每个人都有他的脾气……”但是“脾气”中的坚持“自我”从来不是针对他人，而是“勉励+克制”自己的。

【名词解释】

1. “极路由”路由器。

路由器（Router，又称路径器）是一种计算机网络设备，它能将数据包通过一个个网络传送至目的地（选择数据的传输路径），这个过程称为路由。路由器就是连接两个以上网络的设备，路由工作在 OSI 模型的第三层——网络层，如网际协议（Internet Protocol，IP）层。

“极路由”[④]是极科极客公司开发的高速智能无线路由器的名称，其标识为“HIWIFI”。

---

① 来源：http://blog.sina.com.cn/s/blog_131dd0bdd0102v9h9.html。

② 来源：http://blog.sina.com.cn/s/blog_131dd0bdd0102v9h9.html。

③ 来源：http://blog.sina.com.cn/s/blog_131dd0bdd0102v9h9.html。

④ 来源：http://baike.so.com/doc/6994557-7217431.html。

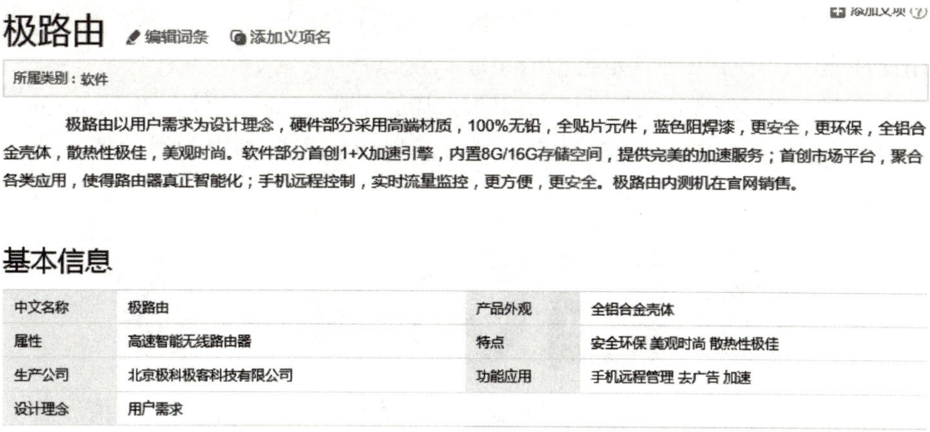

添加义项

极路由 编辑词条 添加义项名

所属类别：软件

极路由以用户需求为设计理念，硬件部分采用高端材质，100%无铅，全贴片元件，蓝色阻焊漆，更安全，更环保，全铝合金壳体，散热性极佳，美观时尚。软件部分首创1+X加速引擎，内置8G/16G存储空间，提供完美的加速服务；首创市场平台，聚合各类应用，使得路由器真正智能化；手机远程控制，实时流量监控，更方便，更安全。极路由内测机在官网销售。

基本信息

中文名称	极路由	产品外观	全铝合金壳体
属性	高速智能无线路由器	特点	安全环保 美观时尚 散热性极佳
生产公司	北京极科极客科技有限公司	功能应用	手机远程管理 去广告 加速
设计理念	用户需求		

图片来源：http：//baike.so.com/doc/6994557-7217431.html。

2. 网络视频。

网络视频，是指由网络视频服务商提供的、以流媒体为播放格式的、可以在线直播或点播的声像文件。网络视频一般需要独立的播放器，文件格式主要是基于P2P技术占用客户端资源较少的FLV流媒体格式。[5]网络视频是指以电脑或者移动设备为终端，利用QQ、MSN等IM工具，进行可视化聊天的一项技术或应用。

本案爱奇艺公司在其网站（www.iqiyi.com）上所做的公司介绍中称："爱奇艺，中国视频行业领先者。2010年4月22日正式上线，秉承'悦享品质'的品牌口号，积极推动产品、技术、内容、营销等全方位创新，为用户提供丰富、高清、流畅的专业视频体验，致力于让人们平等、便捷地获得更多、更好的视频。"[6]

3. 屏蔽视频广告插件。

"屏蔽"一词有三个含义，一是"像屏风似的遮挡着"；二是"屏障"；三是"在无线电技术中，常用金属网或金属盒等导体与地线相连，把电子设备、泄露源等包围封闭起来，以避免外来电磁波干扰或内部产生的高频信号辐射，这种方法叫屏蔽。"[7]

插件（Plug-in，又称addin、add-in、addon或add-on，又译外挂）是一种遵循一定规范的应用程序接口编写出来的程序。其只能运行在程序规定的系统平台下（可能同时支持多个平台），而不能脱离指定的平台单独运行。因为插件需要调用原纯净系统提供的函数库或者数据。很多软件都有插件，插

---

⑤ 来源：http：//baike.so.com/doc/5714217-5926943.html。

⑥ 来源：http：//www.iqiyi.com/common/aboutus.html。

⑦ 中国社会科学院语言研究所词典编辑室编：《现代汉语词典》，商务印书馆2014年3月第501次印刷，第1004页。

件有无数种。例如，在IE中，安装相关的插件后，WEB浏览器能够直接调用插件程序，用于处理特定类型的文件。[①]

目前，大部分视频网站是以Flash形式播放视频，Flash插件，如Adobe&reg，Flash&reg，Player Plugin。在客户端则可以选择使用各种视频播放器，如下图标：

因此，可以认为插件是针对特定对象开发的程序，且在该特定情形发生时产生效用。比如，适用于网页、音频、视频等的插件。插件可以实现很多方便使用者的功能，完善软件的效能，如自动保存、自动检索等。

本案中，极科极客公司的屏蔽视频广告插件作用于视频广告，且适用众多视频网站，爱奇艺公司的视频网站只是其一，所以才出现“原审法院向极科极客公司送达行为保全申请书3日后，极路由云平台上的‘屏蔽视频广告’插件即不再屏蔽爱奇艺网站视频的片前广告，但仍可屏蔽其他网站视频的片前广告”的情形。但是，插件的介入一方面要有利于用户，另一方面不得损害或者干扰他人。

4. “OpenGG”。

2017年1月5日，笔者在360百科搜索“OpenGG”，出现以下页面：

2013年3月18日，“创见”网站（http://tech2ipo.com/）发布了以下信息：《视频网站去广告插件Opengg停止更新》[②]，并转发了作者博客原文《理想

① 来源：http://baike.so.com/doc/1483288-1568456.html。

② 来源：http://tech2ipo.com/58530。

是如何失去的》，署名是“鲁夫的爱”，原文大意是：此刻我的心情很复杂也很难过，player.opengg.me 在国内的访问情况持续恶化。在过去的几天里我与许多用户一起追踪路由，也无法定位到问题点，我想请各位原谅我，俗务缠身的我也实在没心情继续坚持了。我不想再如祥林嫂一样抱怨我所遇到的困难，最深的痛是说不出来的。……就让它默默地随风去吧。[①] 关于“鲁夫的爱”其人的自我描述是“About me/ 关于本人 SJTU，Male，Post-90’s，Straight，Available，Nerd，Not a geek（yet），Google fan。交大男，‘90 后’，直男，单身，宅男，渣技术，谷粉，可摘”。

在本案中，“OpenGG”是个神秘“人物”，极科极客公司主推其存在，该人在极科极客公司“管理疏漏”的情况下，研发并上传了涉案的“屏蔽视频广告”插件。法院并不需要查证该人是否存在，而是审理极科极客公司是否知悉并推出涉案“屏蔽视频广告”插件，主观上是否存在过错。

对于法院欲查明的事实，极科极客公司的回答比较模糊：（1）在原审庭审过程中，合议庭问及“屏蔽视频广告”插件描述页面显示的“应用作者 OpenGG”的身份，极科极客公司称“不清楚”。（2）原审法院庭审过程中，合议庭询问极科极客公司：“如果这个插件是第三方开发的，为什么爱奇艺起诉你们、申请行为保全后，这个插件就只停止屏蔽爱奇艺网站的视频广告，不停止屏蔽其他视屏网站的视频广告？插件开发者的立场和被告诉讼立场完全一致，被告有什么解释吗？”极科极客公司答复称“不清楚”。结合案件查明的其他事实，法院认为极科极客公司明知并推出涉案“屏蔽视频广告”插件主观上具有过错。

5. 行业惯例。

行业惯例（Usage of the Particular Trade）是特定行业中经过长期业务活动而形成的一些通用习惯规则。[②] 这些惯例可能是行业中长期形成的成文的规则，也可能是不成文的通行做法；通用于全行业，也可能是在特定事项、特定交易、特定情形中起作用。根据我国《合同法》第六十条[③] 的规定，交易习惯即属于行业惯例的一种。

在本案中，被告认为研发屏蔽广告插件是行业惯例。

6. 技术中立原则。

技术中立原则并不是我国法律上的概念，它来源于美国的判例法。是 1984 年美国最高法院在“环球电影制片公司诉索尼公司案”中确立的，也被称为“索尼标准”或“索尼原则”。根据该原则，如果产品“能够具有实质性

---

① 来源：http://opengg.me/。

② 来源：http://baike.so.com/doc/3756137-3945963.html。

③《合同法》第六十条：当事人应当按照约定全面履行自己的义务。当事人应当遵循诚实信用原则，根据合同的性质、目的和交易习惯履行通知、协助、保密等义务。

的非侵权用途"，即使制造商和销售商知道其设备可能被用于侵权，也不能推定其故意帮助他人侵权并构成"帮助侵权"。技术中立，意味着实施侵害的主体另有第三方，但实施侵害的行为却发生在技术持有者的产品上。在我国知识产权案件中，一旦技术持有者作为被告，会拿"技术中立"作为抗辩理由，以图法院能够判令被告免负侵权法律责任。[①]

在本案中，技术中立原则是在评价行为者的行为及其表现后，用以认定事实中适用的。

【焦点评析】

1. 经营者、竞争关系和市场竞争原则。

（1）经营者。经营有两个含义：一个含义是"筹划、组织并管理"；另一个含义是"指商业、服务业出售某类商品或提供某方面的服务"[②]。《反不正当竞争法》（1993 年）第二条"是指从事商品经营或者营利性服务（以下所称商品包括服务）的法人、其他经济组织和个人。"

《反不正当竞争法》是 1993 年颁布的，对于其中经营者的理解和法律适用，在近 10 年中其外延和内涵均有很大的扩展。但这并不是法律规定的，而是顺应千变万化的市场竞争态势予以调整的。目前，有许多地方性法规，对《反不正当竞争法》（1993 年）第二条的"经营者"扩展补充，比如："凡在本市从事商品生产、销售或者营利性服务（以下所称商品包括服务）的法人、其他经济组织和个人（以下统称经营者），以及从事行政管理的有关行政机关和授权组织，必须遵守本条例。""在本省行政区域内从事商品经营和营利性服务的经营者，必须遵守本条例。经营者以外的组织和个人，从事与市场竞争有关活动，也必须遵守本条例。"[③]"凡在本省行政区域内从事商品经营或者营利性服务（以下所称商品包括服务），以及其他从事与市场竞争有关活动的法人、组织、个人（以下统称经营者），必须遵守本办法。"[④]

在本案中，极科极客公司上诉称："上诉人与被上诉人分属不同的行业领域，在主营业务、销售模式以及目标顾客等方面存在明显差异，从身份上两者根本不存在竞争问题……"极科极客公司的本意可能是说经营的业务不同，但恰好用了"身份"两个字，意思就变成了经营者身份不同，一审判决认为："判断一个民事主体是否属于《反不正当竞争法》规定的'经营者'，以及经营者之间是否存在'竞争关系'，均不应以身份为标准，而应着眼于行为；不

① 来源：http://news.163.com/16/0808/01/BTTLDNUU00014AED.html。

② 中国社会科学院语言研究所词典编辑室编：《现代汉语词典》，商务印书馆 2014 年 3 月第 501 次印刷，第 683 页。

③《河南省反不正当竞争条例》第二条。

④《山东省实施〈中华人民共和国反不正当竞争法〉办法》第二条。

应从主营业务或所处行业出发界定其身份，而应从具体行为出发，判断其行为是否具有经营性、竞争性。”经营者身份严格讲不存在差异性，即使存在差异性，也只是在法人、经济组织、个体工商户等法律定性上作出区分。

（2）竞争关系。竞争关系包括事实上的竞争关系和行为结果所导致的竞争关系。无论何种类别，《反不正当竞争法》在法律规制中都要面对两个问题：

第一，《反不正当竞争法》规制的不正当竞争行为是以市场参与者之间必须存在竞争关系甚或同业竞争为前提；

第二，《反不正当竞争法》规制的不正当竞争行为的构成是以营利目的为要件，营利目的包括现实利益或未来利益等。

一方面，从《反不正当竞争法》（1993 年）第二条的规定来看，竞争关系并不是不正当竞争行为的构成要件，即使不存在竞争关系，只要是违反了法律的规定，介入到市场活动中，损害到其他经营者的合法权益，扰乱到经济市场秩序就属于不正当竞争的行为。

另一方面，是否以营利为目的并不是绝对的，如即使披露商业秘密并不能带来任何利益的情况下，披露人也可能构成侵犯商业秘密，而披露人也并非属于市场经营者的范畴。

至于是否具有合法的经营资格是国家行政管理的范畴，只要其在市场交易活动中违反了《反不正当竞争法》同样应当受到规制，只要从事市场交易活动，即使不是工商部门登记注册的机构、组织，也应当具有同等的参与公平、正当竞争的权利，并承担不正当竞争的法律责任。

一审判决认为：本案被控不正当竞争行为是极科极客公司综合利用“屏蔽视频广告”插件和“极路由”路由器屏蔽爱奇艺网站视频的片前广告，此行为必将吸引爱奇艺网站的用户采用上述方法屏蔽该站视频的片前广告，从而增加极科极客公司的商业利益，减少爱奇艺公司的视频广告收入，导致爱奇艺公司和极科极客公司在商业利益上此消彼长，使本不存在竞争关系的爱奇艺公司与极科极客公司因此形成了竞争关系。

二审判决认为：在传统经济模式下，经营者在针对同一商品或者服务领域的竞争应当认定两者存在竞争关系，进而适用《反不正当竞争法》。在新的经济模式下，只要双方在最终利益方面存在竞争关系，亦应认定两者存在竞争关系，适用《反不正当竞争法》。

（3）市场竞争原则[①]。从各国的反不正当竞争法来看，一般条款都存在过于抽象的问题，只是各国立法时所确定的核心价值观并不完全一致，也就是说其规范的侧重有所不同。

---

① 张黎、李雪宇、张凤书：《反不正当竞争法修订课题报告》。

美国以“交易秩序和公平交易”为核心；俄罗斯以“公正合理性”为核心；《反不正当竞争示范法》以“诚实”为核心……但实际上竞争法的本质是一样的，原则上都具有以下的国际变化和趋势：为违反诚实信用和善良风俗确定了标准；增加了经营者的职业勤勉义务[①]；突破了以竞争为目的或者存在竞争关系的限制。我国《反不正当竞争法》（1993 年）第二条是市场参与者进行市场活动所遵循的原则。

市场竞争原则是社会共同价值观的体现，立法确定是国家意志的体现。社会、经济、技术的发展、政策影响都会改变市场竞争规则，从竞争法律的本质和形式而言，基础价值观是不变的，但是对于某种行为的评断可能会因各国公序良俗的差别和时代的进步而有所不同。我国《反不正当竞争法》的“自愿、平等、公平、诚实信用”的原则，遵守“公认的商业道德”均属于基础规则，其重点在于适用时所评断的标准和界定。

应该首先确认市场参与者在市场竞争原则下的“市场活动”（包括所有的生产、销售和服务活动），并不应以具有直接竞争关系和营利与否为标准这一基本前提。

在现代社会中，竞争不仅仅发生在同行业为追求市场利益最大化的领域中，而是向地域、时间、同类产品或服务等各个方面延伸。传统产业与互联网技术的融合、产品的多样化和功能的增加也模糊了同类行业的概念。因此，“正确理解反不正当竞争法上的竞争关系，凡是参与市场经济活动、受到他人不正当竞争行为影响的竞争者，均可认定存在竞争关系，不以直接竞争关系为限”。

一审判决认为：

判断一个民事主体是否属于《反不正当竞争法》规定的“经营者”，以及经营者之间是否存在竞争关系，均不应以身份为标准，而应着眼于行为；不应从主营业务或所处行业出发界定其身份，而应从具体行为出发，判断其行为是否具有经营性、竞争性。在互联网时代，判断经营者之间有无竞争关系，应着眼于经营者的具体行为，分析其行为是否损害其他经营者的竞争利益。本案被控不正当竞争行为是极科极客公司综合利用“屏蔽视频广告”插件和“极路由”路由器屏蔽爱奇艺网站视频的片前广告，此行为必将吸引爱奇艺网站的用户采用上述方法屏蔽该站视频的片前广告，从而增加极科极客公司的商业利益，减少爱奇艺公司的视频广告收入，导致爱奇艺公司和极科极客公司在商业利益上此消彼长，使本不存在竞争关系的爱奇艺公司与极科极客公司因此形成了竞争关系。极科极客公司以双方所处行业不同为由否认具有竞争关系，依据不足，法院不予采信。

---

① 参见：《德国反不正当竞争法》和《欧盟不公平商业行为指令》。

二审判决认为：

在传统经济模式下，同业经营者的范围仅限于经营者在针对同一商品或者服务领域的竞争。但是，随着社会经济的迅速发展进步，尤其是随着互联网行业的出现和蓬勃壮大，出现了不同于传统经济模式的双边市场。以本案为例，爱奇艺公司作为一家典型的视频播放平台的经营者，其以通过版权交易和技术手段向广大网民免费提供视频节目的播放服务，同时以网民观看视频节目同时收看的广告数量向广告主收取广告费，以此维系其版权交易和技术服务的支出，进而实现盈利。从表面上看，其视频播放服务是免费的，但其广告收入的多少取决于参与收看其视频节目的网民数量及次数。《反不正当竞争法》的立法目的在于保障社会主义市场经济健康发展，鼓励和保护公平竞争，制止不正当竞争行为，保护经营者和消费者的合法权益。在传统经济模式下，经营者在针对同一商品或者服务领域的竞争应当认定两者存在竞争关系，进而适用《反不正当竞争法》。在新的经济模式下，只要双方在最终利益方面存在竞争关系，亦应认定两者存在竞争关系，适用《反不正当竞争法》。本案中，极科极客公司所经营的是路由器硬件的生产和销售及后续网络服务领域，爱奇艺公司所经营的是视频分享网站领域，两者看似并非同业。但是，两者经营成败的核心利益都在于网络用户的数量，当其中一方利用他人的竞争优势或以使用影响他人经营模式等不正当手段增加自身网络用户时，因该行为必然会使他人网络用户减少，从而两者在各自最终的核心利益，即网络用户的争夺方面，会产生直接影响，在此基础上，双方构成竞争关系。

2. “屏蔽视频广告”行为正当与否的法律认定。

制止不正当竞争行为是《反不正当竞争法》的主旨和精髓，也是法律修订的基本出发点和落脚点。其根本性质在于不是禁止竞争行为，而是禁止不正当竞争行为，其中也包括限制竞争行为。在宏观经济层面上，一切反竞争行为对经济都是有害的，出于公共政策的原因，都应该予以禁止。在微观经济层面上，不公平竞争行为是对公平竞争的扭曲，应当受到市场竞争者的反对。

有些专家认为，不正当竞争可以大致归纳为：傍靠、欺骗、排挤三项。我国现行的《反不正当竞争法》规定的六类行为中，基本可以按照上述三项予以分类。

在法律适用上，《反不正当竞争法》规制的主体范围覆盖市场交易的全部参与者。

（1）世界各国对于合法、正当的竞争都给予鼓励和支持。合法、正当的竞争即使给他人造成损失，也属于正常的经济竞争，并不违反法律规定。只有违背公平竞争原则、妨碍社会经济秩序、损害其他市场参与者和消费者合法权益的不正当竞争行为与法律明确规定的限制竞争行为才受到法律的规制。

但是，不正当性以何为标准？到什么程度就必须要予以制止或处罚？

例如：德国《反不正当竞争法》（2004 年）第三条规定："不正当竞争行为，如足以损害竞争者、消费者或其他市场参与人而对竞争造成并非轻微的破坏的，则是非法的。"

从德国关于反不正当竞争的规定可以作出分析，不正当性必须要达到法定的标准或者法定的损害后果。也就是我国最高法提出的不制止不足以维护公平竞争秩序的情况下，才可以适用原则规定予以禁止。其评判标准正如我国最高检原检察长曹建明在《全面加强知识产权审判工作位建设创新型国家和构建和谐社会提供强有力的萨法保障》中所说："……对于法律没有明文禁止的行为，主要根据行为的目的是否正当、是否损害社会公共利益和他人合法权益以及是否符合相关政策导向等，进行正当性判断，以此决定是否合法。"

（2）不正当竞争行为以专门条款规定。不正当竞争行为以专门条款规定：包括禁止仿冒行为、禁止贿赂方式经营、禁止虚假广告、禁止侵犯商业秘密、禁止有奖销售、禁止损害商誉六项；限制竞争行为同样以专门条款规定：包括禁止垄断经营、禁止权力经营、禁止倾销、禁止搭售、禁止串通招投标五项。其中有部分限制竞争行为已经由《反垄断法》规制，但仍然存在一些因其"具有相对优势地位"，而从事一些尚未触及《反垄断法》的、违背基本原则的行为。因此，在现有法律框架下，对于从事以下限制竞争行为的，也应当由《反不正当竞争法》予以规制，如拒绝交易、强制交易、限定交易、搭售等。

对《反不正当竞争法》的一般条款和专门条款的研究，各类观点比较多，主要集中在对于一般条款是否具有兜底功能和与专门条款的适用区别上。近年来，具有逐步趋向于我国《反不正当竞争法》（1993 年）第二条作为一般条款属于专门条款以外对不正当竞争认定的概括性规范。司法实践中对于新型的不正当竞争行为、没有专门条款制约的，大部分也是以第二条作为兜底条款予以适用。

从各国的反不正当竞争法来看，一般条款都存在过于抽象的问题，只是各国立法时所确定的核心价值观并不完全一致，也就是说其规范的侧重有所不同。比如，美国以"交易秩序和公平交易"为核心；俄罗斯以"公正合理性"为核心；世界知识产权组织国际局《反不正当竞争示范法》以"诚实"为核心；1896 年的德国以"善良风俗"为核心到 2004 年则以"不受扭曲的竞争利益"为核心……但实际上竞争法的本质是一样的。笔者认为，把单纯抽象的概括转变为抽象概括与尽量明确一般构成要件相结合固然不错，但是根据我国司法实践的惯性，这种结合未必能带来明晰、有效的认定，那么法律规则的可预期性依然是不稳定的。最高人民法院总结出来的裁判原则和经验，有利于目前的实际情况，并在今后一段时间内便于操作实施。①

在本案中，极科极客公司辩称其行为正当，没有主观恶意干扰他人的经营，其开发和使用技术，并无过错；该技术有利于公众，且是公众自行选择的结果。但是一审法院审查认为：

第一，极科极客公司明知“屏蔽视频广告”插件将直接干预并严重损害视频网站经营者的经营，而开发、上传、推荐并诱导用户安装“屏蔽视频广告”插件，明显具有过错。第二，对技术的使用不能突破法律限制，极科极客公司使用“屏蔽视频广告”插件直接干预爱奇艺公司正常经营，以吸引客户获取商业利益，违反了《反不正当竞争法》。第三，《反不正当竞争法》着眼于维护竞争秩序和竞争利益，并不要求受害者唯一或者特定。如果某一不正当竞争行为损害不特定经营者的合法利益，受损害的经营者均有权起诉。

极科极客公司的行为并未涉及专门条款的规定，而是极科极客公司为获取商业利益，利用“屏蔽视频广告”插件直接干预爱奇艺公司的经营行为，超出正当竞争的合理限度，损害了爱奇艺公司的合法利益，违反诚实信用原则和公认商业道德，构成不正当竞争。法院判决最终是以《反不正当竞争法》（1993 年）第二条认定其行为的不正当性，并适用第二条予以规制的。一审判决认为：“《反不正当竞争法》（1993 年）第二条第一款确属《反不正当竞争法》总则中的一般条款，如可以适用该法分则的具体条款，则不应适用一般条款。但是，自 1993 年《反不正当竞争法》制定至今，已经二十余年。过去的二十年间，我国市场经济发展突飞猛进，竞争形态日新月异。对于立法时未预见到的新型不正当竞争行为，如《反不正当竞争法》分则无对应具体条款，可以而且应当适用一般条款予以调整。”

3. 极科极客公司的“任性”错在哪里。

极科极客公司之所以认为其行为符合公众利益，是公众自行选择的结果，是因为极科极客公司利用了公众回避广告的心理，广义而言，也是“潜在的市场需求”。曾经有人将电视剧中的广告调侃为“在广告中插播电视剧”。一种公众心理或者情绪需求被放大为群体的喜好或者厌恶时，任何以技术创新作借口的行为都会得到响应和追捧。在现今社会中，不乏而且泛滥的就是对于消费者本性之源的诱导，如折扣、返券……正如面对快播案有人说，“对于色情制品的需求，来源于人类的本性深处。但是，本能和私欲即使有合理性，也不是绝对的，对私欲的满足更不是毫无边界的。即使是在色情制品可以合法出售的国家，为了规避其负面影响，也有一套明确的分级制度。快播的存在恰恰模糊了这种规则。即使色情并非原罪，但泛滥后的危害远不是‘看了几部片’能概括的。从这个意义上说，此次宣判，对于如今大量正在‘野蛮

① 张黎、李雪宇、张凤书：《反不正当竞争法修订课题报告》。

生长’，只管满足私欲不管后果和影响的互联网企业来说，也是一次深刻的警醒。”①

行使权利的同时，不得妨碍他人的权利行使，应该是社会的共识，是市场竞争者的“惯例”。在有“合一案”的前提下，极科极客公司的被诉，不是众说的所谓“跨界”的特殊案例，也不是法律界认为的“竞争秩序尚在形成中，处于形成阶段”，而是过分看重自我权利的结果。“我的地盘我做主”可以是时尚的宣言，但是在市场竞争中，“我的任性不跨界”才是应该被尊重的。

4. 市场参与者的广告宣传要真诚、合理、适度。

在本案中，爱奇艺公司向法庭提交的证据以及法院的判定，均以极科极客的宣传有关。

加V认证的极路由官方微博（新浪微博）“极路由V”2014年8月22日发布的消息：“EnfoDesk易观智库最新发布的《中国家用智能路由器市场季度监测报告2014年第2季度》显示，第2季度中国家用智能路由器市场总销量为542002台。其中极路由以64.3%的份额位列榜首，感谢极蜜们一路支持！”消息下方转发有该条新闻原文及统计图。……（以下略，请参见判决书）。

法院在肯定极科极客公司“积极向本院提供财务证据的行为值得肯定”的同时，认为：“极科极客公司的财务证据与其广告宣传证据严重不符，即使企业前期尚处于亏损阶段，但是其对外宣传存在相当的客户群和盈利空间，该夸大宣传甚至虚假宣传的用意在于其试图利用广告宣传行为谋取潜在的市场利益，原审法院将广告宣传数量作为损害赔偿的证据考量并无不当，极科极客公司宜在今后的广告行为中遵守我国广告法的相关规定，合法经营，诚实宣传。”不得不说，宣传和实际财务账目的核算确实出入很大，其实，亏损是可能存在的，因为夸大宣传很可能是为了挽回亏损，如何考察和平衡这个问题，考量的不是当事人提供证据的技巧，而是法官权衡和认定事实的能力，是法院基于案件事实所导向的司法价值观的裁判。本案再次给市场参与者一个重要的警示，就是宣传在“宣传”的范围内，任何行为表示都可能成为“呈堂证供”。

【总体评价】

1. 事实部分。

本案事实清楚，对于某一行为所表现出来的事实认定具有充分的证据证明。

---

① 来源：http://news.ifeng.com/a/20160914/49968410_0.shtml。

2. 法律适用。

利用技术手段屏蔽或过滤广告，本案不是第一例。本案法律适用准确。

3. 对于赔偿数额的认定，具有指导性。

首先，裁判文书肯定了极科极客公司提供财务证据的行为。在判决中肯定某种行为不是第一次，但肯定提供财务证据，大约是第一次。尤其是近一两年来，法院裁判文书评价某种行为，给予批评或者肯定越来越多。应当说法院尤其是知识产权法院力求通过这种方式引导和确立当事人及代理人在诉讼中的“行为准则”，是指导和规范当事人及代理人诉讼行为的切实举措。

其次，赔偿数额与宣传幅度实际挂钩，警示市场参与者对于自我宣传，应当同样遵循诚实信用的原则。宣传并非不能有所夸大，但是要基于基本的事实，宣传的界限如何掌控，还是取决于当事人自己对商业道德的认知，以及在行为及行为表现和行为后果上自我权衡的能力。培养“合格”的市场参与者是建立市场有序、规范竞争的前提，其实并非法院的义务，但现今还是需要通过实际判例给出相应的司法指导。

【案例规则】

1. 当普遍存在的“行业惯例”具有不正当性时，不能为裁判所认可。

2. 行为必须以某种形式予以表现，通过对行为表现的审查，可以认定行为的性质。

3. 互联网案件的赔偿数额，应当综合考虑现值盈亏、用户群增减等具有互联网经营特殊性等因素予以认定。

吴广侵犯商业秘密罪案①

张　耀②

一、案例基本信息

案例类型	商业秘密　不正当竞争　刑事案件
案例名称	吴广侵犯商业秘密罪案
裁判文书	一审：上海市浦东新区人民法院（2012）浦刑（知）初字第42号《刑事判决书》 二审：上海市第一中级人民法院（2013）沪一中刑（知）终字第10号《刑事判决书》
合议庭成员	一审：审判长陈惠珍、代理审判员叶菊芬、人民陪审员盛美芬 二审：审判长唐震、代理审判员叶茵茵、代理审判员胡健涛
公诉机关	上海市浦东新区人民检察院
二审检察机关	上海市人民检察院第一分院
被告人	吴广
被害单位	辉瑞公司（PFIZER INC.） 上海药明康德新药开发有限公司
上诉人	吴广
裁判日期	一审：2013年10月22日 二审：2014年7月24日

① 本案为2016年最高人民检察院《依法惩治侵犯商业秘密犯罪　加大对侵犯商业秘密犯罪的打击力度》发布的保障和促进科技创新十大典型案例之案例三。

② 张耀，天津耀达律师事务所，高级合伙人。

续表

一审判决结果	一、被告人吴广犯侵犯商业秘密罪，判处有期徒刑三年六个月，罚金人民币十万元（刑期从判决执行之日起计算，判决执行以前先行羁押的，羁押一日折抵刑期一日，即自2012年8月8日起至2016年2月7日止；罚金自判决生效后一个月内向本院缴纳）。 二、扣押的移动硬盘一块予以没收
二审判决结果	驳回上诉，维持原判
涉案法律、法规和解释	一审、二审： 《中华人民共和国刑法》第二百一十九条①第一款第（一）、（二）项、第六十七条②第三款、第五十二条③、第五十三条④、第六十四条⑤

① 《刑法》第二百一十九条：有下列侵犯商业秘密行为之一，给商业秘密的权利人造成重大损失的，处三年以下有期徒刑或者拘役，并处或者单处罚金；造成特别严重后果的，处三年以上七年以下有期徒刑，并处罚金：（一）以盗窃、利诱、胁迫或者其他不正当手段获取权利人的商业秘密的；（二）披露、使用或者允许他人使用以前项手段获取的权利人的商业秘密的；（三）违反约定或者违反权利人有关保守商业秘密的要求，披露、使用或者允许他人使用其所掌握的商业秘密的。

明知或者应知前款所列行为，获取、使用或者披露他人的商业秘密的，以侵犯商业秘密论。

本条所称商业秘密，是指不为公众所知悉，能为权利人带来经济利益，具有实用性并经权利人采取保密措施的技术信息和经营信息。

本条所称权利人，是指商业秘密的所有人和经商业秘密所有人许可的商业秘密使用人。

② 《刑法》第六十七条：犯罪以后自动投案，如实供述自己的罪行的，是自首。对于自首的犯罪分子，可以从轻或者减轻处罚。其中，犯罪较轻的，可以免除处罚。

被采取强制措施的犯罪嫌疑人、被告人和正在服刑的罪犯，如实供述司法机关还未掌握的本人其他罪行的，以自首论。

犯罪嫌疑人虽不具有前两款规定的自首情节，但是如实供述自己罪行的，可以从轻处罚；因其如实供述自己罪行，避免特别严重后果发生的，可以减轻处罚。

③ 《刑法》第五十二条：判处罚金，应当根据犯罪情节决定罚金数额。

④ 《刑法》第五十三条：罚金在判决指定的期限内一次或者分期缴纳。期满不缴纳的，强制缴纳。对于不能全部缴纳罚金的，人民法院在任何时候发现被执行人有可以执行的财产，应当随时追缴。由于遭遇不能抗拒的灾祸缴纳确实有困难的，经人民法院裁定，可以延期缴纳、酌情减少或者免除。

⑤ 《刑法》第六十四条：犯罪分子违法所得的一切财物，应当予以追缴或者责令退赔；对被害人的合法财产，应当及时返还；违禁品和供犯罪所用的本人财物，应当予以没收。没收的财物和罚金，一律上缴国库，不得挪用和自行处理。

续表

涉案法律、法规和解释	《最高人民法院、最高人民检察院关于办理侵犯知识产权刑事案件具体应用法律若干问题的解释》第七条[①]第二款； 《中华人民共和国刑事诉讼法》（2012年）第二百二十五条[②]第一款第（一）项
裁判要点	披露行为导致化合物分子结构式被公众所知悉，给权利人造成的损失可根据权利人研发过程中支出的成本来计算，研发过程可包括结构式的设计、合成验证、重复合成等阶段

二、案例综述

【起诉书指控】

2012年9月26日，上海市浦东新区人民检察院提起公诉称：

1. 2010年9月至10月，被告人吴广利用其在上海药明康德公司担任合成研究员的工作便利，先后数次采用拆换其他研究人员办公用保密电脑硬盘的方法，窃取上海药明康德公司为辉瑞公司研发的资料，其中包括化合物结构式及其合成信息。

2011年3月至6月，被告人吴广将窃取的新型化合物结构式中的89个结构式在互联网上公开披露。

2. 吴广被警方抓获到案后如实供述了上述犯罪事实。

3. 辉瑞公司的89个结构式及相应的合成信息构成商业秘密，吴广的披露行为导致该些结构式不能申请专利，使得被害单位辉瑞公司及上海药明康

① 《最高人民法院、最高人民检察院关于办理侵犯知识产权刑事案件具体应用法律若干问题的解释》（法释〔2004〕19号）第七条：实施刑法第二百一十九条规定的行为之一，给商业秘密的权利人造成损失数额在五十万元以上的，属于“给商业秘密的权利人造成重大损失”，应当以侵犯商业秘密罪判处三年以下有期徒刑或者拘役，并处或者单处罚金。

给商业秘密的权利人造成损失数额在二百五十万元以上的，属于刑法第二百一十九条规定的“造成特别严重后果”，应当以侵犯商业秘密罪判处三年以上七年以下有期徒刑，并处罚金。

② 《刑事诉讼法》（2012年）第二百二十五条：第二审人民法院对不服第一审判决的上诉、抗诉案件，经过审理后，应当按照下列情形分别处理：

（一）原判决认定事实和适用法律正确、量刑适当的，应当裁定驳回上诉或者抗诉，维持原判；

（二）原判决认定事实没有错误，但适用法律有错误，或者量刑不当的，应当改判；

（三）原判决事实不清楚或者证据不足的，可以在查清事实后改判；也可以裁定撤销原判，发回原审人民法院重新审判。

原审人民法院对于依照前款第三项规定发回重新审判的案件作出判决后，被告人提出上诉或者人民检察院提出抗诉的，第二审人民法院应当依法作出判决或者裁定，不得再发回原审人民法院重新审判。

德公司的研发失去意义，因此所有的研发费用包括结构式的设计成本、合成费用等，都是被害单位的损失。鉴于结构式设计成本难以计算，而可以查明的损失仅为辉瑞公司支付给上海药明康德公司的合成费，该费用也已达人民币 2 686 103.43 元。

公诉机关认为，被告人吴广以盗窃方法获取权利人的商业秘密并非法披露，造成特别严重后果，其行为构成侵犯商业秘密罪，建议判处三年以上七年以下有期徒刑，并处罚金；因被告人吴广到案后如实供述自己的罪行，建议可以从轻处罚。

【证据情况】

1. 一审期间公诉机关出示的证据。

（1）施某、朱某、辛某、虞某、牟某、郑某、林某、王某、任某、符某、丁某等证人的证言笔录；

（2）上海药明康德公司报案材料、《主化学服务协议》、《主化学服务合同》、《劳动合同》、《雇员保密信息和发明转让协议》、关于吴广岗位职责的说明、（辞）离职手续办理确认书、上海市单位退工证明、上海药明康德公司计算机使用规程、（2011）沪闸证经字第 7809 号公证书、82 号结构式的合成费支付凭证财务账册、公安机关出具的案发经过、情况说明、被告人吴广的户籍信息等书证；

（3）扣押物品清单、上海市公安局物证鉴定中心鉴定书、“关于查找、打印涉案化合物实验报告的说明”等反映公安机关扣押及检查情况的书证；

（4）上信司鉴所出具的［2011］计鉴字第 032 号、033 号《司法鉴定意见书》、科技咨询中心出具的（2012）鉴字第 07 号《技术鉴定报告书》及于 2013 年 9 月 2 日就该鉴定出具的《补充说明》、鉴定人的质询意见、科技情报所出具的 2012210080123–124 号《知识产权检索报告》和 20131380JM 号《知识产权检索报告》、科技咨询中心出具的（2012）鉴字第 07–1 号《技术鉴定报告书》、科技咨询中心出具的（2012）鉴字第 07–2 号《技术鉴定报告书》、科技咨询中心出具的（2012）咨字第 06 号《咨询意见》、公信中南［2012］鉴字第 66 号《司法鉴定意见书》及《附件》等鉴定意见、技术鉴定报告书及补充说明；

（5）被告人的供述等证据。被害单位上海药明康德公司提交了无锡药明康德公司出具的说明，证明主服务合同项下订单的实际执行由上海药明康德公司等子公司完成。

2. 辩护人提交了如下证据。

（1）上海硅知识产权交易中心有限公司司法鉴定所出具的沪硅所［2013］鉴字第 0101 号《司法鉴定意见书》及《补充鉴定意见》，以证明在 2 号、5 号、6 号、27 号、30 号、35 号、51 号、56 号、57 号、61 号、62 号、69 号、

74 号、75 号、80 号共 15 个结构式中，吴广披露的 56 号、61 号结构式与辉瑞公司的对应结构式不具有同一性；5 号、6 号、75 号结构式中的双方检材均未体现手性中心的具体构型，既可能表示外消旋体，也可能表示合成了一种化合物但尚未知其手性，故不能明确是否具有同一性；30 号、62 号、74 号结构式是互变异构体，对应两种不同的物质，不具有同一性。

（2）有专门知识的人罗某的证言，其具备有机化学博士学位，现系中国科学院上海药物研究所研究员，其认为上述 15 对结构式中，5 号、6 号、75 号结构式中的双方检材均未体现手性中心的具体构型，既可能表示外消旋体，也可能表示合成了一种化合物但尚未知其手性，因此不能明确是否具有同一性；30 号、62 号、74 号结构式是互变异构体，对应两种不同的物质，不具有同一性。还提交了包括 28 号、29 号及 75 号化合物结构式的辉瑞公司在先公开的专利文件。二审期间，辩护人补充提交了来源于吴广移动硬盘（已被公安机关扣押）里的 7 份电子文档，均旨在证明上海药明康德公司是生产行为而非研发行为，由此产生的相关费用应该予以扣除。

3. 被害单位辉瑞公司及被告人吴广未提交证据。

一审法院查明的事实：

（1）无锡药明康德新药开发有限公司和上海药明康德公司先后与辉瑞公司签订协议，约定由上海药明康德公司根据辉瑞公司的订单提供合成化学服务，产生的知识产权归辉瑞公司所有，上海药明康德公司对相应信息负有保密义务。协议履行中，由辉瑞公司下达订单并提供部分结构式的合成路径建议，上海药明康德公司以该合成路径建议为基础或自行设计的合成路径进行具体的合成实验，最终向辉瑞公司交付实验报告和相应化合物。实验报告内容包括订单信息、是否可以合成目标化合物、合成的具体方法和过程等，报告上有“confidential”（即保密）字样。

（2）被告人吴广自 2008 年 3 月 18 日起在上海药明康德公司处工作，岗位为辉瑞项目组的合成研究员。吴广在受雇期间和以后，对公司的研究资料及公司从第三方处获得的保密或专有信息负有保密义务。上海药明康德公司的实验室设有门禁系统，规定员工只能使用自己的账号和密码登录工作用电脑，还对电脑的使用设置了一系列禁止性规定，包括：若非特殊需要不为电脑配备光驱和软驱，不开通 usb 接口；未经机主本人允许，不得擅自使用、移动或拆装他人计算机；员工不得将公司数据带出公司；严禁连接公司网络，下载公司内部资源信息等。

2010 年 9 月、10 月间，被告人吴广先后数次采用秘密拆换电脑硬盘的方式，窃取上海药明康德公司其他研究人员电脑中的相关研究材料，其中包括公诉机关指控的 89 个化合物结构式及合成过程信息。2010 年 10 月 16 日晚，吴广在窃取研究资料时被保安当场抓获。10 月 20 日，吴广办理离职手续，并书面确认离职后不向任何人透露其知悉的公司或其客户的任何商业秘密。

2011年3月2日和11日，吴广将其窃取并编辑整理的化合物结构式，以当时尚未成立的上海艾娜科生物医药科技有限公司（以下简称艾娜科公司）的名义，在SciFinder和ACDFIND数据库及艾娜科公司的网站上公开披露，其中包括公诉机关指控的89个化合物结构式。艾娜科公司于2011年6月2日注册成立，吴广系法定代表人。

（3）公安机关于2011年12月22日接上海药明康德公司报案，经调查取证，并委托科技咨询中心进行相关鉴定后，于2012年4月13日作出立案决定。吴广到案后，如实供认其实施了上述行为。

（4）2012年2月13日，上海科学技术情报研究所出具《知识产权检索报告》，结论为艾娜科公司在SciFinder和ACDFIND两个数据库披露的89个化合物结构式中，77个结构式于2011年3月2日首次由艾娜科公司公开，12个结构式于2011年3月11日首次由艾娜科公司公开。检索报告显示，在28号、29号和75号结构式的首次披露日前，辉瑞公司对该3个结构式享有专利优先权。

2012年3月8日，科技咨询中心出具（2012）鉴字第07号《技术鉴定意见》：艾娜科公司在其网站及SciFinder和ACDFIND数据库中公开发布的89个结构式与上海药明康德公司研发的在辉瑞公司GCSW系统中相应的89个结构式相同；GCSW系统的89个结构式中，77个结构式在2011年3月2日前，12个结构式在2011年3月11日前，均属于不为公众所知悉的技术信息。

科技咨询中心分别于2012年4月11日和6月5日出具（2012）鉴字第07-1号与07-2号《技术鉴定意见》。

上海药明康德公司研发的上述89种化合物具有很高药用或其他生物化学方面的潜在价值和应用前景，具有实用性，能为权利人带来经济利益。

上海药明康德公司完成辉瑞公司以FTE形式下达任务单并付费的43种化合物任务所采用的合成路线和工艺等是科学、合理的，应花费的必须时间为305个工作日，合计2440个工作小时。此外，该中心通过组织专家论证，于2012年6月7日出具咨询意见：自2011年3月艾娜科公司在其网站及ACDFIND和SciFinder数据库中公开披露上述89个化合物结构式等相关信息，至2011年11月已超过6个月时间，相应信息已丧失新颖性，直接导致上述89个结构式等相关信息丧失了获得专利保护的权利。

（5）2012年7月18日，根据公安机关的委托，上海公信中南会计师事务所有限公司出具公信中南［2012］鉴字第66号《司法鉴定意见书》，认定在被吴广公开的89个结构式中，80个结构式涉及的研发费用共计2686103.43元。而上海药明康德公司就4号、12号、21号、40号、41号、54号、55号、56号、69号9个结构式未能提供研发费用的相关资料，故未予计入。

（6）针对辩护人在庭审中对5号、6号、30号、56号、61号、62号、74号、75号这8个结构式的非公知性及与被吴广披露的结构式之间的同一性提出的意见，公诉机关进行了补充侦查。为此，科技咨询中心于2013年9月2日就（2012）鉴字第07号《技术鉴定意见》作出补充说明：鉴定时就56号、61号化合物结构式检材有误；30号、62号、74号化合物结构式属于互变异构体，披露了一种结构形式意味着披露了另一种结构形式，因此该3对结构式具有同一性；5号、6号、75号结构式都是化合物外消旋体的表示方法，使用国际通用的Chem Draw软件，按IUPAC命名规则，这3对结构式具有完全相同的化学名称，属于等同结构式，因此该3对结构式具有同一性。科技咨询中心还于同年9月4日委托科技情报所就这8个结构式进行补充检索，科技情报所于同年9月11日出具《知识产权检索报告》，结论为：辉瑞公司GCSW系统中的5号、6号、30号、56号、61号、62号、74号、75号这8个结构式由艾娜科公司首次在ACDFIND数据库公开，时间均为2011年3月11日。此次补充检索的结构式中，56号、61号结构式与前述科技咨询中心鉴定意见记载的辉瑞公司GCSW系统中的56号、61号结构式不同，但补充检索的61号结构式系辉瑞公司GCSW系统中61号结构式的反应物结构式。

三、案例评析

【名词解释】

1. 商业秘密。

商业秘密是指不为公众所知悉，能为权利人带来经济利益，具有实用性并经权利人采取保密措施的技术信息和经营信息。[①]

2. FTE（Full time employee）。

FTE（Full time employee）是客户与研发外包做项目合同的一种费用支付形式。客户按全时雇佣研发人员的人数和时间付款而不是按项目付款的模式。

3. 结构式。

结构式，化工名词，即用元素符号和短线表示化合物（或单质）分子中原子的排列和结合方式的图式化学式。结构式从微观反映了构成这种物质的分子或者原子在空间的形态结构，以及分子中各原子的相对位置关系，各原子之间形成的化学键种类，存在哪些官能团等。

4. 手性分子。

手性分子，化工名词，化学中结构上镜像对称而又不能完全重合的分子。

5. 同分异构体。

同分异构体，化工名词，即化合物具有相同的分子式，有同样的化学键

---

① 《刑法》第二百一十九条第三款。

而有不同的原子排列的化合物。具有相同分子式而结构不同的化合物互为同分异构体。

【焦点评析】

1. 关于上海药明康德公司是否为本案被害单位。

辩护人认为：

上海药明康德新药开发有限公司并非本案被害人，美国辉瑞公司是本案唯一的被害人。理由是根据上海药明康德新药开发有限公司以及无锡药明康德新药开发有限公司与辉瑞公司签订的协议，辉瑞公司是有关一切研发成果的唯一知识产权权利人，包括但不限于涉案化合物分子结构式可能存在的商业秘密权利。上海药明康德新药开发有限公司并非涉案化合物分子结构式的独占性被使用许可人、排他性被使用许可人、普通性被许可使用人，而是合成工作的受托方。因此，药明康德公司并非本案受害人。

上海市人民检察院第一分院出庭意见认为：

受到行为人的犯罪行为所直接侵害的个人或者单位均为刑事诉讼中的被害人。上海药明康德公司直接参与涉案商业秘密的研发，对商业秘密所有人即辉瑞公司负有保密义务，并为此采取实际的保密措施，而被告人吴广直接从上海药明康德公司处窃取涉案商业秘密。因此，上海药明康德公司虽非涉案商业秘密的所有权人，但是商业秘密的持有人和保管人。上诉人吴广的犯罪行为使上海药明康德公司的商业信誉和经济收益受到直接损害，其作为本案被害单位合法有据。

一审法院认为：

上海药明康德公司直接参与涉案商业秘密的研发，对商业秘密所有人即辉瑞公司负有保密义务，并为此采取实际的保密措施，且被告人吴广系直接从上海药明康德公司处窃取涉案商业秘密。上述事实表明，上海药明康德公司虽非涉案商业秘密的所有权人，但与涉案商业秘密的形成有直接关系，是商业秘密的直接持有人和保管人，并可能因被告人窃取和披露商业秘密的行为遭受损失，可以作为被害单位参与本案诉讼。

二审法院指出：

根据上海药明康德公司和辉瑞公司的协议，上海药明康德公司为辉瑞公司提供化学合成服务，由此产生的知识产权归属辉瑞公司，上海药明康德公司对相应技术信息负有保密义务。故辉瑞公司系涉案商业秘密的所有者，上海药明康德公司系涉案商业秘密的研发者、使用者和保管者。上诉人吴广盗窃并披露涉案商业秘密的犯罪行为不仅直接侵害了辉瑞公司对涉案商业秘密的所有权，也直接侵害了上海药明康德公司对涉案商业秘密负有的保密职责。由于上海药明康德公司的权益受到上诉人吴广犯罪行为的直接侵害，故其作为本案被害单位并无不当，其在原审所作的陈述可以作为被害单位陈述予以认定。

笔者认为：

所谓被害人是指人身权利、财产权利或其他合法权益受到犯罪行为侵害的人，所谓权利人是指商业秘密的所有人和经商业秘密所有人许可的商业秘密使用人[①]。本案商业秘密的范围，包括结构式的设计、合成验证、重复合成个阶段的技术信息，上海药明康德公司虽然将技术秘密的使用权、转让权的归属约定给美国辉瑞公司，但是作为研发方，在履行技术开发合同中当然有权作为商业秘密使用人。吴广作为上海药明康德公司合成研究员，其犯罪行为直接侵害了上海药明康德公司对于权利人辉瑞公司负有的保密义务，因此法院认定上海药明康德公司在本案中具有被害人的地位是正确的。

2. 涉案89个化合物结构式是否构成商业秘密。

二审法院从商业秘密四要件入手，确认辉瑞公司所有的88个结构式及其合成信息属于辉瑞公司的商业秘密。

（1）涉案的辉瑞公司89个结构式是否具有非公知性？被告人披露的89个结构式与其是否具有同一性。

上海科技情报所出具的《知识产权检索报告》及科技咨询中心出具的技术鉴定意见，均认为辉瑞公司的89个结构式分别在2011年3月2日和11日被吴广披露前，属于不为公众所知悉的技术信息。后补充检索，确认辉瑞公司系统中的第56号结构式与吴广披露的结构式不同。

对于辉瑞公司系统中的88个结构式与吴广披露的88个结构式，两者是否具有同一性，各方主要意见如下。

辩护人认为：

涉案化合物结构式不构成法律意义上的商业秘密点。检索报告中有21个化合物结构式存在近似结构式，其中15个结构式存在位置/立体异构体，但相关专家没有实际判断是否存在技术人员“无须付出一定的代价而容易获得”的情形，故其关于非公知性的鉴定意见缺乏基础。

辉瑞公司认为：

被告人非法获取商业秘密及非法披露商业秘密的行为，导致商业秘密的非公知性遭到破坏，包括已投入的财力、物力没有预期回报、丧失涉案技术的专利申请权、后续研发的安排落空。丧失相关领域的领先性和研发新药的机会等，给权利人造成特别严重后果。

上海药明康德公司认为：

辉瑞公司的89个结构式构成商业秘密，被告人披露的89个结构式与辉瑞公司的对应结构式具有同一性。

---

① 《刑法》第二百一十九条。

一审法院认定：

被告人吴广披露的89个结构式中，除56号外的其余88个结构式与辉瑞公司的相应结构式具有同一性。经科技情报所的检索和科技咨询中心的鉴定，该88个结构式在被告人吴广披露前属于不为公众所知悉的技术信息。涉案化合物结构式由辉瑞公司设计，上海药明康德公司通过实验对该结构式是否能够合成进行验证，最终形成包含有结构式及具体合成信息的实验报告。从整个过程来看，所涉技术信息包括结构式及合成信息，其非公知性体现在结构式从无到有的构思、结构式可否合成及相应的合成方法上。检索报告对结构式进行了文献检索，范围包括Reaxys、SciFinder和ACDFIND等数据库，基本涵盖了化学领域的大部分文献，故这88个结构式在吴广披露前属于不为公众所知悉的技术信息。而验证结构式是否可合成化合物及如何合成也需要投入一定的创造性劳动，故可以认定结构式的合成信息亦属不为公众所知悉的技术信息。

“对于部分结构式的同分异构体和近似结构式在专利文献中被公开这一事实，鉴定人的意见为：是否属于‘无须付出一定的代价而容易获得’要根据化合物本身结构的复杂程度来判断，本案中同分异构体被披露不容易联想到涉案结构式；至于近似结构式则只是核心骨架相同，一般技术人员不容易联想到。而辩方专家证人的意见是有的容易联想到，有的比较难，但未指出哪些容易联想到以及联想的依据。从上述双方意见中可知，同分异构体或近似结构式被披露是否意味着涉案结构式‘无须付出一定的代价而容易获得’，需要根据结构式本身的复杂程度区别判断，并与相关技术人员的专业水平相关，涉案结构式被知悉的主体范围并非普遍的‘多数人’，知悉的可能性条件也非客观存在而更是一种主观判断，并不属于《解释》规定的‘无须付出一定的代价而容易获得’的情形。因此，鉴定意见关于涉案结构式具有非公知性的认定并无不当。”①

二审法院补充评判如下：

①同分异构体和近似结构式在专利文献中被公开，并不意味着相关领域一般技术人员无须付出一定代价即容易获得涉案结构式。故辩方以此否定对应结构式的非公知性依据不足。

②辉瑞公司相关专利说明书公开28号、29号、75号化合物结构式的时间晚于上诉人吴广披露上述结构式的时间，故在上诉人吴广披露之前，上述化合物结构式仍具有非公知性。

③上诉人吴广认为涉案结构式中的手性分子结构式符合互变异构体具有

---

① 陈惠珍、叶菊芬：《非法获取及披露技术秘密的犯罪认定》，载《判案研究》2014年第17期。

同一性的认定标准，应当视为已经公开。但上诉人吴广并未指出本案中的手性分子结构式，也未提交已经公开的对应体结构，故对该节意见不予支持。

（2）涉案技术信息是否具有价值性与实用性。

科技咨询中心出具的鉴定意见称：

涉案结构式对应的化合物具有很高药用或其他生物化学方面的潜在价值和应用前景，具有实用性，能为权利人带来经济利益。

辩护人认为：

辉瑞公司的化合物结构式中有9个化合物未合成成功，现有证据也不能证明他人可以合成成功；很多化合物作为中间体使用，不具备成为先导化合物的可能性。价值性体现在化合物的用途信息，实用性体现在化合物的制备方法及具体用途信息，而化合物结构式本身并不直接携带制备方法及具体用途信息，因此不具有价值性、实用性。

一审法院认为：

在辉瑞公司研发结构式的过程中，包含相关专业技术人员从现有技术中筛选和设计结构式、设计合成路径及具体合成方法、通过实验合成化合物等工作，凝结了辉瑞公司及上海药明康德公司相关人员的创造性劳动。上述研发过程的成果包含结构式及合成信息等在内的技术信息，与该行业内众所周知的普通信息相比具有差异性。结构式可合成化合物而直接使用，或供下一步研究之用，可见具有实用性。辉瑞公司投入的研发成本使得结构式及其合成信息本身即具有一定的价值，且为辉瑞公司带来研发上的领先优势，结构式在合成化合物后也因此而产生新的经济价值，可见具有价值性。“根据结构式的特征，其虽然本身不携带合成路径、方法及使用的信息，但与化合物一一对应，反映了化合物的技术特征。结构式不同，对应化合物的生物活性也不同。因此，结构式本身亦具有实用性。即便暂时合成失败，但相关技术人员也可从针对该结构式所进行的实验过程中获得启示，有助于化合物的进一步研发。此外，结构式可以在药品研发市场中作为交易对象，本案被告人之所以披露结构式就是为了吸引潜在客户，也印证了结构式具有价值性。综上，本院认定结构式本身亦具有实用性和价值性。”①

二审法院补充评判：

结构式本身不携带合成路径、方法及使用的信息，但结构式不同，对应化合物的生物活性也不同。相关技术人员可以从结构式的变化中获得启示，有助于化合物的研发活动。同时，根据《专利审查指南2010》“4. 化学发明的权利要求”的规定，化合物权利要求应当用化合物的名称或者化合物的结

① 陈惠珍、叶菊芬：《非法获取及披露技术秘密的犯罪认定》，载《判案研究》2014年第17期。

构式或分子式来表征。而权利要求是通过技术特征来限定的。因此，分子式或结构式反映了化合物的技术特征，具有实用性。而上诉人吴广所称的单独的分子结构式不能申请专利在《专利审查指南 2010》中并无此规定。此外，结构式可以在药品研发市场中作为交易对象以及上诉人吴广为吸引潜在客户而违背承诺披露涉案结构式均说明结构式本身的价值性。故上诉人吴广及其辩护人否定涉案技术信息构成商业秘密的意见不予支持。

（3）被害单位是否采取了适当保密措施。

上海药明康德公司与辉瑞公司签订协议，约定由上海药明康德公司根据辉瑞公司的订单提供合成化学服务，产生的知识产权归辉瑞公司所有，上海药明康德公司对相应信息负有保密义务。上海药明康德公司也设立了合理的可识别保密措施，如实验室设有门禁系统，规定员工只能使用自己的账号和密码登录工作用电脑，还对电脑的使用设置了一系列禁止性规定，包括：若非特殊需要不为电脑配备光驱和软驱，不开通 usb 接口；未经机主本人允许，不得擅自使用、移动或拆装他人计算机；员工不得将公司数据带出公司；严禁连接公司网络，下载公司内部资源信息等。上海药明康德公司向辉瑞公司交付的实验报告上有“confidential”（保密）字样。

被告人吴广自 2008 年 3 月 18 日起在上海药明康德公司处工作，岗位为项目组的合成研究员。吴广签署的《雇员保密信息和发明转让协议》中约定，其在受雇期间和以后，对公司的研究资料及公司从第三方处获得的保密或专有信息负有保密义务。

因此，根据《最高人民法院关于审理不正当竞争民事案件应用法律若干问题的解释》（法释〔2007〕2 号）第十一条①规定，被害单位美国辉瑞公司和上海药明康德公司均采取了适当的保密措施。而吴广作为实际接触核心技术的研制人员，依法负有保密义务。

笔者认为，构成侵犯商业秘密罪最重要的前提，就是犯罪对象要构成商业秘密。因为犯罪对象是犯罪客体的载体，犯罪客体是犯罪行为侵害的，为我国法律所保护的市场经济中的社会关系。企业的技术信息和经营信息要想成为商业秘密，必须同时具备四个构成要件：秘密性即非公知性，即有关信

① 《最高人民法院关于审理不正当竞争民事案件应用法律若干问题的解释》第十一条：人民法院应当根据所涉信息载体的特性、权利人保密的意愿、保密措施的可识别程度、他人通过正当方式获得的难易程度等因素，认定权利人是否采取了保密措施。具有下列情形之一，在正常情况下足以防止涉密信息泄漏的，应当认定权利人采取了保密措施：（一）限定涉密信息的知悉范围，只对必须知悉的相关人员告知其内容；（二）对于涉密信息载体采取加锁等防范措施；（三）在涉密信息的载体上标有保密标志；（四）对于涉密信息采用密码或者代码等；（五）签订保密协议；（六）对于涉密的机器、厂房、车间等场所限制来访者或者提出保密要求；（七）确保信息秘密的其他合理措施。

息不为其所属领域的相关人员普遍知悉和容易获得。价值性，即商业秘密的使用能够给权利人带来现实的或潜在的经济利益。实用性，即商业秘密必须是具体确定的，它能够转化为可以实施的方案或形式。保密性，即权利人为防止信息泄漏所采取的与其商业价值等具体情况相适应的合理保护措施，通过保密措施将其商业秘密控制起来，使其处于一种不为公众所知的独占状态。这四个要件缺一不可。

非公知性和同一性，一般都是通过专门机构进行鉴定来确定的。本案中一、二审法院经审理查明：虽然涉案结构式有 21 个存在近似结构式，其中 15 个还存在同分异构体，但不属于“无须付出一定代价而容易获得”的，因此，涉案结构式有 88 个在被告人披露前具有非公知性。在该 88 个涉案结构式的研发过程中体现出了技术人员的创造性劳动：结构式可合成化合物或供下一步研究之用，合成失败也能帮助拓宽研究思路，因此具有实用性和价值性；被害单位也采取了适当的保密措施，故该涉案结构式及其合成信息构成商业秘密。

3. 被害单位“重大损失”达 260 万余元是否正确。

辩护人认为：

（1）268 万余元不是涉案结构式研究阶段的实际损失，而是结构式设计完成之后的化合物合成研究和用途研究成本。首先，只有为了验证新设计的结构式能否合成才属于结构式的研发，而辉瑞公司在订单中公示的合成目的中，Process Research 属于化合物制备方法的研发目的，其余属于化合物用途的研发目的，均非结构式的研发目的。其次，中间体在化学反应过程中可能扮演半成品、催化剂、原料的角色，其合成费用属于化合物用途的研发成本，本案中 28 号、29 号、75 号、61 号结构式对应的化合物均属于中间体，而部分化合物不可直接入药或药物零容忍，也只能作为中间体使用。再次，验证结构式能否合成仅需用几毫克，而本案化合物合成质量较多，只能是用于制备方法或用途方面的研究目的。最后，17 个化合物的制备方法由上海药明康德公司提供，其合成目的可能属于化合物制备方法研究，其余 72 个由辉瑞公司提供制备方法（包括了温度、压力、时间等全部具体的制备方法信息），相关费用均非结构式的研发费用。

（2）268 万余元对应的研发成果包括化合物的制备方法及化合物的用途研究，而公开结构式不会导致制备方法、用途信息的公开，对于该部分研发成果辉瑞公司仍可选择申请制备方法或化学产品用途的专利保护，其价值没有减损。

（3）本案还应扣除一些化合物结构式的合成费，订单日在 2011 年 3 月 11 日后的结构式的合成费，公诉机关未查明是否实际支付的 FTE 费用，以及重复合成的费用。虽未计算损失，但仍应认定吴广不侵权。

辉瑞公司认为：

辉瑞公司发给上海药明康德公司的订单有不同的用途，每个订单均对应独立的合成实验。研发中需要进行多次实验，上海药明康德公司的每次合成均需提交实验报告，因此被害单位的损失应按照实际支付的合成费计算。

上海药明康德公司认为：

本案的损失范围包括结构式的设计费、合成验证费及后续实验研究费等，公诉机关认定的268万余元是被害单位实际花费的化合物合成研究费，这仅是研发费用中的很小部分。药物研发企业在申请化学发明专利前需要做大量的实验研究工作，为了优化路径或为下一步研发作准备，很多合成实验要重复多次，但都是围绕结构式的实验。吴广披露的89个结构式大部分合成成功，即便合成失败的结构式，也只表明那次实验不成功，被害单位也会投入研发费用继续合成。而被告人非法披露结构式的行为导致被害单位对结构式进行的全部研究白费，故相关费用均系被害单位的损失。被害单位知晓结构式被披露是在2011年12月初，故将研发费用损失的计算截止日期确定为2011年11月30日是合理的。

一审法院认为：

被告人吴广的侵权行为系窃取包含结构式在内的相关技术信息及披露结构式。被害单位及公诉机关均未提交证据证明被告人的窃取行为给权利人造成的损失，而对于被告人披露行为造成的损失，由于该行为导致相应结构式为公众所知悉，可根据该些结构式的商业价值来确定权利人的损失。而结构式的商业价值，可根据其研究开发成本、实施该项商业秘密的收益、可得利益、可保持竞争优势的时间等因素确定。公诉机关系根据结构式的合成费（2686103.43元）认定研究开发成本，并以此作为被害单位的损失。对于合成费是否属于结构式的研究开发成本，应结合结构式的研究开发过程来判断。

涉案结构式研发主要涉及以下几个阶段：一是结构式的设计阶段，即辉瑞公司组织专门团队通过创造性劳动设计出结构式。辉瑞公司在此阶段支出的费用即结构式的设计成本，属于结构式研究开发成本的一部分。二是结构式的合成验证阶段，即通过实验验证上述结构式是否可以合成目标化合物。上海药明康德公司通过自身的创造性劳动设计具体的合成方法，并对辉瑞公司提供的无法成功的合成路径建议进行修改。上海药明康德公司通过实验完成合成验证工作后，一种结果是合成目标化合物，使结构式从设想变为现实。另一种结果是未合成目标化合物而得到其他化合物，这也属于科学实验的正常过程。上海药明康德公司的上述合成验证过程具有相当程度的创造性，属于结构式的研发过程。三是结构式的重复合成阶段，即在结构式首次合成化合物后，辉瑞公司就同一结构式要求上海药明康德公司继续合成。被害单位表示，在药物研发过程中，为了优化路径或为下一步研发作准备，很多合成实验必须重复多次，但都是围绕化合物结构式而进行。按照科学实验的一般规律，实验并非一次成功即告结束，被害单位关于多次合成的解释符合实验规律，故该阶段也属于结构式的研发过程。

“虽然被告人仅披露了结构式，他人根据结构式无法直接知道化合物的合成方法和用途，但被告人的披露行为导致该些结构式必定得不到发明专利的保护，某某公司为此投入的研发费用必然遭受损失。因此，权利人为涉案结构式所支付的合成费可认定为被告人行为造成的损失，但需从中扣除与权利人损失无关的部分结构式的合成费，据此认定的权利人损失高达 260 万余元。”[①]

二审法院认为：

犯罪行为所造成的损失包括实际已经发生的损失和必然要产生的损失。FTE 费用属于辉瑞公司依据协议必然要支付的费用，故应当计入本案损失之内。本案中，上诉人吴广披露涉案结构式至辉瑞公司获悉该事实已经超过六个月，故涉案结构式的新颖性已经丧失。至于涉案结构式的同分异构体或近似结构式被其他专利保护，则不能代表着涉案结构式也能被专利保护。涉案结构式的确可能因为新颖性或创造性审查而达不到发明专利保护的要求，但是上诉人吴广披露涉案结构式的行为导致该些结构式必定得不到发明专利的保护，上诉人吴广不能以前述可能性的存在来否定自身的罪责。由于具有同分结构体和近似结构式的涉案结构式仍然作为商业秘密保护，故该些结构式对应的费用应当计入犯罪行为所造成的损失之中。辉瑞公司是世界最大的制药企业，上海药明康德公司受辉瑞公司委托从事化合物研发工作，上诉人吴广作为上海药明康德公司的职员，实施了侵犯商业秘密的犯罪行为，不仅损害了上海药明康德公司的商业信誉，而且有损我国医药研发企业的国际形象。

笔者认为：

侵害商业秘密罪是结果犯罪名，不仅要求有犯罪行为，而且必须发生法定的犯罪结果。因此，被害单位“重大损失”是区分罪与非罪、罪轻与罪重的标准。

《最高人民法院关于审理不正当竞争民事案件应用法律若干问题的解释》[②]明确规定了只有在因侵权行为导致商业秘密已为公众所知悉的，才可以在损失中考虑商业秘密的商业价值（包括其研究开发成本、可得利益等）。对于损

---

① 陈惠珍、叶菊芬：《非法获取及披露技术秘密的犯罪认定》，载《判案研究》2014年第 17 期。

② 《最高人民法院关于审理不正当竞争民事案件应用法律若干问题的解释》第十七条第二款：“因侵权行为导致商业秘密已为公众所知悉的，应当根据该项商业秘密的商业价值确定损害赔偿额。商业秘密的商业价值，根据其研究开发成本、实施该项商业秘密的收益、可得利益、可保持竞争优势的时间等因素确定。”

失额的认定，一般采取鉴定方式。公信会计师事务所出具的司法鉴定意见书，认定在被公开的89个结构式中，除有9个结构式未能提供研发费用相关资料外，其余80个结构式涉及的研发费用共计2686103.43元。而法院认定，纳入计算的61号结构式的合成费与被告人吴广披露的61号反应物结构式的研发并无关联，相应的费用12248.71元应从中予以扣除。28号、29号和75号结构式在吴广披露前已由辉瑞公司申请专利，辉瑞公司不会因此而遭受损失，故该3个结构式的研发费56932.02元也予以扣除了。

所以，法院最后认定吴广给被害单位造成的重大经济损失为260万余是正确的。

4. 犯罪构成分析。

被告人吴广明知自己负有保密义务，却数次采用秘密拆换电脑硬盘的方式，窃取本单位其他研制人员电脑中的相关研究材料。2010年9月，其利用办公室未上锁的机会，先后两次在公司4号楼通过拆换电脑硬盘的方式拷贝了十几台电脑上的数据，储存到移动硬盘中；2010年10月16日晚23点左右，其到公司7号楼以拆换电脑硬盘的方式再次拷贝3台电脑中的资料时被保安发现，为此离职，此次资料未拷贝到移动硬盘中。吴广拷贝的资料是上海药明康德公司为辉瑞公司研发的化合物项目资料，拷贝后隐去了上海药明康德公司的标识，其中有涉案89个化合物的化合物项目、研发合成过程、结构式等。这属于盗窃商业秘密的行为。被公司劝退后，吴广于2011年3月，将涉案的89个化合物的名称和结构式以尚未成立的艾娜科公司的名义挂在SciFinder和ACDFIND两个数据库上，又在2011年5月到6月将部分结构式及其化学名称挂在艾娜科公司的网站上。这属于非法披露商业秘密行为。所以，法院认定被告人吴广侵犯商业秘密的行为系窃取包含结构式在内的相关技术信息及披露结构式。

法院认定，被告人吴广以盗窃手段非法获取辉瑞公司的商业秘密，并披露窃取的商业秘密，辉瑞公司因此而遭受的研究开发成本损失在结构式合成阶段即达260万余元，造成特别严重的后果，故吴广的行为构成侵犯商业秘密罪。

此外，法院还客观地认定，辉瑞公司因吴广的行为遭受的损失还包括结构式的设计成本，而由于吴广披露的仅系结构式而非全部技术信息，辉瑞公司投入的研究开发成本并非全部损失殆尽，还可进一步投入研发对结构式做其他利用。吴广采取盗窃手段获取商业秘密的行为性质恶劣，还直接损害了上海药明康德公司作为医药研发外包企业的商业信誉，对我国医药研发外包服务行业在国际社会也产生了不利影响。

法院确认了被告人吴广的行为构成侵犯商业秘密罪，一审判处被告人有期徒刑三年六个月，罚金人民币十万元。被告人不服提起上诉，二审法院判决驳回上诉，维持原判。

笔者认为：

根据《刑法》第二百一十九条的规定和最高人民法院、最高人民检察院《关于办理侵犯知识产权刑事案件具体应用法律若干问题的解释》有关规定，一、二审法院关于定罪和量刑的标准掌握准确，刑当其责，罚当其罪，罪责刑相适应。

【总体评价】

本案是上海首例涉及化合物结构式的侵犯商业秘密案件。本案被害单位为上海药明康德新药开发有限公司、美国辉瑞公司，涉案化合物主要用于药物研发。上海药明康德新药开发有限公司是上海最大的制药、生物技术以及医疗器械研发外包服务公司，订单主要来自欧美发达国家，目前已在全球处领先地位。辉瑞公司是全球最大的生物制药公司，总部地点为美国。被害单位之一辉瑞公司也对本案极度关注，如本案处理不妥，不仅影响上海药明康德新药开发有限公司与辉瑞公司的业务合作，甚至会导致中国整个医药研发外包行业的崩溃。①

认定侵犯商业秘密罪，首先是侵犯商业秘密行为的证据认定问题，其次是关于损失的计算问题。“本案中涉案化合物主要用于药物研发，控辩双方在化合物结构式的同一性认定、商业秘密点的确定、被害单位重大损失的计算等专业问题上都存在争议。”②

众所周知，美国辉瑞公司是全球最大的药物开发生产企业之一。结构式是制药公司重要的财产，在申请专利前多通过商业秘密来进行保护。涉案的89个化合物具有很高药用或其他生物化学方面的潜在价值和应用前景。

新药前期研发阶段包括四个重要环节，即靶标的确定，模型的建立，先导化合物的发现，先导化合物的优化。

首先要确定药物开发的方向，方向确定后要进行大量的文献查询，确定药物的靶点，而后筛选有可能与作用靶点产生的药物。这个确定过程其实就是药物结构的确定过程。药物结构式是药物结构的表达方式。随着超算技术和计算机药物设计技术的发展，很多研究单位在前期药物筛选过程中多采用计算机筛选，并且在计算机上进行模拟试验，待选出最佳药物结构后，交给药物合成公司合成。待选药物合成后才开始进行下一步动物试验。本案88个药物结构提前被公开，其中大多数药物结构尚未申请专利，这就意味着这些药物失去了获得发明专利权的可能，而新药的研发方出于经济利益最大化考

---

① 《依法惩治侵犯商业秘密犯罪加大对侵犯商业秘密犯罪的打击力度》，载《检察日报》2016年7月15日。

② 《依法惩治侵犯商业秘密犯罪加大对侵犯商业秘密犯罪的打击力度》，载《检察日报》2016年7月15日。

虑，不得不放弃后续研究，前期的投入化为乌有。本案最大的受害方是辉瑞公司，失去了有可能研制出新药的机会。

一、二审法院经审理查明，虽然被告人仅披露了结构式，他人根据结构式无法直接知道化合物的合成方法和用途，但被告人的披露行为导致该些结构式得不到专利保护，辉瑞公司为此投入的研发费用必然遭受损失。被告人给权利人造成的损失，可根据相应研发成本来计算。研发过程包括结构式的设计、合成验证、重复合成等阶段，辉瑞公司为此支出的费用均属结构式的研发成本。被告人窃取了辉瑞公司构成商业秘密的结构式及合成信息，并公开披露结构式，造成特别严重的后果，其行为构成侵犯商业秘密罪。

【裁判要点】

披露行为导致化合物分子结构式被公众所知悉，给权利人造成的损失可根据权利人研发过程中支出的成本来计算。研发过程可包括结构式的设计、合成验证、重复合成等阶段。

荣华饼家有限公司、东莞荣华饼家有限公司诉广州市好又多（天利）百货商业有限公司世博分公司等公司、第三人苏国荣侵害注册商标专用权及不正当竞争纠纷案

马 翔①

一、案例基本信息

案例类型	侵犯注册商标专用权　不正当竞争　民事案件
案例名称	荣华饼家有限公司、东莞荣华饼家有限公司诉广州市好又多（天利）百货商业有限公司世博分公司、广州市好又多（天利）百货商业有限公司、中山市今明食品有限公司、第三人苏国荣侵害注册商标专用权及不正当竞争纠纷案
裁判文书	一审：广东省东莞市中级人民法院（2006）东中法民三初字第35号《民事判决书》 二审：广东省高级人民法院（2007）粤高法民三终字第412号《民事判决书》 再审：最高人民法院（2012）民提字第38号《民事判决书》 抗诉：最高人民检察院高检民抗［2016］1号
合议庭成员	再审：审判长于晓白、审判员骆电、代理审判员王艳芳
一审原告	荣华饼家有限公司（本文简称“荣华公司”）、东莞荣华饼家有限公司（本文简称“东莞荣华公司”）
一审被告	广州市好又多（天利）百货商业有限公司世博分公司（本文简称“好又多公司世博分公司”）、广州市好又多（天利）百货商业有限公司（本文简称“好又多公司”）、中山市今明食品有限公司（本文简称“今明公司”）

① 马翔，北京市天驰洪范律师事务所，高级合伙人。

续表

第三人	苏国荣
二审上诉人	好又多公司世博分公司、好又多公司、苏国荣
二审被上诉人	荣华公司、东莞荣华公司
再审申请人	苏国荣
再审被申请人	荣华公司、东莞荣华公司
抗诉申请人	荣华饼家有限公司、东莞荣华饼家有限公司
抗诉被申请人	苏国荣、广州市好又多（天利）百货商业有限公司世博分公司、广州市好又多（天利）百货商业有限公司、中山市今明食品有限公司
裁判日期	一审：2007 年 9 月 6 日 再审：2012 年 8 月 28 日
审理程序	一审、二审、最高院再审、最高检抗诉
一审判决结果	一、今明公司、世博分公司立即停止侵犯第 1567181 号、第 1567182 号、第 1567183 号、第 1567184 号注册商标专用权的行为； 二、今明公司、世博分公司立即停止对“荣华”未注册驰名商标的侵权行为； 三、限今明公司于判决生效之日起七日内向荣华公司赔偿经济损失人民币 100000 元； 四、驳回荣华公司和东莞荣华公司其他诉讼请求
二审判决结果	一、维持广东省东莞市中级人民法院（2006）东中法民三初字第 35 号民事判决第一、三、四项； 二、变更广东省东莞市中级人民法院（2006）东中法民三初字第 35 号民事判决第二项为：中山市今明食品有限公司、广州市好又多（天利）百货商业有限公司世博分公司立即停止对荣华饼家有限公司、东莞荣华饼家有限公司“荣华”月饼知名商品特有名称的侵权行为
再审判决结果	一、维持广东省高级人民法院（2007）粤高法民三终字第 412 号民事判决第一项，即中山市今明食品有限公司、广州市好又多（天利）百货商业有限公司世博分公司立即停止侵犯荣华饼家有限公司第 1567181 号、第 1567182 号、第 1567183 号、第 1567184 号注册商标专用权的行为；中山市今明食品有限公司于本判决生效之日起七日内向荣华饼家有限公司赔偿经济损失人民币 100000 元；驳回荣华饼家有限公司、东莞荣华饼家有限公司其他诉讼请求。如果未按本判决指定的期间履行给付金钱义务，应当依照《中华人民共和国民事诉讼法》第二百二十九条之规定，加倍支付延迟履行期间的债务利息。 二、撤销广东省高级人民法院（2007）粤高法民三终字第 412 号民事判决第二项，即中山市今明食品有限公司、广州市好又多（天利）百货商业有限公司世博分公司立即停止对荣华饼家有限公司、东莞荣华饼家有限公司“荣华月饼”知名商品特有名称的侵权行为

续表

涉案法律、法规和解释	《商标法》（2001年修正）第五十二条①
裁判要点	1. 在商标侵权案件中，若被诉侵权人实际使用的标识与其经合法许可使用的注册商标基本相同，则被诉侵权人实际使用的标识具有正当性； 2. 他人不能于在先注册商标权利范围内，通过在后使用形成受保护的合法权利
案例规则	在先注册商标权利范围内，他人在后于相同或类似商品上使用与在先注册商标相同或近似的商标，不能产生受保护的合法权利，即与在先注册商标相同近似的未注册商标，不能以构成知名商品特有名称等为由而与在先注册商标相冲突和抗衡

二、案件综述

香港荣华公司及其前身于1966年起在香港地区销售月饼，1986年起刊登广告销售“荣华”标志的月饼，并使用“荣华月饼+花好月圆图案”的组合标识。1987年前后，香港荣华公司逐步将其商品引入大陆地区，1991年香港荣华公司向商标局申请注册“榮華”与“榮華WINGWAH1950及圖”商标，但被驳回，理由是“榮華”与“榮華WINGWAH1950及圖”商标和永乐糖果厂注册在相同商品上的第533357号注册商标的“荣华”文字相同。1994年，香港荣华公司和东莞市石碣万通实业有限公司在东莞投资成立了东莞荣华公司，继续强化在大陆地区销售“榮華”月饼。

第533357号“”商标最早由永乐糖果厂于1990年11月10日经商标局依法核准注册，核定使用商品为第30类“糖果、糕点”。经转让后商标权人为苏氏荣华食品厂，苏国荣为苏氏荣华食品厂经营者。2006年，苏氏荣华食品厂许可今明公司使用第533357号“”商标生产月饼，广州好又多及其世博分公司销售了今明公司生产的月饼。

2006年10月16日，香港荣华公司、东莞荣华公司以今明公司、广州好又多公司、世博分公司未经许可，生产、销售的月饼商品侵犯其“花好月圆”系列注册商标、“荣华”未注册驰名商标以及“荣华月饼”知名商品特有名称

① 《商标法》（2001年）第五十二条：有下列行为之一的，均属侵犯注册商标专用权：（一）未经商标注册人的许可，在同一种商品或者类似商品上使用与其注册商标相同或者近似的商标的；（二）销售侵犯注册商标专用权的商品的；（三）伪造、擅自制造他人注册商标标识或者销售伪造、擅自制造的注册商标标识的；（四）未经商标注册人同意，更换其注册商标并将该更换商标的商品又投入市场的；（五）给他人的注册商标专用权造成其他损害的。

权益，构成侵犯注册商标专用权及不正当竞争行为为由，向广东省东莞市中级人民法院（简称一审法院）提起诉讼，其后，根据香港荣华公司、东莞荣华公司的申请，一审法院追加苏国荣作为第三人参加诉讼。

一审法院判决认定，香港荣华公司使用于荣华月饼的“荣华”为未注册驰名商标。一审判决后，苏国荣向广东高级人民法院提起了上诉。

广东高级人民法院二审认为，此案有两个主要焦点：第一，能否认定“荣华”（繁体手写）二字为使用在月饼商品上的未注册驰名商标？第二，苏国荣以其享有第 533357 号“”注册商标（简体变形“荣华”加圆圈）专用权作为不侵权的抗辩理由是否成立？2009 年 4 月 29 日，广东高级人民法院作出二审判决认定香港荣华及东莞荣华公司的“荣华月饼”应当认定为知名商品的特有名称，香港荣华公司具有排除他人相同使用的专有效力；中山今明公司等被告的行为构成了商标侵权和不正当竞争。苏国荣不服向最高院提出了申诉申请。

最高人民法院再审认为，被诉侵权商品上文字部分的主要识别部分“荣华”与今明公司被许可使用的第 533357 号商标的文字组合及呼叫基本相同，且该标识使用在月饼商品上，故今明公司在被诉侵权商品上使用“荣华月饼”文字的行为具有正当性，二审法院所作今明公司和世博分公司的行为侵犯了香港荣华公司和东莞荣华公司知名商品特有名称权的认定不当。

最高检“高检民抗［2016］1 号”《民事抗诉书》对最高院的再审判决进行了抗诉。

三、案例评析

缺乏商标意识和国际市场竞争意识是“荣华”商标及不正当竞争案之所以产生的深层次根源。企业进行商业经营和市场竞争必须要具备商标意识，既要懂得积极和及时地对商标进行注册保护，也要在跨法域经营中关注和知悉商标保护的地域性规则，否则，不仅企业在经营过程中所累积的商誉缺乏固定、稳定、合法的载体，也有很大的可能在商标保护的地域范围外侵入他人的商标权利范围，即便存在商业上的经营努力，此类经营成果也会因违反法律的强制性规定，难以获得法律的保护。

这是因为，在知悉他人享有在先商标权而无法注册相同或近似商标的情形下，通常强行使用、跑马圈地的“手段”若可以获得保护，则无异于鼓励“弱肉强食”的“丛林法则”，与人类法治文明明显相背离。

结合“荣华”商标案而言，笔者认为：在我国大陆苏国荣于“糖果、糕点”商品上享有第 533357 号“”注册商标权的情形下，香港荣华公司不能够再通过强行使用“荣华”系列标识而产生包括知名商品特有名称在内的任何合法权益。

1. 就最高院的再审判决而言，笔者认为，最高院再审认定今明公司、世博分公司生产、销售被诉侵权商品的行为不构成侵权是正确和妥当的。

（1）商标权的保护具有地域性，虽然香港荣华公司在香港地区使用“荣华”标识较早，但其使用主要集中在香港区域内，且香港荣华公司并未在大陆地区依法注册“荣华”商标，根据商标保护的地域性原则，永乐糖果厂1990年在大陆注册第533357号“”商标是合法的，并不与香港荣华公司在香港地区使用“荣华”标识相冲突，苏氏荣华食品厂经核准受让第533357号“”商标也是合法的。

（2）香港荣华公司对第533357号“”商标的客观存在及与其之法律冲突状况是明知的。该案中，二审法院曾经查明，香港荣华公司于1991年向商标局申请注册“榮華”与“榮華 WINGWAH1950及圖”商标，但被驳回，理由是“榮華”与“榮華 WINGWAH1950及圖”商标和永乐糖果厂注册在相同商品上的第533357号注册商标的“荣华”文字相同。由此可见，至少在1991年香港荣华公司便知悉第533357号“荣华”商标的客观存在，也知悉第533357号注册商标构成其自身使用的“榮華”与“榮華 WINGWAH1950及圖”商标的注册法律障碍。

（3）在明知存在权利障碍的情形下，强行使用不能形成合法权利。根据我国的商标注册制度，商标一旦注册可以禁止他人在相同或类似商品上使用相同或近似的商标，本案中，第533357号注册商标无疑具有排斥“榮華”与“榮華 WINGWAH1950及圖”等标识的法定权利，非经第533357号注册商标权利人许可，任何使用“榮華”、“榮華 WINGWAH1950及圖”标识或者与前述标识近似的标识经营“月饼或糕点”等商品都是违法的，不能再通过强行使用及使用“效果”而产生未注册商标权或知名商品特有名称权，否则无疑将损害、动摇商标注册制度的基本价值。在近期广东高院审结的“新百伦”商标案中[①]，广东高院亦指出，新百伦公司的关联公司新平衡公司在对周乐伦的“新百伦”商标提出异议被驳回的情形下，新百伦公司明知道“百伦”、“新百伦”商标是周乐伦的注册商标，其使用“新百伦”标识会对周乐伦注册商标构成侵权的情况下，仍继续使用被诉侵权标识，显然属于无视中国商标法相关规定的侵权行为，不属于合理使用。

综上，最高院在该案的裁判中，妥当的考量了商标权地域保护、我国注册制度、合法权利保护依据等因素，最终判决今明公司、世博分公司生产、销售被诉侵权商品的行为不构成侵权是正确的。

2. 在知识产权保护制度下，相较于《商标法》而言，《反不正当竞争法》

① 参见：广东高院（2015）粤高法民三终字第444号《民事判决书》。

的保护具有补充性，在已有在先注册商标权的情形下，不能再在与在先商标相同或相近的商品范围内形成“知名商品特有名称”的保护，最高检未厘清《商标法》与《反不正当竞争法》的制度关系，我们认为，最高检的抗诉理由极为牵强，值得商榷。

（1）知识产权专门法与补充法的政策协调。知识产权保护制度由知识产权专门法（《商标法》、《著作权法》等）与补充法（《反不正当竞争法》）共同组成。知识产权专门法具有优先性，对于已经纳入专门法调整范围的权利，不需要反不正当竞争法介入，无须援引反不正当竞争法的规定。而对于未纳入知识产权专门法范围而又需要保护的知识产权，才需要反不正当竞争法提供延展性的保护。

在关于商业标识的保护中，商标法属于知识产权专门法，同时反不正当竞争法对于商业标识的保护给予了补充性规定。例如，商标法主要系对注册商标的保护，而未注册商标的民事保护主要由反不正当竞争法以知名商品特有名称、包装装潢等法律规定的形式予以保护。换言之，反不正当竞争法对于知名商品特有名称的保护，性质上仍然系对未注册商标的保护，相对于商标法对于注册商标的保护而言具有补充性。

由上可见，在相关商品上存在在先注册商标的情形下，在先注册商标会由商标法提供法律保护，而无须反不正当竞争法向在先注册商标提供补充性保护，只有在不存在在先注册商标的情形下，反不正当竞争法所规定的知名商品特有名称、包装装潢等权利保护形式才有适用的空间。

（2）与在先注册商标相同近似的未注册商标，不能以构成知名商品特有名称等为由而与在先注册商标相冲突和抗衡。承前所述，反不正当竞争法所提供的法律保护具有补充性及延展性，加之，注册商标具有排斥相同类似商品上的相同近似商标的法律能力，在明知存在在先注册商标的情形下，于相同类似商品上在后使用与之相近的未注册商标实质上属于侵权违法行为，无论在后未注册商标使用状况如何，是否取得了知名度和影响力，均不能形成诸如“知名商品特有名称”类的合法权利，否则将架空和冲击我国的注册商标基本制度。

（3）“荣华”商标案中，最高检的抗诉理由极为牵强，值得商榷。

首先，最高检抗诉认为今明公司实际使用的“荣华月饼”与香港荣华公司使用的“荣华月饼”标识近似，足以造成两者月饼产品的混淆、误认，本案存在对香港荣华公司“荣华月饼”是否为知名商品特有名称予以司法认定的必要。对此，我们认为，一是基于商标法与反不正当竞争法作为知识产权保护专门法与补充法的关系，在存在在先“荣华”注册商标的情形下，反不正当竞争法作为补充法没有适用的法律空间，即本案不存在予以司法认定知名商品特有名称的必要。二是前已述及，第533357号“”注册商标具有排斥“槳華”与“槳華 WINGWAH1950 及圖”等标识的法定权利，考虑到第533357号注册商标核定使用的商品包含“糕点”，“糕点”与“月饼”属于同一商品群组，为类似商品，第533357号注册商标也当然的具有排斥香港荣华公司使用“荣华月饼”标识的权利，换言之，香港荣华公司在大陆地区使用“荣华月饼”标识实质上系违反商标法的侵权行为，其侵权行为不应也不能因侵权规模大、侵权时间长就可以转换为“合法”，遑论还将其认定为知名商品特有名称进行保护。

其次，最高检抗诉认为最高院将今明公司实际使用的“槳華”月饼为被许可使用的第533357号“”注册商标的近似商标为由认定其为正当使用，认定事实与适用法律均有错误。对此，笔者认为，即便今明公司实际使用的“槳華月餅”标识与获准许可使用的第533357号“”注册商标从形式上并不完全一致，但不容否认的是，今明公司实际使用的“槳華月餅”标识中之“槳華”与第533357号“”注册商标之文字“荣华”相一致，即便存在繁简体差异，此差异也不影响文字一致的性质认定，而“槳華月餅”标识中之“月餅”仅是对使用商品名称的描述，没有任何识别意义。因此，“槳華月餅”与“”商标构成商标法意义上的近似商标。加之，今明公司获得“”注册商标权利人许可，今明公司实际使用“槳華月餅”即便有不当之处，也至多损害“”注册商标权利人的利益，而不会损害其他第三方的利益，况且，如前所述，本案中香港荣华公司对“荣华月饼”的侵权使用也不可能、不应该产生合法权利。因此，结合本案案情，从整体来看，今明公司实际使用“槳華月餅”的使用性质是正当的。

再次，最高检抗诉认为香港荣华公司对“荣华月饼”标识使用时间长，具有一定知名度，积累了一定商誉，最高院未给予保护，确有不当。对此，笔者认为，该案中，二审法院曾经查明，香港荣华公司于1991年向商标局申请注册“槳華”与“槳華 WINGWAH1950 及圖”商标，但被驳回，理由是“槳華”与“槳華 WINGWAH1950 及圖”商标和永乐糖果厂注册在相同商品上的第533357号注册商标的“槳華”文字相同。由此可见，至少在1991年香港荣华公司便知悉第533357号“荣华”商标的客观存在，亦知悉第533357号注册商标构成其自身使用的“槳華”与“槳華 WINGWAH1950 及圖”商标的注册法律障碍。在明知存在权利障碍的情形下，香港荣华公司理应尊重我国的商标法律制度，或与在先商标权利人协商商标转让、许可等事宜；或更换；或变换商标名称。遗憾的是，香港荣华公司毫不尊重我国的商标法律，依然一意孤行，强行使用、推广“荣华月饼”标识，如此情形下，其商业经营都能获得保护，则无异于鼓励“弱肉强食”的“丛林法则”，与人类法治文明显然相背离，亦将损害、动摇我国商标注册制度的基本价值。

最后，最高检抗诉认为最高院对于香港荣华公司再审程序中提交的登报证据表述不当。对此，我们认为，本案的基本事实是清晰的，如第533357号“”注册商标的注册、转让、续展、使用等事实是清晰的，香港荣华公司对第533357号“”注册商标为其“荣华月饼”标识的权利障碍也是清晰的，因此，香港荣华公司在大陆地区使用“荣华月饼”标识是违法使用也是清晰的。最高院对于香港荣华公司再审程序中提交的登报证据表述是否恰当，根本不影响最高院对本案的定性。

综上，在已有在先注册商标权的情形下，不能再在与在先商标相同或相近的商品范围内形成“知名商品特有名称”的保护，最高检未厘清《商标法》与《反不正当竞争法》的制度关系，笔者认为，最高检的抗诉理由极为牵强，值得商榷。

【案例规则】

在先注册商标权利范围内，他人在后于相同或类似商品上使用与在先注册商标相同或近似的商标，不能产生受保护的合法权利，即与在先注册商标相同近似的未注册商标，不能以构成知名商品特有名称等为由而与在先注册商标相冲突和抗衡。

北京百度网讯科技有限公司、百度在线网络技术（北京）有限公司诉北京奇虎科技有限公司、奇智软件（北京）有限公司侵害商标权及不正当竞争纠纷案

冯克法 ①

一、案例基本信息

案例类型	侵害商标权　不正当竞争　民事案件
案例名称	北京百度网讯科技有限公司、百度在线网络技术（北京）有限公司诉北京奇虎科技有限公司、奇智软件（北京）有限公司侵害商标权及不正当竞争纠纷案
裁判文书	一审：北京市第一中级人民法院（2012）一中民初字第5718号《民事判决书》 二审：北京市高级人民法院（2013）高民终字第2352号《民事判决书》
合议庭成员	一审合议庭：审判长仪军、代理审判员袁伟、人民陪审员全连飞 二审合议庭：审判长刘辉、代理审判员石必胜、代理审判员陶钧
一审原告	北京百度网讯科技有限公司（本文简称“百度网讯”）、百度在线网络技术（北京）有限公司（本文简称“百度在线”）
一审被告	北京奇虎科技有限公司（本文简称“奇虎公司”）、奇智软件（北京）有限公司（本文简称“奇智公司”）
二审上诉人	奇虎公司
二审被上诉人	百度网讯、百度在线
受理日期	无

① 冯克法，山东德衡（枣庄）律师事务所，主任律师。

续表

裁判日期	一审：2013 年 4 月 26 日 二审：2013 年 12 月 17 日
法律程序	一审、二审
一审判决结果	一、被告北京奇虎科技有限公司自本判决生效之日起立即停止涉案的不正当竞争行为； 二、被告北京奇虎科技有限公司在本判决生效之日起七日内，连续十五日在网站 www.360.cn 首页显著位置刊载消除影响的声明（该声明应当事先由本院审核通过，如被告北京奇虎科技有限公司拒绝执行，本院将在《人民法院报》上刊登本案判决书相关部分，所需费用由被告北京奇虎科技有限公司承担）； 三、被告北京奇虎科技有限公司自本判决生效之日起七日内赔偿原告北京百度网讯科技有限公司、百度在线网络技术（北京）有限公司经济损失四十万元； 四、被告北京奇虎科技有限公司自本判决生效之日起七日内赔偿原告北京百度网讯科技有限公司、百度在线网络技术（北京）有限公司合理支出五万元； 五、驳回原告北京百度网讯科技有限公司、百度在线网络技术（北京）有限公司的其他诉讼请求
二审判决结果	驳回上诉，维持原判
涉案法律法规和解释	一审、二审： 《中华人民共和国民法通则》第一百三十四条①； 《中华人民共和国反不正当竞争法》（1993 年）第二条②、第二十条③

---

①《民法通则》第一百三十四条：承担民事责任的方式主要有：（一）停止侵害；（二）排除妨碍；（三）消除危险；（四）返还财产；（五）恢复原状；（六）修理、重作、更换；（七）赔偿损失；（八）支付违约金；（九）消除影响、恢复名誉；（十）赔礼道歉。

以上承担民事责任的方式，可以单独适用，也可以合并适用。

人民法院审理民事案件，除适用上述规定外，还可以予以训诫、责令具结悔过、收缴进行非法活动的财物和非法所得，并可以依照法律规定处以罚款、拘留。

②《反不正当竞争法》（1993 年）第二条：经营者在市场交易中，应当遵循自愿、平等、公平、诚实信用的原则，遵守公认的商业道德。

本法所称的不正当竞争，是指经营者违反本法规定，损害其他经营者的合法权益，扰乱社会经济秩序的行为。

本法所称的经营者，是指从事商品经营或者营利性服务（以下所称商品包括服务）的法人、其他经济组织和个人。

③《反不正当竞争法》（1993 年）第二十条：经营者违反本法规定，给被侵害的经营者造成损害的，应当承担损害赔偿责任，被侵害的经营者的损失难以计算的，赔偿额为侵权期间因侵权所获得的利润；并应当承担被侵害的经营者因调查该经营者侵害其合法权益的不正当竞争行为所支付的合理费用。

被侵害的经营者的合法权益受到不正当竞争行为损害的，可以向人民法院提起诉讼。

二、案例综述

【主要诉请】

两原告请求法院判令：

1. 两被告立即停止对原告的不正当竞争行为和侵犯商标权行为；

2. 在 www.360.cn 网站首页显著位置连续三十天刊登道歉声明，并在《法制日报》显著位置刊登道歉声明，消除影响；

3. 两被告赔偿两原告经济损失 1000 万元以及为制止侵权的合理支出 15 万元；

4. 本案诉讼费用由两被告承担。

【基本事实】

原告诉请事实：（1）篡改百度搜索结果页面，造成混淆；（2）利用 360 浏览器捆绑其网址导航站，故意仿冒、混淆搜索结果，劫持百度流量，侵犯原告商标权并且不正当竞争。

法院经查明的事实及裁判理由：

1. 本案两原告与两被告是否存在竞争关系。

百度在线公司为第 5916519 号“Baidu 百度及图”商标的商标权人，核定使用的商品为计算机软件咨询、网络服务器的出租、计算机病毒的防护服务、节能领域的咨询、环境保护领域的研究、提供互联网搜索引擎服务，商标专用期至 2020 年 3 月 27 日。

原告北京百度公司为网站 www.baidu.com 的经营单位，百度在线公司将第 5916519 号商标授权给北京百度公司使用，且百度在线公司向北京百度公司提供技术支持，系网站 www.baidu.com 的共同经营者。网站 www.baidu.com 主页上系载有第 5916519 号商标的商标标识。

被告北京奇虎公司为网站 www.360.cn 的主办单位，系网站 www.360.cn、涉案版本 360 安全卫士、涉案版本 360 安全浏览器的经营者。但两被告均否认奇智软件公司为网站 www.360.cn、涉案版本 360 安全卫士、涉案版本 360 安全浏览器的经营者。

一审法院认定原告北京百度公司、百度在线公司与被告北京奇虎公司作为相关网站和互联网产品及服务的经营者，在该领域具有竞争关系，构成《反不正当竞争法》意义上的经营者，均为本案的适格主体。但在案证据不能证明奇智软件公司与网站 www.360.cn、360 安全浏览器和 360 安全卫士的关系，驳回原告北京百度公司、百度在线公司针对奇智软件公司的诉讼请求。

二审法院认为，经营者之间是否存在不正当竞争法意义上的竞争关系，并不取决于经营者是否经营相同的产品，而取决于经营者在涉案行为相关的经营活动中是否存在竞争关系。百度网讯公司、百度在线公司与奇虎公司作为互联网产品及服务的经营者，两者均经营与涉案行为相关的互联网产品和服务，因此存在不正当竞争法意义上的竞争关系。奇虎公司上诉主张其与百度网讯公司和百度在线公司不存在竞争关系，无事实和法律依据。

2. 关于原告主张被告插标等行为构成不正当竞争行为的事实。

原告提供了北京市长安公证处（2012）京长安内经证字第 3945 号公证书、北京市方圆公证处（2012）京方圆内经证字第 06974 号公证书、北京市长安公证处（2012）京长安内经证字第 1136 号公证书，记载 www.360.cn 网站、360 安全卫士、360 安全浏览器篡改百度搜索结果页面的行为。

一审法院认为，被告的 360 安全卫士在原告网站搜索结果页面上有选择地插入了红底白色感叹号图标作为警告标识，以警示用户该搜索结果对应的网站存在风险，这一行为违反了《反不正当竞争法》（1993 年）第二条规定的诚实信用原则，属于不正当竞争行为。该行为应当被法律予以禁止。

首先，被告的 360 安全卫士有选择地针对原告网站搜索结果页面上进行了插标，对如 google 的其他搜索引擎网站的结果页面却没有进行插标，即使搜索结果对应的为同一个网站，被告的 360 安全卫士也进行了区别对待。该种区别对待的行为违反了《反不正当竞争法》（1993 年）第二条所规定的诚实信用原则。

其次，被告的 360 安全卫士作为安全软件，其经营模式应当以向用户发出警示或保护为限。但在本案中，被告不仅进行了插标，还逐步引导用户点击安装 360 安全浏览器，其插标和引导行为系通过利用原告搜索引擎服务对其浏览器产品进行了推广，属于明显的“搭便车”行为。

二审法院认为，虽然确实出于保护网络用户等社会公众利益的需要，网络服务经营者在特定情况下不经网络用户知情并主动选择以及其他互联网产品或服务提供者同意，也可干扰他人互联网产品或服务的运行，但是，应当确保干扰手段的必要性和合理性。否则，应当认定其违反了自愿、平等、公平、诚实信用和公共利益优先原则，违反了互联网产品或服务竞争应当遵守的基本商业道德，由此损害其他经营者合法权益，扰乱社会经济秩序，应当承担相应的法律责任。前述规则可以简称为非公益必要不干扰原则。

在本案中，奇虎公司在百度搜索结果网页中进行插标，是修改其网页的行为，干扰了百度搜索这一互联网服务的正常运行，原则上应当经过百度搜索服务提供者的同意。除非该行为系保护公共利益之必要行为。奇虎公司在搜索结果网页上插标虽然具有一定的公益性，但奇虎公司没有证明该行为的必要性。奇虎公司在没有经过网络用户主动选择的情况下，通过插标行为改变了百度搜索结果网页的显示结果，干扰了百度搜索服务的正常运行。该行为影响了网络用户对百度搜索服务的正常使用，损害了百度搜索服务经营者的合法权益，违反了前面所述的非公益必要不干扰原则，构成不正当竞争。一审判决的相关认定结论正确，应当予以维持。

正如一审判决所强调的，奇虎公司被诉的插标行为不仅限于在插索结果网页上插标，还包括选择性地针对百度搜索结果网页进行插标、以插标为手段引导用户安装其经营的360安全浏览器产品等行为，上述行为干扰了百度搜索的正常运行。上述行为并非为了保护公共利益，而是为了实现奇虎公司的经营利益。上述行为违反了前面所述的非公益必要不干扰原则，损害了百度搜索服务提供者的合法权益，扰乱了互联网经营秩序。一审判决认定上述行为违反了《反不正当竞争法》（1993年）第二条的规定，构成不正当竞争，并无不当。

3. 关于原告主张被告网址导航站劫持流量行为构成不正当竞争行为及主张被告行为侵犯其商标权的事实。

原告提供了北京市长安公证处（2012）京长安内经证字第3945号公证书、北京市长安公证处（2012）京长安内经证字第3947号公证书、北京市中信公证处（2012）京中信内经证字第04447号公证书、北京市中信公证处（2012）京中信内经证字第08625号公证书、北京市中信公证处（2012）京中信内经证字第08626号公证书，记载被告利用360浏览器捆绑其网址导航站，劫持百度流量，侵犯原告商标权并且不正当竞争。

一审法院认定被告网址导航站劫持流量行为违反了《反不正当竞争法》（1993年）第二条的规定，构成不正当竞争。

首先，作为原告搜索引擎服务的一部分，下拉提示词是作为搜索引擎服务商根据其服务的内容自行制定并向用户提供的，虽然原告搜索框被嵌入被告的网址导航页上，但是被告无权擅自改变原告提供给网络用户搜索引擎服务的内容，即被告无权擅自改变原告在其搜索框上向用户提供的下拉提示词。

其次，在本案中，被告擅自改变原告在其搜索框上向用户提供的下拉提示词，并且采用增加文字介绍、设置背景颜色等方式，甚至在用户设置了其他搜索方向，依然插入了与用户设置的搜索方向关联性很小的下拉提示词，引导用户访问本不在相关关键字搜索结果中靠前位置的，甚至与用户搜索目的完全不同的被告的影视、游戏等页面，获得更多的用户访问量，以便谋取不正当的利益，属于明显的“搭便车”行为。

再次，即使点击下拉提示词，亦应当进入原告网站针对所点击的下拉提示词作为关键字的搜索结果页面。但是，在本案中，点击被告擅自插入的下拉提示词，并没有进入原告搜索引擎的搜索结果页面，而是直接进入被告的影视、游戏等页面，甚至网络用户在仅设置搜索方向，并未输入相关关键词时也会进入被告的相关网页，该事实进一步表明被告“搭便车”的意图非常明显。

最后，被告行为不仅不正当地获取了相关利益，亦有可能因为引导用户更多的访问与其搜索目的完全不同的页面，从而挫伤用户继续使用原告搜索引擎服务的积极性，或者使用户产生对原告所提供的搜索服务的负面评价，进而对原告的经营造成不利影响。

二审法院认为，百度搜索服务提供者在允许他人嵌入其搜索框的同时，是否公示了其许可条件，是否允许嵌入搜索框而不使用其决定的下拉提示词，是判断奇虎公司在搜索框中自行设置下拉提示词的行为是否具有正当性的前提。在二审庭审中，百度搜索服务提供者声称其只提供了一种选择，即在嵌入搜索框的同时必须使用其决定的下拉提示词，但并未证明该项主张。因此，百度搜索服务提供者的该项主张，证据不足，本院不予采信。在百度搜索服务提供者没有证明其他网络服务提供者只能使用其决定的下拉提示词的情况下，奇虎公司在使用嵌入搜索框的同时不使用百度搜索服务提供者决定的下拉提示词，未违反双方合同约定，也不构成对百度搜索框正常运行的干扰，而且可以给百度搜索服务提供者增加访问流量，不构成不正当竞争。奇虎公司针对该行为的相应上诉主张，有事实和法律依据，本院予以支持。

但在本案中，奇虎公司被诉与修改下拉提示词和劫持流量的相关行为并不仅限于在百度搜索框中自行设置下拉提示词，其在自行设置下拉提示词的同时，还采取了以下行为：在用户设置其他搜索方向的情况下插入与用户设置的搜索方向关联性很小的下拉提示词；引导用户访问本不在相关关键字搜索结果中靠前位置的甚至与用户搜索目的完全不同的奇虎公司经营的影视、游戏等页面；点击奇虎公司设置的下拉提示词，不进入百度搜索结果网页，直接进入奇虎公司经营的影视、游戏等页面；网络用户在仅设置搜索方向，并未输入相关关键词时会进入奇虎公司经营的相关网页。奇虎公司的上述行为不仅干扰了网络用户对百度搜索的正常使用，还减少了使用百度搜索框的网络用户对百度搜索结果网页的访问。奇虎公司干扰他人互联网产品或服务正常运行的上述行为并非出于保护公共利益的目的，也不产生保护公共利益的效果，明显违反了非公益必要不干扰原则，损害了百度搜索服务提供者的合法权益，扰乱了互联网的正常经营秩序。一审判决认定上述行为违反《反不正当竞争法》（1993 年）第二条的规定，并无不当。奇虎公司上诉主张上述行为不构成不正当竞争，无事实和法律依据，本院不予支持。

4. 关于被告抗辩所举证的事实。

两被告向本院提交了北京市方圆公证处提交的（2012）京方圆内经证字第 28076 号、第 28077 号公证书、第 29116 号、第 28050 号公证书，并提交了上述公证书中封存光盘中的公证步骤视频打印页，用以证明在计算机 hosts 文件被修改后，页面访问内容的真实性存在作假可能，且诸多网址导航网站都存在调用百度搜索引擎的情况。

一审法院认为，首先，原告指控的被告行为系在公证员的监督下，使用公证处提供的计算机进行固定的，且多个类似行为由多家公证处分别进行公证，虽然在计算机科技高度发展和普及的今天，对 hosts 等文件进行特别设置可能会造成访问网页并非真实的网页，但是在本案中，在多家公证处都对类似事实进行了固定，且公证书均对计算机的公证步骤进行了详细记录的情况下，应当对公证书记载的事实给予充分的信任。况且，作为相关产品或服务的提供者，被告应当对其产品或服务的内容非常了解，但在本案中，被告仅主张页面访问内容的真实性存在作假可能，并未举证证明或陈述进行相关操作后的真实内容是何情形。在此情况下，法院对于被告主张原告公证书记录的事实存在作假可能的主张不予支持。

此外，被告在本案庭审当天提交了北京是方正公证处 2012 年 11 月 28 日作出的（2012）京方正内经证字第 14730 号公证书，用以证明原告亦在其自身网站搜索结果中加注警告标志、有其他安全软件亦存在向原告网页进行插标或拦截行为。对于该证据，两原告表示因为其系超期提交，对其不予质证。对此，一审法院认为，该证据的提交超过举证期限，且该证据的证明目的与被告行为是否构成商标侵权或不正当竞争无关，在原告明确拒绝质证的情况下，一审法院对该证据不予认可。

三、案例评析

【社会背景】

20 世纪 90 年代以后，全球互联网产业迅速崛起，新技术革命不断发展，我国互联网行业发展也风起云涌，鱼龙混杂，互联网领域的不正当竞争行为泛滥，仅我国法院系统每年受理的涉互联网不正当竞争案件就成百上千，如近年来上演的“3Q 大战”和“3B 大战”等案件；我国互联网立法相对滞后，《反不正当竞争法》中列举的不正当竞争行为中没有针对互联网领域不正当竞争行为的具体规范。立法的滞后导致对互联网不正当竞争行为无法可循，只能依据《反不正当竞争法》的总则条款予以规范。

本案一、二审判决从《反不正当竞争法》（1993 年）第二条关于“经营者在市场交易中，应当遵循自愿、平等、公平、诚实信用的原则，遵守公认的商业道德”的抽象规定中归纳出网络服务提供者服务五原则及“非公益必要不干扰”原则，为规范我国网络服务业的健康发展提供了制度保障，也为审理网络服务不正当竞争案件奠定了基础。

【名词解析】

1. 插标。

插标指网络服务提供者在网站搜索引擎部分的搜索结果中添加警示图标

的行为。

2. 流量劫持。

流量劫持是指利用各种恶意软件修改浏览器、锁定主页或不停弹出新窗口，强制用户访问某些网站，从而造成用户流量损失的情形。①

【焦点评析】

近年来，互联网经营者的不正当竞争纠纷频频发生，很多纠纷都是因为互联网产品或者服务之间的相互干扰而产生。在对此类纠纷进行裁判的同时，如何通过判决规范互联网经营者的竞争秩序，维护互联网产品和服务的自由公平竞争秩序，是知识产权审判面临的重要任务。本案二审判决强调，互联网产品或服务应当和平共处，自由竞争。是否使用某种互联网产品或者服务，应当取决于网络用户的自愿选择。互联网产品或服务之间原则上不得相互干扰，如果为了保护公共利益采取干扰措施，也应当确保干扰的必要性。本案二审判决确立的互联网产品或服务在竞争中应当遵守的非公益必要不干扰原则，对规范互联网经营者的竞争秩序进行了有创新的探索，对同类案件的处理具有一定的示范作用。

【总体评价】

1. “非公益必要不干扰原则”。

在互联网产品或服务竞争应当遵守公平竞争、和平共处、自愿选择、公益优先、诚实信用的基础上，虽然确实出于保护网络用户等社会公众的利益的需要，网络服务经营者在特定情况下不经网络用户知情并主动选择以及其他互联网产品或服务提供者同意，也可干扰他人互联网产品或服务的运行，但是，必须限于保护网络用户等社会公共利益的需要，并且应当确保干扰手段的必要性和合理性。否则，应当认定违反了自愿、平等、公平、诚实信用和公共利益优先原则，违反了互联网产品或服务竞争应当遵守的基本商业道德，由此损害其他经营者合法权益，扰乱社会经济秩序，应当承担相应的法律责任。该规则称为非公益必要不干扰原则。

2. “最小特权原则”。

最早由美国人 saltzer，Jerome H. 在 1974 年发表的《Multic4 中信息分享的保护和控制》一文中提出，定义为“系统中的每一个程序和每一被授予特权的用户应当使用为完成其工作所必需的最小特权来运行，在信息安全、计算机科学以及其他领域，该原则要求在计算机环境的一个特定抽象层，每一模块（如一个进程、一个用户或一个程序）必须限于接触其正当目的所必需的信息和资源”。根据该定义，最小特权（Least Privilege）是“在完成某种操

① 来源：http://baike.baidu.com/link?url=Mkn2rYXyVWibVreKdcnH8pVVo3s06YuLWpqWgC9z MbtKls-IKmbheq07B3Nw6P_KeSRHefZX_7o8QKJXo4sHrRFUHiSyeUHTUWE9X528Tmv-v88S4cVDfAcjE1eyu5_WV。

作时所赋予网络中每个主体（用户或进程）必不可少的特权”，而“最小特权原则”则是指“应限定网络中每个主体所必须的最小特权，确保可能的事故、错误、网络部件的篡改等原因造成的损失最小”。“最小特权原则”限制了使用者对系统及数据进行存取所需要的最小权限，既保证了用户能够完成所操作的任务，同时也确保非法用户或异常操作所造成的损失最小。随着互联网的发展，“最小特权原则”逐步用来特指由于安全软件在计算机系统中拥有优先权限，其应当审慎运用这种“特权”，对用户以及其他服务提供者的干预行为应以“实现其功能所必需”为前提。①

3. 网络服务提供者服务五原则。

指该案二审判决确认的网络服务提供者应当遵循的五项基本原则。

第一，公平竞争原则。为了维护互联网公平竞争秩序，确保互联网产品或服务的自由竞争，所有互联网产品和服务的地位原则上应当是平等的，任何互联网产品或者服务都不能通过获取不正当竞争优势来改变公平竞争的地位。

第二，和平共处原则。网络服务提供者未经其他互联网产品或服务提供者的许可，不得擅自干扰其他互联网产品或服务的正常运行，不得干扰互联网产品或服务在网络用户终端的共存。

第三，自愿选择原则。其一，网络用户有自愿选择是否使用互联网产品或服务的自由，有自愿选择使用哪一种互联网产品或服务的自由。网络服务提供者不得强制网络用户使用其提供的或放弃使用其他网络服务提供者提供的互联网产品或者服务。其二，在不损害他人合法权益的前提下，在网络用户自由选择的情况下，互联网产品或服务可以成为非实质性侵权用途的工具，用以修改他人互联网产品或服务。即使网络用户对干扰手段知情并主动选择，干扰他人互联网产品或服务的影响结果也只能局限于该知情并主动选择的网络用户。否则，擅自干扰他人互联网产品或服务正常运行可能会侵害该互联网产品或服务提供者的合法权益，扰乱互联网经营秩序。

第四，公益优先原则。互联网产品或服务的经营不能损害网络用户等社会公众的合法权益。确实出于保护网络用户等社会公众利益的需要，网络服务经营者在特定情况下不经网络用户选择和其他互联网产品或服务提供者同意也可干扰他人互联网产品或服务的运行。例如，为了保护网络安全，网络安全软件可以主动采取删除、阻止等手段干扰网络病毒的正常运行。

第五，诚实信用原则。即使是为了保护公共利益而采取干扰手段，也要确保干扰手段的必要性和合理性。如果能够采取不干扰他人互联网产品或服

---

① 陶鑫良：《非公益必要不干扰原则与反不正当竞争法一般条款适用》，载《电子知识产权》2015 年第 3 期。

务正常运行的其他手段来达到保护公共利益的目的，则不应当采取干扰他人互联网产品正常运行的手段。而且，为了保护公共利益而采取干扰他人互联网产品正常运行的手段，也应当以保护公共利益为限度，不可随意滥用和扩大。否则，干扰措施的行为人违反了诚实信用原则，应当依法承担法律责任。

【案例规则】

“非公益必要不干扰原则”，“最小特权原则”，网络服务的公平竞争、和平共处、自愿选择、公益优先、诚实信用原则，已成为互联网领域公认的商业道德，成为《反不正当竞争法》第二条“一般条款”的具体体现，对互联网业发展和审判实践具有普通的指导意义。

毕飞宇、人民文学出版社有限公司诉陈枰、西苑出版社、北京市新华书店王府井书店侵害著作权及不正当竞争纠纷案

于 鹏①

一、案例基本信息

案例类型	侵害著作权　知名商品　不正当竞争　民事案件
案例名称	毕飞宇、人民文学出版社有限公司诉陈枰、西苑出版社、北京市新华书店王府井书店侵害著作权及不正当竞争纠纷案
裁判文书	一审：北京市东城区人民法院（2013）东民初字第14498号《民事判决书》 二审：北京市第二中级人民法院（2014）二中民终字第05328号《民事判决书》
合议庭成员	一审：未查询到 二审：葛红、李丹、刘义军
一审原告	毕飞宇、人民文学出版社有限公司（本文简称“人民文学出版社”）
一审被告	陈枰、西苑出版社、北京市新华书店王府井书店（本文简称“王府井书店”）
一审第三人	北京禾谷川影视文化传媒有限公司（本文简称“禾谷川公司”）
二审上诉人	毕飞宇、人民文学出版社、陈枰、西苑出版社
二审原审被告	王府井书店
二审原审第三人	禾谷川公司

① 于鹏，山东众成清泰（济南）律师事务所，高级合伙人。

续表

受理日期	一审受理日期：未查询到 二审受理日期：2014 年 4 月 25 日
裁判日期	一审：未查询到 二审：2014 年 9 月 19 日
法律程序	一审、二审
一审判决结果	一、西苑出版社于本判决生效之日起立即停止出版发行图书《推拿》（ISBN978-7-5151-0331-0）； 二、北京市新华书店王府井书店于本判决生效之日起立即停止销售图书《推拿》（ISBN978-7-5151-0331-0）； 三、陈枰、西苑出版社于本判决生效之日起十日内连带赔偿毕飞宇经济损失五万元； 四、驳回毕飞宇的其他诉讼请求； 五、驳回人民文学出版社有限公司的全部诉讼请求
二审判决结果	一、撤销北京市东城区人民法院（2013）东民初字第 14498 号民事判决第三项、第四项、第五项； 二、陈枰、西苑出版社于本判决生效之日起十日内连带赔偿毕飞宇经济损失十四万元； 三、陈枰、西苑出版社于本判决生效之日起十日内连带赔偿人民文学出版社有限公司经济损失八万元及因诉讼支出的合理费用五千元； 四、驳回毕飞宇的其他诉讼请求； 五、驳回人民文学出版社有限公司的其他诉讼请求
涉案法律、法规和解释	一审： 《中华人民共和国著作权法》第十条①第五、六项、第二款、第三十五条②、第四十八条③第（一）项、第四十九条④；

① 《著作权法》第十条：著作权包括下列人身权和财产权：（十四）改编权，即改变作品，创作出具有独创性的新作品的权利……

② 《著作权法》第三十五条：出版改编、翻译、注释、整理、汇编已有作品而产生的作品，应当取得改编、翻译、注释、整理、汇编作品的著作权人和原作品的著作权人许可，并支付报酬。

③ 《著作权法》第四十八条：有下列侵权行为的，应当根据情况，承担停止侵害、消除影响、赔礼道歉、赔偿损失等民事责任；同时损害公共利益的，可以由著作权行政管理部门责令停止侵权行为，没收违法所得，没收、销毁侵权复制品，并可处以罚款；情节严重的，著作权行政管理部门还可以没收主要用于制作侵权复制品的材料、工具、设备等；构成犯罪的，依法追究刑事责任：（二）出版他人享有专有出版权的图书的……

④ 《著作权法》第四十九条：侵犯著作权或者与著作权有关的权利的，侵权人应当按照权利人的实际损失给予赔偿；实际损失难以计算的，可以按照侵权人的违法所得给予赔偿。赔偿数额还应当包括权利人为制止侵权行为所支付的合理开支。权利人的实际损失或者侵权人的违法所得不能确定的，由人民法院根据侵权行为的情节，判决给予五十万元以下的赔偿。

续表

涉案法律、法规和解释	《中华人民共和国反不正当竞争法》（1993年）第五条[①]第（二）项； 《最高人民法院关于审理著作权民事纠纷案件适用法律若干问题的解释》第七条[②]、第二十条第一、二款、第二十五条第一、二款； 《中华人民共和国民事诉讼法》第一百四十四条[③]。 二审： 《中华人民共和国著作权法》第十条第一款第（十四）项、第二款，第十二条，第十五条，第三十五条，第四十八条第（一）项，第四十九条； 《中华人民共和国反不正当竞争法》（1993年）第五条第（二）项； 《最高人民法院关于审理著作权民事纠纷案件适用法律若干问题的解释》第七条，第二十条第一款、第二款，第二十五条第一款、第二款； 《最高人民法院关于审理不正当竞争民事案件应用法律若干问题的解释》第一条[④]第一款，第二条第一款，第四条； 《中华人民共和国民事诉讼法》第一百四十四条，第一百七十条第一款第（二）项[⑤]

① 《反不正当竞争法》（1993年）第五条：经营者不得采用下列不正当手段从事市场交易，损害竞争对手：（一）假冒他人的注册商标；（二）擅自使用知名商品特有的名称、包装、装潢，或者使用与知名商品近似的名称、包装、装潢，造成和他人的知名商品相混淆，使购买者误认为是该知名商品；（三）擅自使用他人的企业名称或者姓名，引人误认为是他人的商品；（四）在商品上伪造或者冒用认证标志、名优标志等质量标志，伪造产地，对商品质量作引人误解的虚假表示。

② 《最高人民法院关于审理著作权民事纠纷案件适用法律若干问题的解释》第七条：当事人提供的涉及著作权的底稿、原件、合法出版物、著作权登记证书、认证机构出具的证明、取得权利的合同等，可以作为证据。在作品或者制品上署名的自然人、法人或者其他组织视为著作权、与著作权有关权益的权利人，但有相反证明的除外。

③ 《民事诉讼法》第一百四十四条：被告经传票传唤，无正当理由拒不到庭的，或者未经法庭许可中途退庭的，可以缺席判决。

④ 《最高人民法院关于审理不正当竞争民事案件应用法律若干问题的解释》第一条：在中国境内具有一定的市场知名度，为相关公众所知悉的商品，应当认定为反不正当竞争法第五条第（二）项规定的"知名商品"。人民法院认定知名商品，应当考虑该商品的销售时间、销售区域、销售额和销售对象，进行任何宣传的持续时间、程度和地域范围，作为知名商品受保护的情况等因素，进行综合判断。原告应对其商品的市场知名度负举证责任。在不同地域范围内使用相同或者近似的知名商品特有的名称、包装、装潢，在后使用者能够证明其善意使用的，不构成反不正当竞争法第五条第（二）项规定的不正当竞争行为。因后来的经营活动进入相同地域范围而使其商品来源足以产生混淆，在先使用者请求责令在后使用者附加足以区别商品来源的其他标识的，人民法院应当予以支持。

⑤ 《民事诉讼法》第一百七十条第一款第（二）项：原判决、裁定认定事实错误或者适用法律错误的，以判决、裁定方式依法改判、撤销或者变更；……

续表

裁判要点	1. 陈枰版《推拿》与陈枰创作完成交付给禾谷川公司和西苑出版社的电视剧剧本底稿相比，虽然实质内容未变，但是增加了小说的元素，删除了舞台指示等剧本的元素。故陈枰版《推拿》并不是严格意义上的根据毕飞宇版《推拿》改编的电视剧剧本，而是在电视剧剧本基础上进行了一定程度的小说化处理的作品。 2. 陈枰虽然对其创作的《推拿》作品享有著作权，但是这种改编作品的著作权人所享有的著作权是完整但不独立的权利。不独立的权利，是基于改编作品是在原作品基础上的再创作，包含着原作品的表达，因此，原作品著作权对改编作品的使用有控制权，改编作品的著作权依附于原作品的著作权，在行使时要受到原作品著作权的限制，故其权利是不独立的。虽然《著作权法》第十五条第二款规定了电影作品和以类似摄制电影的方法创作的作品中的剧本、音乐等可以单独使用的作品的作者有权单独行使其著作权，但是单独行使著作权的前提是不违背《著作权法》对于改编作品著作权行使的原则性规定。 3. 在具体的赔偿数额方面，因毕飞宇索赔数额过高，亦未提交充分证据予以证明，不予全额支持。二审法院参考相关作品的付酬标准，综合考虑毕飞宇版《推拿》作品的知名度、陈枰和西苑出版社的侵权情节、主观过错程度等因素，酌情确定陈枰和西苑出版社赔偿毕飞宇经济损失的数额。 4. 毕飞宇和人民文学出版社主张西苑出版社出版的陈枰版《推拿》使用了与人民文学出版社出版的毕飞宇版《推拿》图书相同的书名，属于《反不正当竞争法》（1993 年）第五条第（二）项规定的擅自使用知名商品特有的名称，造成和他人的知名商品相混淆，使购买者误认为是该知名商品的不正当竞争行为。毕飞宇作为作者和人民文学出版社作为出版者，均属于毕飞宇版《推拿》作为商品的经营者，对于该图书的出版发行享有利益，有权确保该图书在市场流通过程中的利益不受侵害，制止相关经营者针对该图书实施的不正当竞争行为。 5. 在中国境内具有一定的市场知名度，为相关公众所知悉的商品，应当认定为《反不正当竞争法》（1993 年）第五条第（二）项规定的“知名商品”。人民法院认定知名商品，应当考虑该商品的销售时间、销售区域、销售额和销售对象，进行任何宣传的持续时间、程度和地域范围，作为知名商品受保护的情况等因素，进行综合判断。认定《反不正当竞争法》（1993 年）第五条第（二）项所称的知名商品是为保护具有区别商品来源意义的商品特有名称的，只要其在相关公众中具有一定的知名度即可，并不要求为相关公众广为知晓。 6.《反不正当竞争法》第五条第（1993 年）（二）项规定，擅自使用知名商品特有名称，或者近似名称，造成与他人知名商品相混淆，使购买者误认为是该知名商品的，构成不正当竞争行为。由此可知，该不正当竞争行为的法律构成要件应当包括：其一，使用要件，即使用与知名商品相同或者相近似的商品名称；其二，授权要件，即该使用未获得授权；其三，混淆要件，即该使用行为导致相关公众的混淆或者误认

续表

案例规则	1. 出版社在出版经过二次创作的作品（改编、汇编、翻译等）时，一定要经过二次创作作品的著作权人和原著作权人的双重授权许可。 2. 不能显著区分于其他商品的标注、标识，如标注、标识过小或位置不明显等，需要社会公众凝神聚力才能发现区别的商品，可以与其他具有广泛社会认可性的商品认定为同一商品

二、案例综述

【主要诉请】

一审原告毕飞宇、人民文学出版社有限公司请求法院认定被告陈枰、西苑出版社的行为构成著作权侵权及不正当竞争，请求法院判令被告陈枰、西苑出版社停止出版发行陈枰版《推拿》、王府井书店停止销售陈枰版《推拿》，并赔偿原告经济损失。

【基本事实】

1. 主诉事实：原告毕飞宇未对被告的出版行为进行授权，被告的行为已侵犯了原告的著作权。

原告毕飞宇诉称其未对剧本的出版进行授权，毕飞宇仅对中融公司的电视剧改编权予以授权，且认可中融公司将该电视剧改编权转授予禾谷川公司，并未授予其剧本的出版权。被告答辩称其出版行为系经过原告毕飞宇层层授权改编而成的电视剧剧本，是在行使改编权的作品，被告陈枰版《推拿》系剧本而非小说，剧本应有独立的著作权，且推荐上架的标注是为了方便图书上架，而非表明图书性质。鉴于此，被告并未侵犯原告的著作权。

法院审查确定的事实：一、二审法院均认定下述事实，即原告毕飞宇系小说《推拿》的著作权人，2008 年 8 月，毕飞宇与人民文学出版社签订了《图书出版合同》，授予人民文学出版社专有出版权来对作品《推拿》的原本、修订本、缩减本进行出版。2009 年 7 月，毕飞宇授予中融公司《推拿》的独家电视剧改编权且中融公司不具有小说《推拿》的出版权。2010 年 12 月，中融公司经毕飞宇同意将该电视改编权转让给禾谷川公司。2011 年 1 月，禾谷川公司与陈枰签订《文学作品委托改编创作合同》，委托陈枰为《推拿》的电视剧改编编剧，同时约定陈枰享有对《推拿》剧本的署名权，以及禾谷川公司所拥有的《推拿》剧本发表权范围内的图书发表权及收益权。而被告王府井书店销售的图书《推拿》系陈枰著，西苑出版社出版，且封面和书脊上注明“优秀电视剧剧作全文本、根据第八届茅盾文学奖得主毕飞宇同名长篇小说改编”等字样，且推荐上架的标注为“小说”。另法院查明的事实，禾谷川公司并未授权给被告陈枰出版剧本的权利，且剧本推荐上架的标注应为

"电视文学剧本"，被告西苑出版社在出版《推拿》时，删除了剧本元素，增加了小说元素，因此被告陈枰版《推拿》的性质应认定为小说，并且被告也无证据证明其出版行为已获原告许可。

综上所述，被告的行为确已侵犯原告的著作权。

2. 主诉事实：被告的行为已构成不正当竞争。

原告诉称毕飞宇版小说《推拿》获奖众多，该小说已获得社会大众认可，具有较高的知名度。西苑出版社出版陈枰版《推拿》系明显的存在攀附、搭便车的行为，该书的出版已经误导了消费者，引起消费者的混淆，损害了原告人民文学出版社的合法权益，构成了不正当竞争。被告答辩称陈枰已从禾谷川公司获得授权，且陈枰授权西苑出版社出版《推拿》作品时，已承诺发生侵权，其承担全部责任，不存在擅自使用《推拿》名称的事实，故其不构成不正当竞争。

法院审查确定的事实：对于是否构成不正当竞争，一审、二审法院之间有分歧。一审法院认定被告不构成不正当竞争，理由为对于图书此种特殊商品来说，书名即为图书名称，陈枰版《推拿》系根据毕飞宇同名小说改编，故图书名称均为《推拿》，且陈枰版《推拿》一书在封面及书脊上均标注"优秀电视剧剧作全文本、根据第八届茅盾文学奖得主毕飞宇同名长篇小说改编"，该行为已将毕飞宇版图书同该图书进行了区分，相关消费者亦不会产生混淆认知，故被告的行为不构成不正当竞争。

二审法院则改判为被告构成不正当竞争，理由为：第一，毕飞宇版《推拿》获得中国文学界具有最高荣誉的文学大奖之茅盾文学奖，其知名度当然及于长篇小说及其他文学作品。西苑出版社出版的陈枰版《推拿》是在电视剧剧本基础上进行了一定程度的小说化处理的作品，与毕飞宇创作的长篇小说均为同一题材的文学作品，基本上属于相同商品。陈枰版《推拿》使用的名称与毕飞宇版《推拿》完全相同。第二，虽然陈枰根据毕飞宇的同名小说改编创作《推拿》电视剧剧本获得了毕飞宇的授权，而且改编自小说《推拿》的电视剧剧本使用《推拿》作为名称也具有合理性，甚至必然性，但是陈枰和西苑出版社并不具有出版电视剧剧本的授权，也就是说不具有将相关改编的电视剧剧本推向文化市场、作为图书商品流通的授权。第三，陈枰版《推拿》与毕飞宇版《推拿》的名称完全相同，根据陈枰版《推拿》腰封背面图书"建议上架"的标注，陈枰版《推拿》在书店书架中会出现在与毕飞宇版《推拿》相同的销售区域。虽然陈枰版《推拿》在封面和书脊上方标注了"优秀电视剧剧作全文本、根据第八届茅盾文学奖得主毕飞宇同名长篇小说改编"字样，在腰封上亦载有"陈枰 / 著 40 万字全文本一字未删与电视剧不一样的体验央视大戏实力派濮存昕、张国强、高亚麟倾情演绎"等字样，但是，封面和书脊上的标注字体极小，需要凝神注目仔细观看才能辨认清楚，相关公众在浩如烟海的图书市场中选购图书时对于这种极小字体的标注字样施加通常的注意力是不易发现的；腰封上的“40 万字全文本一字未删与电视剧不一样的体验”等表述亦无法让相关公众清晰辨别该书是电视剧剧本还是小说，因为小说相较电视剧剧本更可以给相关公众提供与电视剧不一样的体验，也更符合相关公众看过电视剧后通常会产生的阅读原著小说的心理需求。因此，相关标注不足以排除相关公众产生混淆、误认的可能性。在毕飞宇版《推拿》具有较高的知名度，“推拿”已经具有识别商品来源作用的情况下，相关公众一看到《推拿》这个书名，首先想到的是毕飞宇版《推拿》，在陈枰版《推拿》未附加足够醒目的区别性特征的情况下，相关公众存在误认为陈枰版《推拿》就是毕飞宇版《推拿》，或者两者存在特定联系的可能性。第四，西苑出版社在明知其出版的涉案图书并非长篇小说的情况下，仍将该书版权页主题词标注为“长篇小说——中国——当代”，图书亦建议在“当代小说”区域上架销售，将电视剧剧本进行了一定程度的小说化处理，在该书封面等处将涉及改编的相关内容使用极小的字体予以标注等行为，均体现出西苑出版社具有误导消费者、攀附毕飞宇版《推拿》声誉的主观故意。故被告的行为构成不正当竞争。

【核心要点】

1. 陈枰版《推拿》的性质认定，是小说还是电视剧剧本？
2. 陈枰版《推拿》的出版行为是否已得到毕飞宇的授权许可？
3. 被告是否构成对原告的不正当竞争？

三、案例评析

【案例背景】

在文学商业化、影视工业化的今天，越来越多的小说被改编成剧本，拍成影视剧。但是，有效的小说被改编成剧本出版后，原作者与改编者之间却因为“改编作品是否有权出版”发生纠纷，诉诸法院的情形时有发生。本案被告编剧陈枰、西苑出版社就是在未经原作者，即本案原告毕飞宇的许可授权下，擅自出版了改编自毕飞宇同名小说《推拿》一书从而引发的著作权侵权纠纷案，同时又涉及出版社之间的不正当竞争。随着该案二审改判，这一纠纷再度引发了作者和编剧之间关于著作权归属问题、赔偿数额认定问题以及不正当竞争构成问题的相关讨论。

【名词解析】

1. 专有出版权。

专有出版权是著作权的一种邻接权，主要是指图书出版者依据与著作权人签订的图书出版合同而享有的在一定期限内独占出版其作品的权利，在此期限内，著作权人不得再许可他人出版。

2. 双重著作权许可。

在本案中，双重著作权许可指的是《著作权法》第三十五条所规定的，出版他人改编作品需要原著作权人和改编作品著作权人的双重许可。

3. 知名商品。

根据国家工商行政管理局《关于禁止仿冒知名商品特有名称、包装、装潢的不正当竞争行为的若干规定》和最高人民法院相关司法解释，知名商品是指在市场上具有一定的知名度，为相关公众所知悉的商品。

【焦点评析】

1. 关于著作权侵权。

《著作权法》第十条规定了著作权人享有改编权；第三十一条对专有图书出版权作出了相关规定；第三十五条则规定了出版改编作品需要改编的著作权人和原作品的著作权人的双重许可；第四十八条规定了出版他人享有专有出版权的图书的行为是侵权行为及应承担的法律责任。简言之，在出版改编他人的作品时，一定要取得改编作品著作权人和原著作权人的双重许可。该案中，被告出版陈枰版《推拿》的行为并未获得原著作权人毕飞宇的授权许可，系侵犯原告著作权的行为。笔者认为本案一审、二审法院对被告侵犯原告著作权行为的认定确系事实清楚，适用法律正确。

2. 两审法院关于不正当竞争认定的异同。

《最高人民法院关于审理不正当竞争民事案件应用法律若干问题的解释》第一条第一款对知名商品的构成及认定作了明确规定，第一条第二款中规定能够证明善意使用的行为，不构成不正当竞争。本案一、二审法院在此问题上的意见发生分歧，一审法院认为陈枰版《推拿》改编自毕飞宇版《推拿》，名称一致有合理之处，其已通过标注“优秀电视剧剧作全文本、根据第八届茅盾文学奖得主毕飞宇同名长篇小说改编”字样作了区分，不会导致相关公众混淆。但二审法院通过对比两版《推拿》的名称、题材、内容、上架建议类别等，认定陈枰版《推拿》存在搭便车行为，关于陈枰版《推拿》的区分标注，二审法院认为字体极小，相关公众仅施加通常注意力无法注意到，故其可以导致相关公众混淆，构成不正当竞争行为。笔者同意二审法院的意见，毕飞宇版小说《推拿》获奖众多，该小说已获得社会大众认可，具有较高的知名度。西苑出版社出版陈枰版《推拿》系明显的存在攀附、搭便车的行为，因为作为区别商品的重要特征，在标注时应该以显著方式标注，要达到相关公众可以明显注意到并区别于其他商品的程度，从而客观上避免产生误解、发生混淆，陈枰版《推拿》不能明显区别于毕飞宇版《推拿》，系搭便车之行为，构成不正当竞争。

3. 赔偿数额的认定。

对于被告是否构成著作权侵权行为，一审、二审法院在侵权认定上没有异议，在赔偿数额上，二审法院认定一审法院所判决的赔偿数额过低，因而将五万元改为十四万元。在实务中，由于对赔偿具体数额的举证比较困难，因此大多数当事人均不能提供充分的证据来证明其所受损失的具体数额，因此赔偿数额的多少在法院的自由裁量权之下。本案中，法院在认定具体数额时系以相关作品的付酬标准、综合考量毕飞宇版《推拿》作品的知名度、陈枰和西苑出版社的侵权情节、主观过错程度等因素的基础上来综合判断的，这也是司法实践中著作权侵权类型案件最常见的赔偿认定方法。

但是，这种认定方法在近年来饱受争议，由于缺乏统一裁量标准，各地法院的裁量数额相差过大时有发生，甚至同一地区的法院，有时也会出现案件事实类似但酌定数额相差过大的问题。这种情况的出现，客观上损害了"法律面前人人平等"原则，也使得法律的权威性和裁判的正当性受到质疑。

笔者认为，常见的著作权侵权行为种类并不多，最高人民法院可以出台相关司法解释，对常见的侵权行为做统一提炼、归纳，并针对侵权行为在酌定赔偿时规定相应的数额范围，各地高级人民法院可在该数额范围内根据本地经济发展情况进行细化规定，其辖区内法院再根据细化规定针对个案进行裁量。这样做的好处是做到最大可能地统一裁判尺度，在竖立司法权威的同时，也有助于防范司法腐败。

对于图书出版行业，通常法院对于赔偿数额会参考行政部门颁布的稿酬相关规定，2014 年国家版权局和发改委颁布的《使用文字作品支付报酬办法》将稿酬最高额限定为每千字 300 元，但根据笔者调查，出版社在向知名作者约稿时，屡屡突破这一数字，因此法院在处理知名作家创作的知名作品遭受著作权和不正当竞争竞合侵权时，可以考虑在稿酬规定之上，酌情增加赔偿数额。

4. 关于知名商品特有性的认定。

笔者认为，知名商品特有名称来源于已有并被社会广泛知晓的词汇，只要该商品名称在商业使用上能够客观地起到区别商品来源的作用即可。"推拿"虽然本意是指中医的一种治疗手法，但是将"推拿"作为涉案图书的商品名称，是毕飞宇根据图书内容和主体自助选取使用的，且通过长期发行，已使相关公众在"推拿"与毕飞宇创作的涉案图书中建立了固定的联系。《推拿》作为署名已经具备了知名商品的特有性。陈枰版《推拿》与毕飞宇版《推拿》系同一类别的商品，且陈枰版《推拿》确已引起消费者的混淆。在此基础上结合本案案情，二审法院才认定其构成不正当竞争。

但需要注意的是，本案特殊之处在于陈枰版《推拿》不仅名称与毕飞宇版《推拿》相同，其内容也有很多相似之处，已构成著作权侵权。在此基础上结合具体案情，才认定其构成不正当竞争。就“推拿”二字而言，本意毕竟是指中医的一种治疗手法，相比在本案中被法院认定为知名商品的毕飞宇版《推拿》小说，更为社会公众所知晓。推拿从业人员广泛分布在中医院和民间中医诊所中，小说中所讲的盲人推拿师仅是其中一小部分。小说中所描述的故事情节，是一种艺术化加工后的内容，也并非大多数推拿从业人员可能会遇到的普遍性问题。

5. 关于著作权与不正当竞争侵权竞合。

本案一、二审对于著作权侵权均根据著作权法进行认定，但对于不正当竞争一审并没有认定，二审根据涉案作品与毕飞宇原作之间的对比，认定涉案作品构成不正当竞争。

在著作权领域涉及不正当竞争较少，即使存在不正当竞争行为，一般法院会以著作权侵权涵盖不正当竞争为由，对不正当竞争行为不予认定，或在考虑著作权侵权的数额时酌情予以增加，而不认定不正当竞争侵权行为的存在。本案中，虽然涉案作品在封面做了说明，注明是剧本，而不是小说。但因为其注释字体过小，且购书者在选择一本书时，慕名而来的可能性较大，故陈枰版本的《推拿》一书存在攀附名牌的故意。另外，一般购书者选择图书时不可能完全将图书翻阅，一般是翻阅封面、目录或前几个章节，甚至几页就作出购买的决定，因此，陈枰版本的《推拿》很容易在相关消费者当中造成混淆。

6. 关于举证责任。

对于此类案件，原告无法就涉嫌侵权图书销量等举证，而因出版社原因图书版权页不予记载印数，或虽然记载印数，大多与实际情况不符。原告为证明销量，应主动向一审法院提出申请，请法院对销量进行调查，或由法院责令被告方出版社提供具体印数的数据。据笔者所知，出版社一般有专门的软件对图书的印制、销售、在途和库存进行管理，其数据基本准确。鉴于目前我国出版行业的国有及垄断性质，其作伪证的可能性较小，故笔者认为此后该类案件，法院应依照原告申请或依职权对该等对赔偿数额有较大影响的数据进行调查或责令相关责任人提供，以提高审批效率、将赔偿数额与实际损失或被告获利有机结合。

【总体评价】

该纠纷是一个涉及侵犯图书专有出版权、改编权以及恶意攀附、搭便车从而构成不正当竞争的经典案例。在当下作家被侵权的成本太低、维权成本高的环境下，该案有一定的警示作用。原告毕飞宇也提出其在转让《推拿》电视剧版权的时候，在签署合同时特地加上了一条保护性条款，即仅有改编权，这也给广大作家在如何避免权益受损方面提供了经验。

该案判决出来以后，对作家授权、编剧改编剧本，对出版社出版小说、剧本都将起到重要借鉴作用；同时，也将对出版界、影视界提高法律意识、增强行业自律起到重要作用；此外，还将加强对文学原创的知识产权的保护、维权。

【案例规则】

1. 出版社在出版经过二次创作的作品（改编、汇编、翻译等）时，一定要经过二次创作作品的著作权人和原著作权人的双重授权许可。

2. 不能显著区分于其他商品的标注、标识，如标注、标识过小或位置不明显等，需要社会公众凝神聚力才能发现区别的商品，可以与其他具有广泛社会认可性的商品认定为同一商品，构成不正当竞争。

北京乐动卓越科技有限公司诉北京昆仑乐享网络技术有限公司、北京昆仑在线网络科技有限公司、北京昆仑万维科技股份有限公司侵害著作权及不正当竞争纠纷案

李晓月[①] 赵俊杰[②]

一、案例基本信息

案例类型	著作权 仿冒行为 虚假宣传 不正当竞争 民事案件
案件名称	北京乐动卓越科技有限公司诉北京昆仑乐享网络技术有限公司、北京昆仑在线网络科技有限公司、北京昆仑万维科技股份有限公司侵害著作权及不正当竞争纠纷案
裁判文书	一审：北京知识产权法院（2014）京知民初字第1号《民事判决书》
合议庭成员	一审：审判长陈锦川、审判员芮松艳、审判员彭文毅
一审原告	北京乐动卓越科技有限公司
一审被告	北京昆仑乐享网络技术有限公司、北京昆仑在线网络科技有限公司、北京昆仑万维科技股份有限公司
二审上诉人	无
二审被上诉人	无
受理日期	2014年11月17日
裁判日期	2015年7月20日
法律程序	一审

① 李晓月，河北悦宾律师事务所，律师。
② 赵俊杰，广东翰锐律师事务所，律师。

续表

一审判决结果	一、被告北京昆仑乐享网络技术有限公司、北京昆仑在线网络科技有限公司、北京昆仑万维科技股份有限公司于本判决生效之日起，立即停止不正当竞争行为； 二、被告北京昆仑乐享网络技术有限公司、北京昆仑在线网络科技有限公司、北京昆仑万维科技股份有限公司于本判决生效之日起十日内，连带赔偿原告北京乐动卓越科技有限公司经济损失五十万元； 三、被告北京昆仑乐享网络技术有限公司、北京昆仑在线网络科技有限公司、北京昆仑万维科技股份有限公司于本判决生效之日起十日内连带赔偿原告北京乐动卓越科技有限公司合理支出三万五千元； 四、驳回原告北京乐动卓越科技有限公司的其他诉讼请求
二审判决结果	本案没有第二审程序，原判决已生效
涉案法律、法规和解释	一审： 《中华人民共和国著作权法实施条例》第二条[①]、第二十四条[②]； 《最高人民法院关于审理著作权民事纠纷案件适用法律若干问题的解释》第七条第一款[③]； 《中华人民共和国反不正当竞争法》第五条[④]第（二）项、第九条第一款[⑤]、第二十一条[⑥]；

① 《著作权法实施条例》第二条：著作权法所称作品，是指文学、艺术和科学领域内具有独创性并能以某种有形形式复制的智力成果。

② 《著作权法实施条例》第二十四条：著作权法第二十四条规定的专有使用权的内容由合同约定，合同没有约定或者约定不明的，视为被许可人有权排除包括著作权人在内的任何人以同样的方式使用作品；除合同另有约定外，被许可人许可第三人行使同一权利，必须取得著作权人的许可。

③ 《最高人民法院关于审理著作权民事纠纷案件适用法律若干问题的解释》第七条第一款：当事人提供的涉及著作权的底稿、原件、合法出版物、著作权登记证书、认证机构出具的证明、取得权利的合同等，可以作为证据。

④ 《反不正当竞争法》（1993 年）第五条：经营者不得采用下列不正当手段从事市场交易，损害竞争对手：（一）假冒他人的注册商标；（二）擅自使用知名商品特有的名称、包装、装潢，或者使用与知名商品近似的名称、包装、装潢，造成和他人的知名商品相混淆，使购买者误认为是该知名商品。（三）擅自使用他人的企业名称或者姓名，引人误认为是他人的商品；（四）在商品上伪造或者冒用认证标志、名优标志等质量标志，伪造产地，对商品质量作引人误解的虚假表示。

⑤ 《反不正当竞争法》（1993 年）第九条：经营者不得利用广告或者其他方法，对商品的质量、制作成分、性能、用途、生产者、有效期限、产地等作引人误解的虚假宣传。

⑥ 《反不正当竞争法》（1993 年）第二十一条：经营者假冒他人的注册商标，擅自使用他人的企业名称或者姓名，伪造或者冒用认证标志、名优标志等质量标志，伪造产地，对商品质量作引人误解的虚假表示的，依照《中华人民共和国商标法》、《中华人民共和国产品质量法》的规定处罚。

经营者擅自使用知名商品特有的名称、包装、装潢，或者使用与知名商品近似的名称、包装、装潢，造成和他人的知名商品相混淆，使购买者误认为是该知名商品的，监督检查部门应当责令停止违法行为，没收违法所得，可以根据情节处以违法所得一倍以上三倍以下的罚款；情节严重的可以吊销营业执照；销售伪劣商品，构成犯罪的，依法追究刑事责任。

续表

涉案法律、法规和解释	《最高人民法院关于审理不正当竞争民事案件应用法律若干问题的解释》第二条①。 《中华人民共和国民法通则》第一百三十四条②
裁判要点	1. 在专有许可或独占许可的情况下，只有在合同没有约定或约定不明时，被许可人才有权排除著作权人在内的任何人以同样的方式使用作品，即著作权法并不排除著作权人通过与被许可人的合同约定，许可被许可人以外的第三人以同样的方式使用作品。 2. 网页下方标注经营者名称是网站通常做法，而被诉游戏官网网页下端显示有第二被告名称，故上述标注足以认定第二被告系该网站的经营者，其与被诉游戏的下载及经营等行为具有关联关系，应对与上述行为承担相关责任。 3. 判断其是否有独创性（判决书中用“创作性”来表述的），应考虑其是否同时具有以下特征：其一，该词组或短语是否存在作者的取舍、选择、安排、设计。其二，该词组或短语能否相对完整地表达或反映出作者的思想情感、传达一定的信息。 4. 判断原告游戏中的五个人物形象是否构成改编作品的关键在于，该五个人物形象是否是在原有动漫形象的基础上，经过独创性劳动而得到的新作品。鉴于原告主张涉案游戏形象构成美术作品，而美术作品强调的是作者在作品造型等方面所付出的创造性劳动。因此，对这一问题的判断应考虑的是原告涉案游戏形象在造型上是否具有新的独创性的表达

① 《最高人民法院关于审理不正当竞争民事案件应用法律若干问题的解释》第二条：具有区别商品来源的显著特征的商品的名称、包装、装潢，应当认定为反不正当竞争法第五条第（二）项规定的“特有的名称、包装、装潢”。有下列情形之一的，人民法院不认定为知名商品特有的名称、包装、装潢：（一）商品的通用名称、图形、型号；（二）仅仅直接表示商品的质量、主要原料、功能、用途、重量、数量及其他特点的商品名称；（三）仅由商品自身的性质产生的形状，为获得技术效果而需有的商品形状以及使商品具有实质性价值的形状；（四）其他缺乏显著特征的商品名称、包装、装潢。

前款第（一）、（二）、（四）项规定的情形经过使用取得显著特征的，可以认定为特有的名称、包装、装潢。

知名商品特有的名称、包装、装潢中含有本商品的通用名称、图形、型号，或者直接表示商品的质量、主要原料、功能、用途、重量、数量以及其他特点，或者含有地名，他人因客观叙述商品而正当使用的，不构成不正当竞争行为。

② 《民法通则》第一百三十四条：承担民事责任的方式主要有：（一）停止侵害；（二）排除妨碍；（三）消除危险；（四）返还财产；（五）恢复原状；（六）修理、重作、更换；（七）赔偿损失；（八）支付违约金；（九）消除影响、恢复名誉；（十）赔礼道歉。

以上承担民事责任的方式，可以单独适用，也可以合并适用。

人民法院审理民事案件，除适用上述规定外，还可以予以训诫、责令具结悔过、收缴进行非法活动的财物和非法所得，并可以依照法律规定处以罚款、拘留。

续表

裁判要点	5. 对他人在先作品的改编，作品自创作完成之日起产生著作权。即便系未经原著作权人许可而创作的改编作品，亦是作者创作活动的产物，创作者所付出的创作性劳动同样应受到保护
案例规则	1. 专有许可或独占许可合同中，对独占许可或专有许可没有约定或约定不明时，被许可人有权排除著作权人在内的任何人以同样的方式使用作品。 2. 判断人物形象是否构成改编作品的关键在于，该人物形象是否是在原有动漫形象的基础上，经过独创性劳动而得到的新作品，在造型上是否具有新的独创性的表达。 3. 改编作品未经原著作权人授权，该改编作品仍然可以受到法律保护

二、案件综述

【主要诉请】

请求法院依法判令：

1. 三被告在新浪网、网易、腾讯网、搜狐网、17173.techweb 媒体及昆仑游戏官网、《超级 MT》游戏内公告向原告赔礼道歉；

2. 三被告立即停止侵犯著作权行为及不正当竞争行为；

3. 三被告连带赔偿原告因侵犯著作权行为对原告造成的损失 200 万元；

4. 三被告连带赔偿原告因不正当竞争行为对原告造成的损失 200 万元；

5. 三被告连带承担原告为制止其侵犯著作权行为所支付的律师费用、公证费用 10.5 万元；

6. 三被告连带承担原告为制止其不正当竞争行为所支付的律师费用、公证费用 10.5 万元。

【基本概述】

乐动卓越公司经授权取得 3D 动漫《我叫 MT》系列游戏的改编权，是移动终端游戏《我叫 MTon line》、《我叫 MT 2》的著作权人，对游戏名称、人物名称享有独占被许可使用权；对人物形象享有美术作品著作权。

乐动卓越公司认为昆仑乐享公司等未经其许可，使用相似的游戏名称、人物名称、人物形象，侵犯了其著作权；昆仑乐享公司等抄袭游戏名称、虚假宣传，存在不正当竞争行为，遂向北京知识产权法院提起诉讼。

昆仑乐享公司等答辩认为，原告不享有独立的诉权；原告对游戏《我叫 MT》、游戏名称、五个游戏人物名称及形象均不享有著作权；被告并未实施侵犯原告著作权的行为及未对原告方构成不正当竞争，请求法院依法驳回原告诉讼请求。

【争议焦点】

1. 著作权方面：

（1）被诉行为是否构成对原告文字作品改编权和信息网络传播权的侵害；

（2）被诉行为是否构成对原告改编作品署名权、复制权和信息网络传播权的侵害。

2. 竞争法方面：

（1）被诉行为是否属于擅自使用原告知名服务特有名称的不正当竞争行为；

（2）被诉宣传行为是否属于虚假宣传的不正当竞争行为。

【法院认定】

1. 原告适格部分。

（1）各被告依据约定认为原告不享有独占被许可使用权，并进而针对侵犯著作权这一事由不享有独立诉权的主张不能成立。涉案协议规定，在授权期内，甲方在经乙方事先书面同意的情况下，可以授权第三方公司或者甲方自己开发根据授权作品改编而成的与合作游戏不同类的游戏作品。这一约定意味着，如果七彩公司自行或允许第三方开发动漫《我叫 MT》，均应经原告书面同意，故其不仅不能否认原告享有独占被许可使用权，反而明确了该权利的具体内容。

（2）针对不正当竞争这一诉由，原告是否享有独立的诉权，取决于其与该诉由是否有直接利害关系。《反不正当竞争法》保护的是经营者基于市场经营行为所获得的经营利益，而原告在本案中所主张的经营利益系其对涉案游戏《我叫 MT》所享有的利益。

2. 改编作品具有独创性，可以受到法律保护。

原告主张涉案游戏中的五个人物形象系在动漫《我叫 MT》的相关形象上进行创作而形成的改编作品。鉴于原告主张涉案游戏形象构成美术作品，而美术作品强调的是作者在作品造型上所付出的创造性劳动，因此，对这一问题的判断应考虑的是原告涉案游戏形象在造型上是否具有新的独创性的表达。因无论是《我叫 MT》动漫人物形象，还是原告游戏人物形象，均系由面部形象、服装及武器三个部分构成，故对原告游戏人物形象是否构成改编作品，应从面部形象、武器、服饰这三个方面进行分析，经分析认为原告涉案游戏形象在造型上具有新的独创性的表达，已经构成改编作品。

经过对比可以看出，被诉游戏中的五个人物形象的武器及服饰和原告游戏中五个对应形象的武器与服饰差异较大，未构成实质性近似。因此，被诉游戏中的人物形象并未使用原告独创性的表达。此外，因被诉游戏的 App 头像未显示武器和衣服，因此，其亦未使用原告独创性表达。综上，原告认为被诉游戏中相应人物形象的使用构成对其改编作品的署名权、复制权及信息网络传播权的侵犯的主张不能成立。

3. 不正当竞争：违背诚信，擅自使用知名商品特有名称和虚假宣传。

（1）各被告与原告同为手机游戏经营者，原告游戏系在先上线且具有一定知名度，各被告对此显然知晓，各被告不仅不希望对原告游戏名称进行避让，反而希望用户产生相应误解，具有明显的搭便车恶意。

（2）各被告在明知原告《我叫MT》游戏名称及相关五个人物名称在手机游戏上已构成知名服务的特有名称的情况下，仍将其游戏命名为《超级MT》，将游戏中五个人物形象命名为“小T、小馒、小劣、小呆、小德”，并向用户提供，同时进行相关宣传，上述行为已违反《反不正当竞争法》第五条第（二）项的规定，构成不正当竞争行为。

（3）本案中，原告主张被告虚假宣传行为的表现形式主要分为两种：使用与原告游戏中人物相近的App头像；使用虚假的宣传用语。其中，宣传用语主要表现为以下方式：“我叫MT原班人马打造/配音”、“我叫MT动画原班人马打造”、“MT原班人马打造《小小兽人》正式更名《超级MT》”、“《小小兽人》与《我叫MT》动画团队达成战略合作，并正式更名《超级MT》、《我叫MT》原班人马二次开发《小小兽人》更名《超级MT》”等。

对于App头像的使用行为，虽然被诉游戏的App头像与原告游戏中“呆贼”形象相近，但被告对于头像的使用行为并不属于通常意义上的宣传行为，因此，原告认为上述行为构成虚假宣传行为的主张不能成立。

各被告关于上述宣传用语表述会使用户认为被诉游戏系源于《我叫MT》动漫或游戏并未举证证明其为客观事实，因此，各被告的上述宣传构成虚假宣传行为。

三、案例评析

【时代背景】

《反不正当竞争法》颁布于1993年，当时网络科技在我国尚未成为大众所熟知的事情，而《著作权法》所规定的侵权行为，也没有当前这样复杂，因此法律的滞后性增加了法律具体适用的困难。同时，商品化权在中国没有明确的法律规定，最新的案例请参考《功夫熊猫》案。

《功夫熊猫》案审理法院的裁判说理表明，商品化权确非我国现行法律所明确规定的民事权利或法定民事权益类型，但当电影名称或电影人物形象及其名称因具有一定知名度而不再单纯局限于电影作品本身，与特定商品或服务的商业主体或商业行为相结合，电影相关公众将其对于电影作品的认知与情感投射于电影名称或电影人物名称之上，并对与其结合的商品或服务产生移情作用，使权利人据此获得电影发行以外的商业价值与交易机会时，则该电影名称或电影人物形象及其名称可构成适用2001年《商标法》第三十一条

“在先权利”予以保护的在先“商品化权”。

【名词解释】

1. App。

App是一种应用软件，是英文Application的简称，通常是移动设备手机和平板的操作系统中的应用程序，现在App多指第三方应用程序。

2. 信息网络传播权。

信息网络传播权是指以有线或者无线方式向公众提供作品、表演或者录音录像制品，使公众可以在其个人选定的时间和地点获得作品、表演或者录音录像制品的权利。

3. 改编权。

改编权是指改编作品的权利，即改变原作品，创作出具有独创性的新作品的权利。改编者对改编作品享有著作权，但是其行使著作权时不得损害原作品作者的著作权。

4. 不正当竞争行为。

不正当竞争行为是指经营者在市场竞争中，采取非法的或者有悖于公认的商业道德的手段和方式，与其他经营者相竞争的行为。不正当竞争行为有混淆行为、虚假宣传、商业贿赂、侵犯商业秘密、低价倾销、不正当有奖销售等。

5. 知名服务特有名称。

我国《商标法》第四条第二款规定，本法有关商品商标的规定，适用于服务商标。

《反不正当竞争法》(1993年)在第五条设定了保护知名商品特有名称的基本规则。根据国家工商行政管理局《关于禁止仿冒知名商品特有的名称、包装、装潢的不正当竞争行为的若干规定》(简称《若干规定》)第三条，并结合最高人民法院《关于审理不正当竞争民事案件应用法律若干问题的解释》第一条的规定，“知名商品”可理解为是指“在中国境内，具有一定市场知名度，为相关公众所知悉的商品”。人民法院认定知名商品，综合考量因素包括：(1)销售时间、销售区域、销售额和销售对象；(2)进行任何宣传的持续时间、程度和地域范围；(3)作为知名商品受保护的情况，等等。前述《若干规定》在第四条第一款作出一个对原告来讲比较宽松的“反推”规则，即商品的名称被他人擅自作相同或者近似使用，足以造成购买者误认的，该商品即可认定为知名商品。

特有名称，是指不为相关服务所通用，具有显著区别性特征，并通过在服务上的使用，使消费者能够将该服务与其他经营者的同类服务相区别的服务名称，但已经注册为商标后，就不再具有知名服务特有名称的属性，而具有了注册商标权的专有性。

6. 虚假宣传。

虚假宣传是指在商业活动中经营者利用广告或其他方法对商品或者服务作出与实际内容不相符的虚假信息，导致客户或消费者误解的行为。这种行为违反诚实信用原则，违反公认的商业准则，是一种严重的不正当竞争行为。

【焦点评析】

本案是一起涉及移动终端游戏的著作权侵权及不正当竞争纠纷案。判决书在著作财产权的改编权、商品化权、虚假宣传等方面，进行了说理。审理法院对游戏名称及人物名称等简短词组能否构成文字作品、移动终端游戏名称是否可以构成知名商品特有名称等诸多法律问题，作了细致的分析。

本案在确定作品是否具有独创性方面，确立了应根据实际情况判断名称、标题等词组或短语是否有创作性，还要考虑其是否同时具有以下特征：其一，该词组或短语是否存在作者的取舍、选择、安排、设计。对于作者不具有选择与安排空间的词组或短语，因属于“思想与表达的混合”，故不被认定有创作性。普通的或者常用的词组或短语，亦不具有独创性。其二，该词组或短语能否相对完整地表达或反映出作者的思想情感、传达一定的信息。作品是作者思想情感的表达，是沟通作者和其他社会成员的桥梁或纽带，一个词组或短语如果不能给予读者一个确切的意思，那么不应认定其有创作性。从而确定了认定作品是否具有独创性的判断方法。

本案明确了对移动终端游戏知识产权法律保护的思路和方向，对推动移动终端游戏产业的健康发展具有示范作用。本案判决结果不足之处在于赔偿金额不尽如人意，对震慑今后类似侵权及不正当竞争行为所起到的作用，效果并不明显。

【案例规则】

在著作权侵权及不正当竞争纠纷案中，确定权利人是否享有相关权利、主体资格、改编作品是否具有独创性及法律保护等问题时，应当遵循以下规则：

1. 专有许可或独占许可合同中，对独占许可或专有许可没有约定或约定不明时，被许可人有权排除著作权人在内的任何人以同样的方式使用作品；

2. 判断人物形象是否构成改编作品的关键在于，该人物形象是否系在原有动漫形象的基础上，经过独创性劳动而得到的新作品，在造型上是否具有新的独创性的表达；

3. 改编作品未经原著作权人授权，该改编作品仍然可受法律保护。

深圳市超脑力信息咨询有限公司诉苏州新右脑文化传播有限公司侵害著作权及不正当竞争纠纷案

李雪宇[①]

一、案例基本信息

案例类型	侵害著作权　虚假宣传　不正当竞争　民事案件
案例名称	深圳市超脑力信息咨询有限公司诉苏州新右脑文化传播有限公司侵害著作权及不正当竞争纠纷案
裁判文书	一审：江苏省常熟市人民法院（2015）熟知民初字第00074号《民事判决书》
合议庭成员	一审：审判长陆金保、审判员李军、人民陪审员瞿元栋
一审原告	深圳市超脑力信息咨询有限公司（本文简称“超脑力公司”）
一审被告	苏州新右脑文化传播有限公司（本文简称“新右脑公司”）
二审上诉人	未查询到二审情况[②]
二审被上诉人	未查询到二审情况
受理日期	2015年1月21日
裁判日期	2015年4月2日
审理程序	一审
一审判决结果	一、被告苏州新右脑文化传播有限公司赔偿原告深圳市超脑力信息咨询有限公司经济损失人民币15000元，此款于本判决生效后十日内支付。 二、驳回原告深圳市超脑力信息咨询有限公司的其他诉讼请求

① 李雪宇，云南凝杰鼎济律师事务所，高级合伙律师。

② 由于未查询到二审的情况，本案仅以一审判决为基础进行案例评析。

续表

二审判决结果	未查询到二审情况
涉案法律法规和解释	一审： 《中华人民共和国反不正当竞争法》（1993 年）第九条[①]； 《最高人民法院关于审理不正当竞争民事案件应用法律若干问题的解释》第八条[②]、第十七条[③]； 《中华人民共和国商标法》第六十三条[④]； 《最高人民法院关于适用 < 中华人民共和国民事诉讼法 > 的解释》第九十条[⑤]。

---

① 《反不正当竞争法》（1993 年）第九条：经营者不得利用广告或者其他方法，对商品的质量、制作成分、性能、用途、生产者、有效期限、产地等作引人误解的虚假宣传。

② 《最高人民法院关于审理不正当竞争民事案件应用法律若干问题的解释》第八条：经营者具有下列行为之一，足以造成相关公众误解的，可以认定为反不正当竞争法第九条第一款规定的引人误解的虚假宣传行为：（一）对商品作片面的宣传或者对比的；（二）将科学上未定论的观点、现象等当作定论的事实用于商品宣传的；（三）以歧义性语言或者其他引人误解的方式进行商品宣传的。

以明显的夸张方式宣传商品，不足以造成相关公众误解的，不属于引人误解的虚假宣传行为。

人民法院应当根据日常生活经验、相关公众一般注意力、发生误解的事实和被宣传对象的实际情况等因素，对引人误解的虚假宣传行为进行认定。

③ 《最高人民法院关于审理不正当竞争民事案件应用法律若干问题的解释》第十七条：确定反不正当竞争法第十条规定的侵犯商业秘密行为的损害赔偿额，可以参照确定侵犯专利权的损害赔偿额的方法进行；确定反不正当竞争法第五条、第九条、第十四条规定的不正当竞争行为的损害赔偿额，可以参照确定侵犯注册商标专用权的损害赔偿额的方法进行。

④ 《中华人民共和国商标法》第六十三条：侵犯商标专用权的赔偿数额，按照权利人因被侵权所受到的实际损失确定；实际损失难以确定的，可以按照侵权人因侵权所获得的利益确定；权利人的损失或者侵权人获得的利益难以确定的，参照该商标许可使用费的倍数合理确定。对恶意侵犯商标专用权，情节严重的，可以在按照上述方法确定数额的一倍以上五倍以下确定赔偿数额。赔偿数额应当包括权利人为制止侵权行为所支付的合理开支。……

权利人因被侵权所受到的实际损失、侵权人因侵权所获得的利益、注册商标许可使用费难以确定的，由人民法院根据侵权行为的情节判决给予五百万元以下的赔偿。

⑤ 《最高人民法院关于适用〈中华人民共和国民事诉讼法〉的解释》第九十条：当事人对自己提出的诉讼请求所依据的事实或者反驳对方诉讼请求所依据的事实，应当提供证据加以证明，但法律另有规定的除外。

在作出判决前，当事人未能提供证据或者证据不足以证明其事实主张的，由负有举证证明责任的当事人承担不利的后果。

续表

裁判要点	1. 经营者以歧义性语言或者其他引人误解的方式进行商品或服务宣传的，可以认定为反不正当竞争法所规制的引人误解的虚假宣传行为。 2. 在原被告双方均开展教育培训活动、属于同行业竞争者的情况下，被告在其微信公众号宣传推广业务时，未经授权直接使用从原告网站下载的注有原告注册商标的图片及相关业务介绍，足以造成相关公众的误认，误以为原被告双方之间存在品牌授权、关联关系或者其他业务合作。应认定为引人误解的虚假宣传行为，构成不正当竞争，侵害了原告正常的商业利益
案例规则	经营者以歧义性语言或者其他引人误解的方式进行商品或服务宣传的，可以认定为虚假宣传行为

二、案件综述

【原告的诉请】

原告认为，被告新右脑公司未经原告许可，擅自将原告金牌状元营活动的照片通过微信公众号进行虚假宣传，并且被告公司监事曾系原告员工。原告认为，被告公司的行为在侵犯了原告的著作权的同时，又构成不正当竞争。为此，原告起诉被告，要求被告停止侵权并赔偿经济损失人民币 20 万元。

【案件的基本事实】

原告超脑力公司于 2008 年 1 月 24 日登记注册，企业经营范围包括企业咨询管理、经济信息咨询、企业形象策划、礼仪策划、市场营销策划、文化艺术活动策划等方面，拥有以赵丹（原告公司法定代表人）、谢华为代表的教育团队，曾开展"金牌状元营"等活动并获得部分荣誉。2011 年 1 月 7 日，经国家商标局核准，原告获得第 7600154 号"金牌状元营"注册商标，核定使用在第 41 类服务上，核定使用在教育、培训、讲课、安排和组织培训班、俱乐部服务（娱乐或教育）等服务方面。

被告新右脑公司于 2014 年 10 月 31 日登记注册，法定代表人为周红琴，经营范围包括文化艺术交流与策划、市场营销策划、企业营销策划、市场营销策划、商务信息咨询、教育信息咨询等方面。

2014 年 11 月 27 日，被告新右脑公司微信公众号获得认证。此后，被告新右脑公司利用微信公众号发布"集分享赢《最强大脑》常熟冬令营门票"宣传活动，同时使用了两张原告"超脑力金牌状元营"活动的宣传图片，并附有"新右脑教育专注于实践'科学用脑、高效学习'的理念"，以及"由多位专家历经 12 年潜心研究与教学实践，已经成功推出全脑开发、超强记忆、创新思维、全脑思维等一系列完善的脑力开发课程，积累了丰富的培训经验，培养了一批专业的讲师和服务团队，并取得了良好的教学成果和社会反响，让更多的学习者拥有快速记忆和创新思维的能力！”等字样。上述图片与文字，均系被告对原告网站中相关宣传的引用。另外，在被告公司使用的涉案图片右下角，均标注有“金牌状元营”与“http：//www.jpzyy.cn”字样。2015 年 1 月 21 日，原告超脑力公司以被告侵犯其著作权同时构成不正当竞争为由，向法院提起诉讼。被告新右脑收悉法院送达的应诉材料后，将涉案图片与文字从微信公众号中删除。

涉案图片为原告超脑力公司员工所拍摄，其职务为讲师，并非原告超脑力公司的专业摄影人员。

蒋某于 2014 年 4 月 26 日进入原告超脑力公司工作，次日与原告签订劳动合同，并于 9 月 26 日离职。此后，蒋某进入被告新右脑公司工作，担任公司监事一职。

2014 年 8 月，被告新右脑公司法定代表人周红琴的儿子曾赴深圳市参加原告举办的“金牌状元营”有偿教育培训活动。

【争议焦点及认定】

1. 争议焦点一：被告使用涉案图片的行为是否侵犯了原告的著作权？

一审法院认为，我国著作权法意义上的作品，应当具备一定程度的创造性，其所保护的摄影作品是指借助器械在感光材料或者其他介质上记录客观物体形象的艺术作品。一张照片如要获得著作权法的保护，其不但应当具备光影、色彩、事物、场景、构图等众多元素的结合这一要件，还应当原创性地体现出摄制人员的创造性，彰显其精神劳动与智力判断。对于作品的权属，著作权法则规定，由法人或者其他组织主持，代表法人或者其他组织意志创作，并由法人或者其他组织承担责任的作品，法人或者其他组织视为作者；公民为完成法人或者其他组织工作任务所创作的作品是职务作品，其著作权一般由作者享有，但法人或者其他组织有权在其业务范围内有限使用；受委托创作的作品，著作权的归属由委托人和受托人通过合同约定，合同未明确约定或者没有订立合同的，著作权属于受托人。另外，当事人对自己提出的诉讼请求所依据的事实，除法律另有规定外，还应当提供证据加以证明；在作出判决前，当事人未能提供证据或者证据不足以证明其事实主张的，由负有举证证明责任的当事人承担不利的后果。

本案中，被告在其微信公众号中所使用的涉案图片是否具备创造性以及是否属于著作权法上所规定的作品，暂且不予理涉。但在法院组织的证据交换与开庭审理中，原告超脑力公司一致确认该照片系由其内部工作人员所拍摄，且该工作人员在原告超脑力公司担任讲师一职，并非专业摄影人员。因此，涉案图片并非法人作品。本案审理中，原告超脑力公司仅提供了涉案图片发表在其公司网站上的相关记录与证明，未向法院提供证据证明拍摄人员已将涉案照片的相关权利移转至原告享有。因此，即便该图片属于著作权法上的作品而被赋予著作权，其权利亦应当归属于摄制人员，而非原告超脑力公司。原告超脑力公司在本案中未完成对涉案照片享有除使用以外的相关权利的证明责任，应当承担由此带来的不利后果。简言之，在现有的证据下，原告超脑力公司对涉案图片并不享有著作权，故本院对原告提出的被告使用涉案图片侵犯其著作权的主张不予支持。

2. 争议焦点二：被告使用涉案图片及文字的行为是否构成不正当竞争？

一审法院认为，经营者在市场交易中，应当遵循自愿、平等、公平、诚实信用的原则，遵守公认的商业道德；经营者不得利用广告或者其他方法，对商品与服务的质量、制作成分、性能、提供者等作引人误解的虚假宣传。经营者以歧义性语言或者其他引人误解的方式进行商品或服务宣传的，可以认定为反不正当竞争法所规制的引人误解的虚假宣传行为。

本案中，原被告双方在地理区域上相隔较远，在业务范围上高度近似，在组织机构上亦无关联或者其他许可使用关系，双方应坚持诚信原则来开展日常经营与宣传推广活动。但本案中，被告新右脑公司在利用其微信公众号开展业务与宣传活动中，直接使用原告超脑力公司网站的相关图片与业务介绍。一方面，涉案图片不但是原告开展教育培训活动相关情况的客观记录，更是原告推广其业务的宣传资料，在涉案图片的右下方，明确标注了原告超脑力公司组织的活动“金牌状元营”字样。另一方面，原告在涉案图片所附的相关文字，亦来自原告网站的相关业务介绍。另外，被告新右脑公司法定代表人的直系亲属曾参与原告组织的有偿教育培训活动，被告新右脑公司监事亦为原告超脑力公司前员工，被告对于原告超脑力公司及其业务的相关情况应有一定程度的了解。因此，在原被告双方均开展教育培训活动、属于同行业竞争者的情况下，被告在其微信公众号宣传推广业务时，未经授权直接使用从原告网站下载的注有原告注册商标的图片及相关业务介绍，足以造成相关公众的误认，误以为原被告双方之间存在品牌授权、关联关系或者其他业务合作。因此，被告的上述行为，应认定为引人误解的虚假宣传行为，构成不正当竞争，侵害了原告正常的商业利益。

三、案件评析

【案件背景】

孩子的教育问题，是一个很大的社会问题，是许多家长、老师，甚至教育专家都在冥思苦想的问题，也是国家教育政策所面临的问题。如何让孩子健康成长是每一个父母都关心和重视的问题。在我国教育体制改革尚未找到行之有效的教育之路时，社会的教育培训应然而生，且有一种越办越火的趋势。各父母在寻求一家相对口碑较好的培训机构时会通过熟人、朋友的介绍获取信息，也会通过网络培训机构的宣传获取信息，最终作出选择。

互联网的发展，不仅缩短了社会的距离，也扩宽了社会公众对社会信息的了解范围。但是，由于互联网信息本身也具有一定的局限性，使得社会公众无法对所获信息的正确与否作出准确的判断。

而孩子的教育又是父母关心、不惜成本投入的一种普遍行为。也正是如此，社会培训机构之间就会出现断章取义、公开搭便车的宣传，以此来误导家长，获得培训生源，最终获得利益。

从本案被告的成立时间来看，可以得出是被告法定代表人的孩子去原告处参加了培训之后。原告超脑力公司于2008年1月24日登记注册，企业经营范围包括企业咨询管理、经济信息咨询、企业形象策划、礼仪策划、市场营销策划、文化艺术活动策划等方面，拥有以赵丹（原告公司法定代表人）、谢华为代表的教育团队，曾开展“金牌状元营”等活动并获得部分荣誉。从这些事实来看，原告在行业内应该是具有一定的知名度的。被告是否通过孩子在原告处的培训获得原告的培训资料和培训课程，从案件审理认定的事实上不能看出。但是，至少可以得出被告知悉了原告在培训行业内的知名度，也才有被告在对自己的培训机构进行宣传时，使用了两张原告“超脑力金牌状元营”活动的宣传图片，并附有“新右脑教育专注于实践‘科学用脑、高效学习’的理念”以及“由多位专家历经12年潜心研究与教学实践，已经成功推出全脑开发、超强记忆、创新思维、全脑思维等一系列完善的脑力开发课程，积累了丰富的培训经验，培养了一批专业的讲师和服务团队，并取得了良好的教学成果和社会反响，让更多的学习者拥有快速记忆和创新思维的能力！”等字样。上述图片与文字，均系被告对原告网站中相关宣传的引用。另外，在被告公司使用的涉案图片右下角，均标注有“金牌状元营”与“http：//ww.jpzyy.cn”字样。之所以这样做的目的应该是非常明显的，就是要引起社会公众的关注，让社会公众认为被告的培训机构与原告存在某种联系。事实上，原被告之间是不存在任何联系的。实践中，并不止本案原被告之间存在这样的行为，很多培训机构的宣传也是这样的，这种行为导致公众对培训机构的能力作出非客观的评价，会作出违背本意的非客观性选择，导致消费者的权益受到了损害，非法宣传人也由此获得额外的利益收获。[①] 据此，这类行为应该得到规制，本案判决的意义也在于此，不仅调整了原被告之间的关系，也给社会上类似被告的虚假宣传行为敲了警钟。对规范培训机构的宣传取到积极的示范作用，对消费者的权益保护作出了巨大的贡献。

---

① 做出虚假宣传的培训机构也是需要付出成本的，但是通过不实的虚假宣传可以获得额外的利益。

【摄影技术背景】

我国的《墨经》一书记载了光的直线前进、光的反射，以及平面镜、凹面镜、凸面镜的成像现象。到了宋代，在沈括所著的《梦溪笔谈》中详细叙述了“小孔成像匣”的原理。在西方关于“针孔成像”的记载最早见于古希腊著名哲学家、美学家亚里士多德的著作中。15 世纪意大利人 L.B. 阿贝尔第（Leon Batisti Alberti）研制出最初的暗箱。1851 年，英国雕塑家 F.S. 阿彻尔发现火棉胶是很好的胶合剂，可以将感光化学药品附着于玻璃板上，而不致像蛋白那样变黄或干裂。这是摄影史上第一次大革新，也就是著名的火棉胶“湿板”摄影法。1871 年，英国的一位医生马多克斯发明了另外一种以玻璃为感光版的摄影方法“干版法”，玻璃干版在感光能力上又有提高，质量很稳定，摄影时比“湿法”方便很多，在室外阳光下曝光时间可缩短到 1/25 秒。1888 年，当时的伊斯特曼干板公司（现柯达公司）利用涂布机将感光乳剂涂在透明的软片片基上，用于拍照的胶卷由此诞生并一直沿用到现在。2000 年前后，随着数码相机的发明和广泛进入市场，胶卷相机才逐渐淡出历史舞台，但直到今天，仍然有不少的老摄影艺术家们还在坚持使用胶卷相机并使用传统的冲印技法来冲印照片。20 世纪 60 年代开始了“CCD 芯片”的研究与开发，20 世纪 90 年代后期，数码摄影及配套的电脑图像处理系统迅速崛起，传统的银盐时代受到数码技术的巨大冲击。影像的存储载体变成了 CCD 或 CMOS 芯片，数码摄影的出现，标志着新的数字时代的到来。

由于科学技术的发展感光材料和摄影介质的材料也发生了变化，对摄影作品的认识和发展也随之发生了不断的变化。专业的摄影人员已经逐步退出历史的舞台，不再像原来那样有广阔的适用空间。专业的摄影器材也逐步变为专业或者爱好人士追崇之物。21 世纪早期，随着手机拍照功能的不断进化，再加上 PS 和“美图秀秀”等软件的出现，自拍爱好者人数开始呈几何级数攀升。只要你有手机，只要你的脸和身材能用上，那你就可以记录你的足迹或者你想记录的图片。

也正是如此，关于摄影作品的认定也应该结合时代的发展去理解。要成为摄影作品是否需要达到“其不但应当具备光影、色彩、事物、场景、构图等众多元素的结合这一要件，还应当原创性地体现出摄制人员的创造性，彰显其精神劳动与智力判断”。这一标准是值得思考的问题。不同的人群对光影、色彩、事物、场景、构图等众多元素的理解和观点不一样。老年人与青年人的思考角度不一样，追星族的观点与一般人的观点也不一样。所以，用元素结合以及摄影人员的创造性和智力判断去评价摄影作品的保护并以此为保护的标准显得非常不适合。

【名词解释】

1. 摄影作品。

摄影作品，是指借助器械在感光材料或者其他介质上记录客观物体形象的艺术作品。

何为艺术作品？《伯尔尼保护文学和艺术作品公约》对“文学和艺术作品”一词这样定义：“包括文学、科学和艺术领域内的一切成果，不论其表现形式或方式如何。诸如书籍、小册子和其他文字作品；讲课、演讲、讲道和其他同类性质作品；戏剧或音乐戏剧作品；舞蹈艺术作品和哑剧；配词或未配词的乐曲；电影作品和以类似摄制电影的方法表现的作品；图画、油画、建筑、雕塑、雕刻和版画作品；摄影作品和以类似摄影的方法表现的作品；实用艺术作品；与地理、地形、建筑或科学有关的插图、地图、设计图、草图和立体作品。”这里的定义已经非常明确只要是文学、科学和艺术领域内的一切成果，不论其表现形式或方式如何均属于作品，就应该按照我国的《著作权法》的规定给予法律的保护。

2. 反不正当竞争中的诚实信用原则。

诚实信用原则可以简称为“诚信原则”。《反不正当竞争法》把它确立为基本原则，并在具体的条款中作了规定。

在市场交易活动中，诚实信用原则要求经营者应以善意、诚实的态度与他人进行交易，并恪守信用，不践踏诺言。反对任何欺诈性的交易行为，如假冒他人注册商标，擅自使用知名企业的名称、字号，秘密窃取或违反保密义务，故意泄露他人的商业秘密，以及对商品的各项要素作虚假宣传或说明等。这些行为不仅违背了诚实信用的商业道德，也违反了我国《反不正当竞争法》的规定，采取欺诈或引人误解的各种手段，不劳而获，或者不正当地谋取竞争优势。本案中被告于2014年8月成立，但其宣传资料中“新右脑教育专注于实践‘科学用脑、高效学习’的理念”以及“由多位专家历经12年潜心研究与教学实践，已经成功推出全脑开发、超强记忆、创新思维、全脑思维等一系列完善的脑力开发课程，积累了丰富的培训经验，培养了一批专业的讲师和服务团队，并取得了良好的教学成果和社会反响，让更多的学习者拥有快速记忆和创新思维的能力！”等字样已经违背了诚实信用原则。

3. 虚假宣传。

虚假宣传，是指在商业活动中经营者利用广告或其他方法对商品或者服务做出与实际内容不相符的虚假信息，导致客户或消费者误解的行为。这种行为违反诚实信用原则，违反公认的商业准则，是一种严重的不正当竞争行为。

《反不正当竞争法》（1993年）第九条规定：“经营者不得利用广告或者其他方法，对商品的质量、制作成分、性能、用途、生产者、有效期限、产地等作引人误解的虚假宣传。广告的经营者不得在明知或者应知的情况下，代理、设计、制作、发布虚假广告。"《广告法》第三条规定，广告应当真实、合法，符合社会主义精神文明建设的要求。第四条规定，广告不得含有虚假的内容，不得欺骗和误导消费者。这就是法律规定的虚假宣传行为，从法律规定来看，这种行为的具体表现形式分为经营者利用广告进行虚假宣传和经营者利用其他方法进行虚假宣传。

实践中，需要注意的是并非所有虚假宣传均是《反不正当竞争法》规制的行为，也不是所有虚假宣传均构成不正当竞争。构成不正当竞争的虚假宣传一般具备两个要件：一是行为的宣传是虚假的；二是这种宣传达到了引人误解的程度，导致客户或消费者作出了错误的判断和选择。当然，判断侵权以及是否需要承担责任还要结合民法中的归责原则来进行。

本案中，法院在确定这种误解也是作了以下分析：一是被告在其微信公众号宣传推广业务时，未经授权直接使用从原告网站下载的注有原告注册商标的图片及相关业务介绍；二是这种介绍足以造成相关公众的误认，误以为原被告双方之间存在品牌授权、关联关系或者其他业务合作。

【焦点评析】

1. 关于照片的保护问题。

关于作品及作品的保护《伯尔尼保护文学和艺术作品公约》、《中华人民共和国著作权法》、《中华人民共和国著作权法实施条例》作了明确的规定。

《伯尔尼保护文学和艺术作品公约》对"文学和艺术作品"一词的定义是"包括文学、科学和艺术领域内的一切成果，不论其表现形式或方式如何。"注意这里用的是一切成果，而并没有对成果作出限定性的要求。

《著作权法》第三条规定，"本法所称的作品，包括以下形式创作的文学、艺术和自然科学、社会科学、工程技术等作品"。《著作权法实施条例》第二条规定："著作权法所称作品，是指文学、艺术和科学领域内具有独创性并能以某种有形形式复制的智力成果。"第四条规定："著作权法和本条例中下列作品的含义：……（十）摄影作品，是指借助器械在感光材料或者其他介质上记录客观物体形象的艺术作品。"

正如本案判决认定的一样，照片也是属于摄影作品。既然是摄影作品，那么，照片的保护就应当按照摄影作品的标准和作品的保护要求来进行保护。

本案一审法院认为，一张照片如要获得著作权法的保护，其不但应当具备光影、色彩、事物、场景、构图等众多元素的结合这一要件，还应当原创性地体现出摄制人员的创造性，彰显其精神劳动与智力判断。《著作权法》第一条规定："为保护文学、艺术和科学作品作者的著作权，以及与著作权有关的权益，鼓励有益于社会主义精神文明、物质文明建设的作品的创作和传播，促进社会主义文化和科学事业的发展与繁荣，根据宪法制定本法。"按照该规定，只要是作品就应当受到法律的保护，并没有规定哪一类作品的保护有起点要求，也没有规定当作品的质量达到什么标准才能受到法律保护。

本案中，一审法院将照片的保护要求或者说照片要达到作品保护的要求作出了相应的限制，这样的要求，从表象上看在一定程度上保证了摄影作品的“质量”，但这是没有法律依据的，或者说这样的要求是违背法律对作品保护的原则的。按照法律规定，只要是作品就应该受到保护。法律规定鼓励有益于社会主义精神文明、物质文明建设的作品的创作和传播，并非要求创作是作品的前提。

实际上，本案首先应该解决的是涉案图片是否属于作品的问题，如果属于作品就应该保护，不属于作品就得不到保护。但是，本案却回避了这一关键的问题。正如判决所述：“本案中，被告在其微信公众号中所使用的涉案图片是否具备创造性以及是否属于著作权法上所规定的作品，本案暂且不予理涉。”

笔者认为，既然本案的涉案图片是否属于作品的问题一审法院认为暂且不予理涉，在判决中又按照《著作权法》关于作品的归属去判定本案涉案图片的权属归属，就显得非常不合适。因为只有确定涉案图片属于作品，依法应该受到保护，按照著作权法中有关作品权属的规定去判定归属，确定作品的权利人，才是妥当的。否则，按照作品权属去确定权利人就不符合法理。

2. 关于公司内部员工在公司活动中拍摄的照片的权属问题。

本案中，一审法院在未确认涉案图片是否属于作品的情况下，按照作品的归属去判定涉案“照片”的权属，即涉案图片并非法人作品。其理由也是耐人寻味的，“原告超脑力公司一致确认该照片系由其内部工作人员所拍摄，且该工作人员在原告超脑力公司担任讲师一职，并非专业摄影人员。因此，涉案图片并非法人作品。”这种观点容易给公众造成误解，“如果是专业摄影人员，那是不是就认定为法人作品”。实际上，随着科技的发展，诸如手机这类有摄影功能的器材越来越多，在企业组织活动时由专门的摄影人员参加的情况越来越少，活动中随便一个员工随手将公司的活动拍摄下来并放到公司的宣传资料中的情况非常普遍。在这样的环境下，再去以照片是否为专业摄影人员拍摄来判定是否属于法人作品，显得与时代脱节。实际上，这样的作品应该是职务作品，而非法人作品，因为现在员工随手拍照，并把拍摄的照片放到公司的宣传网站、微信、微博、官网上的行为，已经成为员工工作的一部分。

本案中，在未对作品的性质及归属作出认定时，一审法院作出了这样的认定：“原告超脑力公司在本案中未完成对涉案照片享有除使用以外的相关权利的证明责任，应当承担由此带来的不利后果。”但是，从原告提供的 6 份证据来看，没有任何一份证据都证明原告获得了使用权。

实际上，本案涉案的照片属于职务作品，职务作品的权属归属及使用法律是有明文规定的。《著作权法》第十六条规定，公民为完成法人或者其他组织工作任务所创作的作品是职务作品，除本条第二款的规定以外，著作权由作者享有，但法人或者其他组织有权在其业务范围内优先使用。

一审法院没有认定涉案图片属于职务作品，又没有对图片是否作为作品保护作出“理涉”，直接认定原告对涉案图片有使用权。这或许是本案中审判人员无法绕开的一道坎儿。在审判人员看来，如果在这里不确定原告对作品有使用权，对后面的不正当竞争行为的认定就无法进行了。

也正是如此，我们可以看到本案中原告使用图片的权利是存在瑕疵的。对这些存在瑕疵的权利，法律是否也该给予保护？

3. 原告使用涉案图片的权利是否合法，如果不合法或者无法证明其使用具有合法性时，被告再使用是否存在侵权的问题？

在著作权归属没有确定的情况下，如何确定作品使用的合法性，如果无法确定著作权的使用是否合法，其使用过程中的权利也是存在瑕疵的。对这类存在瑕疵的权利法律该如何去保护？是以权利本身不合法而不受保护，还是尽管权利存在瑕疵，但存在瑕疵的权利也该受到保护呢？

就存在瑕疵的权利如何保护，我国法律没有对此作出明确的规定。理论界和实务界也存在不同的观点。有的观点认为，法律保护的是合法的权利而不保护非法的权利。如果一项权利的取得是不合法的或者权利本身就是存在瑕疵的（诸如一项权利的使用没有获得原始权利人的同意，也没有依照法律支付报酬），法律是不予保护的。也有的观点认为，法律保护的是相对的合法权利，这种权利的合法性是从侵权人的角度为基础去判断的，而不是以权利人的角度为基础来判断的。比如，A 盗窃了权利人 B 的名画，走在大路上被 C 看见，C 上去就抢夺而走。这时 C 是否构成抢夺罪？从司法实践来看，C 是构成抢夺罪的。这时，也存在 A 手中的画是其盗窃得来的，其权利也是非法的或者说存在瑕疵的，如果不保护这种存在瑕疵的权利，则 C 也就没有侵犯 A 的合法权利，C 的行为就是犯罪不能，就不能对其定罪量刑。但是，从保护社会的整体合法利益的角度出发，C 的行为肯定是构成抢夺罪的。此时 A 手中的画是一种存在瑕疵的权利，这种财产权在特定的时间段也是应该得到法律保护的。

针对这类存在瑕疵的权利是否应该得到保护的问题，本案例的评析人参加了 2016 年度中德知识产权律师的交流。在本次交流中，中德律师也对该问题进行了探讨和交流。德国律师也认为这类存在瑕疵的权利是应该得到保护的。交流中双方律师讨论了类似的问题：A 作者写了一本书，B 未征得 A 同意也未支付稿费，将书翻译成外文。C 没有征得 B 同意将翻译后的外文书用于商业用途。C是否构成对B的权利的侵犯。双方的律师均认为C构成了对B的权利的侵犯，B可以依法起诉C。至于B是否侵犯了A的合法权利？A是否起诉B的事情。这样也可以看到，尽管B的权利存在瑕疵（因为B的权利侵犯了A的合法权利取得），依法也应当得到保护。

回到本案中，可以得到无论原告是否对本案涉案图片享有著作权，也不管原告是否得到员工同意使用，原告使用了图片并进行了文字的表述，其使用的成果也是应该得到法律保护的。

4. 经营者以歧义性语言或者其他引人误解的方式进行商品或服务宣传，可以认定为反不正当竞争法所规制的引人误解的虚假宣传行为。[①]

本案中关于该部分的判断和认定应该是本案的亮点。一审法院在分析被告的行为是否构成不正当竞争时，认为在原被告双方均开展教育培训活动、属于同行业竞争者的情况下，被告在其微信公众号宣传推广业务时，未经授权直接使用从原告网站下载的注有原告注册商标的图片及相关业务介绍，足以造成相关公众的误认，误以为原被告双方之间存在品牌授权、关联关系或者其他业务合作。因此，被告的上述行为，应认定为引人误解的虚假宣传行为，构成不正当竞争，侵害了原告正常的商业利益。

在该认定中，一审法院注意到，被告在其微信公众号宣传推广业务时，未经授权直接使用从原告网站下载的注有原告注册商标的图片及相关业务介绍，足以造成相关公众的误认。这种误认是使得一般公众认为被告的产品和服务于原告的服务存在品牌授权、关联关系或者其他合作。也使得一般公众基于对原告的社会信誉的认同而转为对被告的认可，最后在选择时增加公众选择被告的砝码。被告的行为当然是应该得到规制的，如果不对被告的行为进行规制，则会造成对社会公众利益的损害。

【总体评价】

从本案的审理结果来看，一审法院认定被告的行为构成不正当竞争，判令被告赔偿原告经济损失人民币15000元。虽然案件本身没有在社会上起到很大的反响，但是本案的判决还是存在值得肯定和商榷的。

1. 本案确定了“经营者以歧义性语言或者其他引人误解的方式进行商品或服务宣传的，可以认定为反不正当竞争法所规制的引人误解的虚假宣传行为”。[②]的案例规则。

本案的判决在确定上述原则时，充分关注到构成反不正当竞争行为的虚假宣传必须是引人误解，所以在概括该规则时，判决将该条件作为限定性的

---

① 《最高人民法院关于审理不正当竞争民事案件应用法律若干问题的解释》（2006年12月30日最高人民法院审判委员会第1412次会议通过　法释〔2007〕2号）。

② 《最高人民法院关于审理不正当竞争民事案件应用法律若干问题的解释》（2006年12月30日最高人民法院审判委员会第1412次会议通过　法释〔2007〕2号）。

前置条件，之后逐一阐述了确定的理由和法律依据。

（1）双方应坚持诚信原则来开展日常经营与宣传推广活动。

（2）本案中，被告新右脑公司在利用其微信公众号开展业务与宣传活动中，直接使用原告超脑力公司网站的相关图片与业务介绍。

（3）被告新右脑公司法定代表人的直系亲属曾参与原告组织的有偿教育培训活动，被告新右脑公司监事亦为原告超脑力公司前员工，被告对于原告超脑力公司及其业务的相关情况应有一定程度的了解。因此，在原被告双方均开展教育培训活动、属于同行业竞争者的情况下，被告在其微信公众号宣传推广业务时，未经授权直接使用从原告网站下载的注有原告注册商标的图片及相关业务介绍，足以造成相关公众的误认，误以为原被告双方之间存在品牌授权、关联关系或者其他业务合作。

因此，被告的上述行为，应认定为引人误解的虚假宣传行为，构成不正当竞争，侵害了原告正常的商业利益。

2. 本案判决原告诉请中包含停止侵权，一审判决在认定构成不正当竞争的前提下，没有判决停止侵权。这样，会给公众造成误解，是不是只要支付了 15000 元的赔偿，就可以继续使用。

3. 本案判决没有对涉案图片是否属于作品进行确认，在没有确认涉案图片是否作为作品的情况下，又按照《著作权法》中关于作品权属的归属来认定涉案图片的权利归属，是本案中尚存不妥之处。

在无法确定涉案作品是法人作品还是职务作品的前提下，就认定原告对涉案图片有使用权，其法律依据和证据依据也是不足的。

4. 从本案确认的事实来看，把涉案图片确认为摄影作品并无不妥。非常遗憾的是，本案判决已经点明图片属于摄影作品范畴，却没有就涉案图片是否属于摄影作品进行确认。也正是无法确定涉案图片是否应当按照作品来保护，就使得本案判决陷入了不能自圆其说的地步，最后只好不以理涉。也正是如此，就无法找到图片的权属归属和合理使用的有利依据。结果造成判决认定前后脱节，被迫走向存在瑕疵的权利是否应该保护，该如何保护的问题之中。判决本身又无法突破法律上并无瑕疵权利的明文规定时如何保护的窘境。

实际上，本案确定图片属于摄影作品就找到了保护的根，在此基础上确定本案的作品属于职务作品就可以解决使用的基础，也就可以理所当然地过渡到这种使用是受到法律保护的。任何人未经授权直接使用从原告网站下载的注有原告注册商标的图片及相关业务介绍，足以造成相关公众的误认，误以为原被告双方之间存在品牌授权、关联关系或者其他业务合作。这种行为，应认定为引人误解的虚假宣传行为，构成不正当竞争。如果按照这样的逻辑去进行判决说理，那么本案的判决将会更显亮点。

【案例规则】

经营者以歧义性语言或者其他引人误解的方式进行商品或服务宣传的，可以认定为虚假宣传行为。

北京联创种业有限公司诉黄战胜、山东浩丰种业有限公司侵害植物新品种权及不正当竞争纠纷案

张凤书 ①

一、案例基本信息

案例类型	侵害植物新品种权　不正当竞争　民事案件
案例名称	北京联创种业有限公司诉黄战胜、山东浩丰种业有限公司侵害植物新品种权及不正当竞争纠纷案
裁判文书	一审：河南省许昌市中级人民法院民事判决书（2008）许民三初字第 32 号《民事判决书》 二审：河南省高级人民法院民事裁定书（2009）豫法民三终字第 17 号《民事裁定书》 一审：河南省郑州市中级人民法院民事判决书（2010）郑民三初字第 372 号《民事判决书》
合议庭成员	一审：审判长吴涛、审判员王秋霞、代理审判员朱雅乐 二审：审判长王永伟、审判员傅印杰、代理审判员谷彩霞 重审：审判长梁晓征、审判员赵磊、代理审判员尤清波
一审原告	北京联创种业有限公司（本文简称“联创公司”）
一审被告	黄战胜、山东浩丰种业有限公司（本文简称“浩丰公司”）
二审上诉人	黄战胜、浩丰公司
二审被上诉人	联创公司
生效裁判日期	2010 年 8 月 20 日
法律程序	一审、二审、重审一审
一审判决结果	一、黄战胜立即停止销售标有“金保姆中科 4”商标的玉米种子产品行为; 二、浩丰公司立即停止生产、销售标有“金保姆中科 4”商标的玉米种子产品行为，并销毁该包装袋

---

① 张凤书，北京市北斗鼎铭律师事务所，合伙律师。

续表

一审判决结果	三、黄战胜赔偿联创公司损失 1 万元； 四、浩丰公司赔偿联创公司损失 4 万元； 五、驳回联创公司的其他诉讼请求
二审裁定结果	撤销一审判决，发回许昌市中级人民法院移送郑州市中级人民法院审理
重审一审判决结果	一、黄战胜立即停止销售标注“金保姆中科 4”的玉米品种； 二、黄战胜赔偿原告联创公司为制止侵权行为支付的合理费用 4600 元； 三、驳回联创公司的其他诉讼请求
涉案法律、法规和解释	一审： 《中华人民共和国反不正当竞争法》第二条①、第九条②第一款、第二十条③； 《中华人民共和国民法通则》第一百三十四条④。 二审： 《中华人民共和国民事诉讼法》第一百五十三条⑤第一款第（四）项。

---

① 《反不正当竞争法》（1993 年）第二条：经营者在市场交易中，应当遵循自愿、平等、公平、诚实信用的原则，遵守公认的商业道德。

本法所称的不正当竞争，是指经营者违反本法规定，损害其他经营者的合法权益，扰乱社会经济秩序的行为。

本法所称的经营者，是指从事商品经营或者营利性服务（以下所称商品包括服务）的法人、其他经济组织和个人。

② 《反不正当竞争法》（1993 年）第九条：经营者不得利用广告或者其他方法，对商品的质量、制作成分、性能、用途、生产者、有效期限、产地等作引人误解的虚假宣传。

广告的经营者不得在明知或者应知的情况下，代理、设计、制作、发布虚假广告。

③ 《反不正当竞争法》（1993 年）第二十条：经营者违反本法规定，给被侵害的经营者造成损害的，应当承担损害赔偿责任，被侵害的经营者的损失难以计算的，赔偿额为侵权人在侵权期间因侵权所获得的利润；并应当承担被侵害的经营者因调查该经营者侵害其合法权益的不正当竞争行为所支付的合理费用。

被侵害的经营者的合法权益受到不正当竞争行为损害的，可以向人民法院提起诉讼。

④ 《民法通则》第一百三十四条：承担民事责任的方式主要有：（一）停止侵害；（二）排除妨碍；（三）消除危险；（四）返还财产；（五）恢复原状；（六）修理、重作、更换；（七）赔偿损失；（八）支付违约金；（九）消除影响、恢复名誉；（十）赔礼道歉。

以上承担民事责任的方式，可以单独适用，也可以合并适用。

人民法院审理民事案件，除适用上述规定外，还可以予以训诫、责令具结悔过、收缴进行非法活动的财物和非法所得，并可以依照法律规定处以罚款、拘留。

⑤ 《民法通则》第一百五十三条：本法所称的“不可抗力”，是指不能预见、不能避免并不能克服的客观情况。

续表

涉案法律、法规和解释	重审： 《植物新品种保护条例》第十二条[①]、第十八条[②]； 《最高人民法院关于审理侵犯植物新品种权纠纷案件具体应用法律问题的若干规定》第六条[③]； 《中华人民共和国反不正当竞争法》第二条； 《中华人民共和国民事诉讼法》第六十四条[④]、第一百三十条[⑤]
裁判要点	1. 本案诉请获得植物新品种权保护的条件是授权品种名称被恶意使用，且导致相关公众将非授权品种误认为授权品种，构成侵害植物新品种权。 2. 植物新品种获得反不正当竞争法保护的必备条件是其品种名称具有知名度和特有性。权利人必须举证同时证明其品种名称的知名度和特有性，且能够识别商品来源，才能获得反不正当竞争法的保护。另外，权利人主张侵权人主观上存在过错，客观上导致混淆商品来源的效果，获得了不正当竞争利益，违反诚实信用原则
案例规则	1. 恶意使用授权品种名称，导致相关公众将非授权品种误认为授权品种的，应承担侵权责任。 2. 授权品种名称具有特定性，且为相关公众熟知，能够排斥和识别已知品种及其经营者时，构成知名商品特有名称

① 《植物新品种保护条例》（1997 年）第十二条：不论授权品种的保护期是否届满，销售该授权品种应当使用其注册登记的名称。

② 《植物新品种保护条例》（1997 年）第十八条：授予品种权的植物新品种应当具备适当的名称，并与相同或者相近的植物属或者种中已知品种的名称相区别。该名称经注册登记后即为该植物新品种的通用名称。

下列名称不得用于品种命名：（一）仅以数字组成的；（二）违反社会公德的；（三）对植物新品种的特征、特性或者育种者的身份等容易引起误解的。

③ 《最高人民法院关于审理侵犯植物新品种权纠纷案件具体应用法律问题的若干规定》第六条：人民法院审理侵犯植物新品种权纠纷案件，应当依照民法通则第一百三十四条的规定，结合案件具体情况，判决侵权人承担停止侵害、赔偿损失等民事责任。人民法院可以根据被侵权人的请求，按照被侵权人因侵权所受损失或者侵权人因侵权所得利益确定赔偿数额。被侵权人请求按照植物新品种实施许可费确定赔偿数额的，人民法院可以根据植物新品种实施许可的种类、时间、范围等因素，参照该植物新品种实施许可费合理确定赔偿数额。依照前款规定难以确定赔偿数额的，人民法院可以综合考虑侵权的性质、期间、后果，植物新品种实施许可费的数额，植物新品种实施许可的种类、时间、范围及被侵权人调查、制止侵权所支付的合理费用等因素，在 50 万元以下确定赔偿数额。

④ 《民事诉讼法》（2007 年）第六十四条：当事人对自己提出的主张，有责任提供证据。

当事人及其诉讼代理人因客观原因不能自行收集的证据，或者人民法院认为审理案件需要的证据，人民法院应当调查收集。

人民法院应当按照法定程序，全面地、客观地审查核实证据。

⑤ 《民事诉讼法》（2007 年）第一百三十条：被告经传票传唤，无正当理由拒不到庭的，或者未经法庭许可中途退庭的，可以缺席判决。

二、案例综述

【主要诉请】

联创公司以黄战胜、浩丰公司生产、销售标识其授权品种名称的种子构成不正当竞争为由，请求法院判令：

1. 黄战胜、山东浩丰公司停止销售标有“金保姆中科 4”种子的不正当竞争行为，并销毁该包装袋，今后不得在种子包装袋上使用“中科 4”字样；

2. 黄战胜、山东浩丰公司在全国性报纸《科技日报》和省级报纸《河南日报》、《安徽日报》、《山东日报》上公开向北京联创公司赔礼道歉、消除影响；

3. 黄战胜、山东浩丰公司共同赔偿北京联创公司损失 10 万元并承担本案诉讼费用。

【基本事实】

一审法院审理查明的事实：

1. 联创公司经营资质、“中科 4 号”玉米种子获得植物新品种权及其知名度的事实。

联创公司是一家从事农作物种子经营的企业，从事“中科 4 号”玉米种子的生产、销售。2007 年 1 月 1 日，“中科 4 号”玉米品种被国家农业部授予植物新品种权，联创公司为品种权人。原告生产的“中科 4 号”玉米种子销售范围广，深受市场欢迎。

2. 黄战胜、浩丰公司生产、销售涉案品种“金保姆中科 4”种子的事实。

“金保姆中科 4”牌玉米种子的品种名称为“鲁单 981”。黄战胜系禹州市丰收种子供应站业主，销售“金保姆中科 4”牌玉米种子，在种子包装袋正面显著位置以特大字体标注“金保姆中科 4”，而种子品种名称“鲁单 981”以较小字体在种子包装袋背面标注。禹州市丰收种子供应站出具信誉卡上，品种名称一栏标明为“金保姆中科 4”。浩丰公司是一家从事农作物种子经营的企业，“金保姆中科 4”牌玉米种子系该公司生产。“金保姆中科 4”牌玉米种子产品在禹州市、许昌县、阜阳市、郏县、宝丰县、鲁山县、舞钢市均有销售，销售范围广泛。

3. 合法使用“金保姆中科 4”商标及相关事实。

“金保姆中科 4”为注册商标，河南庄稼保姆种业有限公司为商标专用权人，浩丰公司使用该商标得到了同意。

4. 联创公司为本案诉讼支出公证费 5500 元、律师代理费 4000 元。

二审法院经审理查明如下事实：

联创公司起诉认为其品种权名称“中科 4 号”被不正当使用，请求判令被告停止相应的侵权行为并承担民事责任，为侵害植物新品种权纠纷。

重审一审法院经审理补充查明的事实：

1. “中科 4 号”玉米品种申请授权以及通过农作物品种审定的事实。

联创公司和河南科泰种业有限公司、河南省中科华泰玉米研究所培育的“中科 4 号”玉米品种于 2004 年 1 月 14 日向国家农业部申请植物新品种权保护，并于当年 3 月先后通过安徽省农作物品种审定委员会、河南省农作物品种审定委员会审定。

2. “中科 4 号”交纳年费以及其他权利人放弃诉讼权利的事实。

2007 年 1 月 1 日，“中科 4 号”玉米品种被国家农业部授予植物新品种权，联创公司、河南科泰种业有限公司和河南省中科华泰玉米研究所为品种权人。2008 年 3 月 21 日和 2009 年 2 月 27 日，联创公司分别缴纳了 2008 年和 2009 年“中科 4 号”品种权保护年费。2010 年 4 月 16 日，河南科泰种业有限公司和河南省中科华泰玉米研究所出具《放弃诉讼权利书》，放弃作为共同原告的权利，由联创公司以自己名义提起诉讼。

3. “中科 4 号”玉米种子在河南省成为主要栽培品种的事实。

联创公司于 2005 年 4 月 27 日经北京市工商行政管理局注册成立后，开始推广经营“中科 4 号”玉米种子。2005 年“中科 4 号”玉米品种在河南推广面积为 60 万亩，2006 年为 210.6 万亩，2007 年为 354.7 万亩，该品种已成为河南省第三大玉米栽培品种。

4. 其他相关事实。

2009 年 8 月 11 日，联创公司另案以浩丰公司、林俊红生产、销售涉案品种侵犯植物新品种权以及不正当竞争为由向郑州市中级人民法院提起诉讼。该院经审理作出（2009）郑民三初字第 787 号民事判决，判令浩丰公司停止侵权，赔偿经济损失 8 万元，并判令林俊红停止侵权，赔偿经济损失 2000 元。浩丰公司不服判决向河南省高级人民法院提起上诉，经河南省高级人民法院主持调解结案，浩丰公司、林俊红共同赔偿联创公司经济损失 38000 元，双方其他问题互不追究。另外，本案经河南省高级人民法院审理，裁定撤销一审判决，发回许昌市中级人民法院移送郑州市中级人民法院审理，联创公司撤回了对被告浩丰公司的起诉。

三、案例评析

【案例背景】

1961 年，国际上通过了第一个《国际植物新品种保护公约》（简称《UPOV 公约》），成员国可以选择给予特别保护或专利保护，绝大多数国家给予植物新品种权保护。该公约先后于 1978 年、1991 年进行了二次修订。1999

年4月23日，我国正式加入《国际植物新品种保护公约》1978年文本，成为国际植物新品种保护联盟的第39个成员国。

根据《UPOV公约》的规定，对授权品种的繁殖材料，品种权人享有排他的独占权。但是，品种名称能否单独授权保护，公约并无明确规定，学界及实务界有不同认识和观点。本案经一审、二审和重审，最终以侵害植物新品种权及不正当竞争纠纷为由判决处理。对于植物新品种权的保护范围和保护方式，如何保护授权品种名称，可以通过本案的审理得以借鉴。

在申请植物新品种权中，需要通过植物新品种测试（参见【名词解释】植物新品种测试），简称DUS测试。根据测试结果，判定测试品种是否属于新品种，为植物新品种保护提供可靠的判定依据。

随着DNA分子标记技术的不断发展，DNA分子标记检测技术已广泛应用于植物品种的鉴定及纯度检测试验。该技术在植物新品种保护DUS测试中，通过对两个样品DNA指纹图谱的鉴定比较，加以确认。欧盟国家植物新品种知识产权保护组织自1994年成立以来，已利用DNA检测来决定是否批准新品种的申请。与DUS测试相比，DNA分子标记检测技术因具有测试周期短、不受环境影响、标记数量多、可进行高通量测试的特点，现已逐步成为“DUS”的辅助手段。

从目前的情况来看，不能仅用分子技术作为直接判定品种是否具有特异性的依据，但是可以利用DNA指纹数据库辅助筛查申请品种的近似品种，然后将筛查出的近似品种与申请品种在田间并排种植，进行形态DUS测试。

在植物新品种侵权案件中，特征特性是否相同，系认定侵害植物新品种权的前提条件，通常需要通过田间观察检测（DUS测试）、基因指纹图谱检测（DNA指纹检测）（参见【名词解释】基因指纹图谱检测）等方法来鉴定。[①] 当田间种植的DUS测试确定的特异性结论与DNA指纹检测结论不同时，应以田间种植的DUS测试结论为准。[②]

【名词解释】

1. 植物新品种保护制度。

植物新品种，是指通过人工选育或者发现的野生植物加以改良，具备新颖性、特异性、一致性、稳定性和适当命名的植物品种。1997年3月20日，国务院颁布《植物新品种保护条例》，规定对符合条件的植物新品种授权植物新品种权，由完成育种的单位和个人对其授权品种享有独占的权利，简称品

---

① 《最高人民法院关于审理侵犯植物新品种权纠纷案件具体应用法律问题的若干规定》第四条：对于侵犯植物新品种权纠纷案件涉及的专门性问题可以采取田间观察检测、基因指纹图谱检测等方法鉴定。

② 来源：《最高人民法院知识产权案件年度报告（2015年）》，http://www.chinacourt.org/article/detail/2016/04/id/1845020.shtml。

种权。

2. 植物新品种测试。

植物新品种测试是对申请保护的植物新品种进行特异性、一致性和稳定性的测试，又称DUS测试。根据测试结果，判定测试品种是否属于新品种。

3. 基因指纹图谱检测。

基因指纹图谱检测是通过对两个样品DNA指纹图谱的鉴定比较，判定测试品种是否属于新品种。现已逐步成为“DUS”的辅助手段。

4. 品种审定。

国家对主要农作物实行品种审定制度，主要农作物品种在推广前应当通过国家级或者省级审定。我国主要农作物是指稻、小麦、玉米、棉花、大豆。

5. 知名商品的特有名称。

知名商品的特有名称，是指知名商品独有的与通用名称有显著区别的商品名称。只要一种商品名称在市场上具有了区分商品来源的作用，就应认定其构成知名商品的特有名称，就受《反不正当竞争法》的保护。

【焦点评析】

1. 擅自使用他人授权品种名称，是否构成植物新品种侵权及不正当竞争

（1）在包装上标识他人授权品种名称是否构成植物新品种侵权行为?

植物新品种（参见【名词解释】植物新品种保护制度）权保护的对象是繁殖材料，品种权人对授权品种的繁殖材料所享有的权利不仅包括法律明确规定的生产权、销售权、使用权、许可权、追偿权[①]，也应包括授权品种的名称标记权，即在授权品种包装上标明品种权标记的权利，如注明授权品种名称、品种申请号、品种授权号，以及品种权人名称。植物新品种权具有排他独占性，其权利范围应包括授权品种的名称标记权。涉案品种“鲁单981”玉米种子突出标注“金保姆中科4”假冒授权品种“中科4号”，虽未涉及繁殖材料，但是不正当地使用授权品种名称，应认定为侵权。

首先，品种名称必须能识别品种，是获得植物新品种权的必备条件。植物新品种应当适当命名，并且与相同或者相近的植物属或者种中已知品种的名称相区别，经授权后即为该植物新品种的通用名称，这是获得授权的必备要件。[②]其次，植物种子具有生物遗传性和多样性，其品种名称与特定的品种

---

①《植物新品种保护条例》（1997）第三十三条：品种权被授予后，在自初步审查合格公告之日起至被授予品种权之日止的期间，对未经申请人许可，为商业目的生产或者销售该授权品种的繁殖材料的单位和个人，品种权人享有追偿的权利。

②《中华人民共和国种子法》第二十七条：授予植物新品种权的植物新品种名称，应当与相同或者相近的植物属或者种中已知品种的名称相区别。该名称经授权后即为该植物新品种的通用名称。

之间具有对应性和指向性，是特有的，不能将其视为某一类商品的通用名称。同时，某一品种名称必须能识别品种，即使在保护期满后授权品种仍应使用其登记的名称，因此具有特有性和专属性。①

授权品种名称的使用及先用权受到法律保护。一个农业植物品种只能使用一个名称，国家建立了农业植物品种名称检索系统。根据先用权原则，两个以上相同或者相近植物属内的植物新品种使用同一名称时，品种名称授予先申请的；同日申请的，名称授予先完成培育的品种，后完成培育的应当重新命名。对于授权品种，使用其注册登记的名称不仅是一项法律义务，亦是一种法律上的权利。在销售授权品种未使用其注册登记的名称的受到禁止，对生产或销售种子时假冒其品种名称的行为②，农业部门亦将其认定为植物新品种侵权行为进行查处。只有授权品种名称受到法律保护，才能真正保护品种权人或者说育种者的权利。③

另外，品种名称应放在显著位置，字号不得小于标签标注的其他文字。④当授权品种名称与商标、商品名称和其他类似的标志连用时，该品种名称应突出显示，易于识别。⑤对品种命名及其标记上的要求，是防止对品种的特性、价值或类别，或对育种者的身份发生误解或混淆。因此，植物新品种权的保护范围应及于品种名称，如果不当使用授权品种名称且导致相关公众发生误认属假冒授权品种的行为，在主观上属恶意，应为法律所禁止。涉案品种"鲁单 981"为审定品种，其名称应当放在突出位置，以区别于已知品种。重审法院审理认定，涉案"鲁单 981"玉米种子未突出标记其品种名称，而是突出显示"金保姆中科 4"字样，足以使他人将非授权品种误认为授权品种"中科 4 号"玉米种子。另外，黄战胜作为种子经营者知道或者应当知道"中科 4 号"系联创公司的品种名称，并且有一定的市场知名度，其在销售凭证上注明所售品种为"金保姆中科 4 号"直接导致混淆和误认，在主观上具有过错，假冒授权品种名称已构成对联创公司"中科 4 号"玉米植物新品种权的侵犯。

---

① 《植物新品种保护条例》(1997) 第十二条。

② 《中华人民共和国植物新品种保护条例实施细则（农业部分）》第五十七条：《条例》第四十条、第四十一条所称的假冒授权品种行为是指下列情形之一：……（五）生产或销售冒充品种权申请或者授权品种名称的品种；（六）其他足以使他人将非品种权申请或者非授权品种误认为品种权申请或者授权品种的行为。

③ 《植物新品种保护条例》(1997) 第十八条。

④ 《农作物种子标签和使用说明管理办法》第二十五条第二款：品种名称应放在显著位置，字号不得小于标签标注的其他文字。

⑤ 《国际植物新品种保护公约（1978 年文本）》第十三条第（8）项：当品种提供出售或市场销售时，应准予登记的品种名称与商标、商品名称和其他类似的标志连用，若连用这类标志，则该品种名称应易于识别。

（2）“中科 4 号”是否构成该授权品种的知名商品特有名称。

知名商品特有的名称、包装、装潢是经依法认定的工商服务业标记，具有无形性、地域性、专有性和财产性特点，是创造性智力劳动产生的成果，是重要的工业产权。一审中，联创公司以虚假宣传为由主张构成不正当竞争，并得到了一审法院支持。实际上，“金保姆中科 4”为注册商标，浩丰公司经授权在包装上突出使用该商标并不构成虚假宣传，不应因此认定不正当竞争行为。事实上，“中科 4 号”作为授权品种特有的品种名称，经审定和推广已成为河南省第三大玉米栽培品种，该玉米品种具有了较高的知名度和市场占有率。“中科 4 号”已与联创公司建立起特定的联系，具有区分、识别商品的功能，应当认定“中科 4 号”已经成为知名商品的特有名称。[①] 知名商品，在很大程度上反映经营者商品的品质和信誉，其特有名称、包装、装潢知名后，所依附的商品会有较高的市场占有率。在消费者的心目中，商品的美誉度、信誉度已和特有的名称、包装、装潢密不可分。因此，知名商品特有的名称、包装、装潢能更好地区别同业竞争者，更有利于相关公众进行识别。法律为知名商品特有名称提供保护的目的，是更好地保护同业竞争者，制止同行业经营者不正当地使用知名商品名称，从而维护正常的市场竞争秩序。

重审一审中，法院认定黄战胜所经销的“鲁单 981”玉米种子产品外包装上在显著位置突出标注“金保姆中科 4”字样，导致相关消费者与拥有植物新品种权的“中科 4 号”玉米品种相混淆，将“鲁单 981”误认为“中科 4 号”玉米品种。况且，种子销售凭证上注明品种为“金保姆中科 4 号”，未如实标注其品种名称“鲁单 981”。法院同时认定，黄战胜作为种子经营者知道或者应当知道“中科 4 号”系联创公司的品种名称，并且具有一定的市场知名度，在出具的销售凭证上注明所售品种为“金保姆中科 4 号”造成相关消费者误认，违背诚实信用原则，构成不正当竞争。[②]

---

① 《最高人民法院关于审理不正当竞争民事案件应用法律若干问题的解释》第一条第一款：在中国境内具有一定的市场知名度，为相关公众所知悉的商品，应当认定为反不正当竞争法第五条第（二）项规定的“知名商品”。人民法院认定知名商品，应当考虑该商品的销售时间、销售区域、销售额和销售对象，进行任何宣传的持续时间、程度和地域范围，作为知名商品受保护的情况等因素，进行综合判断。

② 《反不正当竞争法》（1993 年）第五条：经营者不得采用下列不正当手段从事市场交易，损害竞争对手：

（一）假冒他人的注册商标；（二）擅自使用知名商品特有的名称、包装、装潢，或者使用与知名商品近似的名称、包装、装潢，造成和他人的知名商品相混淆，使购买者误认为是该知名商品；（三）擅自使用他人的企业名称或者姓名，引人误认为是他人的商品；（四）在商品上伪造或者冒用认证标志、名优标志等质量标志，伪造产地，对商品质量作引人误解的虚假表示。

由上看出，植物新品种权被侵犯的同时，经营者的竞争利益也可能会受到侵害，诉讼争议包含了两种法律关系，可以要求法院在同一案件中处理。[①]本案中，不当使用授权品种名称属于植物新品种侵权行为，且当“中科4号”为知名商品特有名称时构成不正当竞争行为。重审法院以侵犯植物新品种权及不正当竞争纠纷定性处理是正确的。

2. 浩丰公司使用“金保姆中科4”商标有合法授权，能否免责?

原审一审中，浩丰公司答辩人称使用“金保姆中科4”包装经营销售“鲁单981”玉米种，具有合法授权，应当符合我国商标法的规定，但没有提供该商标系在先权利的事实和证明。植物新品种命名要求虽与商标具有某些相近之处，但植物新品种名称为授权品种的通用名称，而通用名称是不得作为商标注册的，如某一商标因成为品种的通用名称而丧失显著性，则失去识别功能。植物新品种名称为通用名称，不仅品种权人可以使用，权利人以外的人在销售该品种及其派生品种而获得最终产品时也可以使用。“中科4号”已获得植物新品种权的保护，“金保姆中科4”商标已无识别商品来源的作用，且妨碍相关公众对该品种名称的正当使用。原审法院认定“金保姆中科4”商标作为玉米种子品种名称使用，足以使购买者误认为所购“金保姆中科4”玉米杂交种就是“中科4号”玉米杂交种，浩丰公司的抗辩未被采纳，原审法院的认定正确。

【总体评价】

1. 事实认定。

从一审、二审以及发回重审的审理过程来看，重审法院对事实的认定更为清楚和全面，论证更深入、更详尽。首先，一审法院未对涉案品种使用注册商标的相关事实进行查明，也没有对不正当使用授权品种名称的侵权性质进行认定和论证，没有考虑商品的知名度，事实认定不清，片面地以虚假宣传为由认定构成不正当竞争行为不妥。二审法院审理中，认定不正当使用授权品种名称构成植物新品种侵权行为，但对授权品种的知名度未予涉及，事实认定不全面。重审法院对于授权品种为知名商品的相关事实，从证据的关联性进行了分析和认定，论证了品种名称具有特定性，授权品种与其名称有对应关系。其次，重审法院认为，相关公众看到某种商品名称时就会自然联想到特定的知名商品，符合知名商品的认定条件。另外，从维护市场秩序的角度来看，将商品名称认定为知名商品名称给予法律保护，符合我国竞争政策及公共利益。

---

① 最高人民法院《关于印发〈民事案件案由规定〉的通知》（2008）第四条第二项：同一诉讼中涉及两个以上的法律关系的，应当依当事人诉争的法律关系的性质确定案由，均为诉争法律关系的，则按诉争的两个以上法律关系确定并列的两个案由。

2. 法律适用。

从植物新品种侵权角度来看，法院对于本案假冒授权品种行为应当结合《国际植物新品种保护公约（1978 年文本）》、部门规章以及行政执法实践进行说理和论证，适用公约相关规定和《植物新品种保护条例》第四十条进行判决；同时，因授权品种为知名商品，应适用《反不正当竞争法》第五条判决。一审、二审及重审法院在法律适用上仍有不妥。

【案例规则】

1. 恶意使用授权品种名称，导致相关公众将非授权品种误认为授权品种的，应承担侵权责任。

2. 授权品种名称具有特定性，且为相关公众熟知，能够排斥和识别已知品种及其经营者时，构成知名商品特有名称。

江苏中江种业股份有限公司诉连云港市千秋种业有限公司侵害植物新品种权及不正当竞争纠纷案

韦 国[①]

一、案例基本信息

案例类型	植物新品种权　不正当竞争　民事案件
案例名称	江苏中江种业股份有限公司诉连云港市千秋种业有限公司侵害植物新品种权及不正当竞争纠纷案
裁判文书	一审：江苏省南京市中级人民法院（2012）宁知民初字第206号《民事判决书》 二审：江苏省高级人民法院（2013）苏知民终字第0151号《民事判决书》
一审原告	江苏中江种业股份有限公司（本文简称“中江公司”）
一审被告	连云港市千秋种业有限公司（本文简称“千秋公司”）
二审上诉人	千秋公司
二审被上诉人	中江公司
受理日期	未查询到
裁判日期	2013年10月9日
法律程序	一审、二审
一审判决结果	一、连云港市千秋种业有限公司立即停止对江苏中江种业股份有限公司的不正当竞争行为，即不得在其生产销售的种子包装上使用“济麦廿二”字样； 二、连云港市千秋种业有限公司赔偿江苏中江种业股份有限公司经济损失150000元
二审判决结果	驳回上诉，维持原判决

① 韦国，国誉律师事务所主任，二级律师。

续表

涉案法律法规和解释	一审、二审： 《中华人民共和国反不正当竞争法》(1993 年)(第五条[①]第(二)项、第二十条[②]； 《最高人民法院关于审理不正当竞争民事案件应用法律若干问题的解释》第一条[③]第一款、第二条[④]、第十七条[⑤]第一款；

① 《反不正当竞争法》第五条：经营者不得采用下列不正当手段从事市场交易，损害竞争对手：

(一)假冒他人的注册商标；

(二)擅自使用知名商品特有的名称、包装、装潢，或者使用与知名商品近似的名称、包装、装潢，造成和他人的知名商品相混淆，使购买者误认为是该知名商品；

(三)擅自使用他人的企业名称或者姓名，引人误认为是他人的商品；

(四)在商品上伪造或者冒用认证标志、名优标志等质量标志，伪造产地，对商品质量作引人误解的虚假表示。

② 《反不正当竞争法》(1993 年)第二十条：经营者违反本法规定，给被侵害的经营者造成损害的，应当承担损害赔偿责任，被侵害的经营者的损失难以计算的，赔偿额为侵权人在侵权期间因侵权所获得的利润；并应当承担被侵害的经营者因调查该经营者侵害其合法权益的不正当竞争行为所支付的合理费用。

被侵害的经营者的合法权益受到不正当竞争行为损害的，可以向人民法院提起诉讼。

③ 《最高人民法院关于审理不正当竞争民事案件应用法律若干问题的解释》第一条：在中国境内具有一定的市场知名度，为相关公众所知悉的商品，应当认定为反不正当竞争法第五条第(二)项规定的“知名商品”。人民法院认定知名商品，应当考虑该商品的销售时间、销售区域、销售额和销售对象，进行任何宣传的持续时间、程度和地域范围，作为知名商品受保护的情况等因素，进行综合判断。原告应当对其商品的市场知名度负举证责任。

在不同地域范围内使用相同或者近似的知名商品特有的名称、包装、装潢，在后使用者能够证明其善意使用的，不构成反不正当竞争法第五条第(二)项规定的不正当竞争行为。因后来的经营活动进入相同地域范围而使其商品来源足以产生混淆，在先使用者请求责令在后使用者附加足以区别商品来源的其他标识的，人民法院应当予以支持。

④ 《最高人民法院关于审理不正当竞争民事案件应用法律若干问题的解释》第二条：具有区别商品来源的显著特征的商品的名称、包装、装潢，应当认定为反不正当竞争法第五条第(二)项规定的“特有的名称、包装、装潢”。有下列情形之一的，人民法院不认定为知名商品特有的名称、包装、装潢：

(一)商品的通用名称、图形、型号；(二)仅仅直接表示商品的质量、主要原料、功能、用途、重量、数量及其他特点的商品名称；(三)仅由商品自身的性质产生的形状，为获得技术效果而需有的商品形状以及使商品具有实质性价值的形状；(四)其他缺乏显著特征的商品名称、包装、装潢。

前款第(一)、(二)、(四)项规定的情形经过使用取得显著特征的，可以认定为特有的名称、包装、装潢。

知名商品特有的名称、包装、装潢中含有本商品的通用名称、图形、型号，或者直接表示商品的质量、主要原料、功能、用途、重量、数量以及其他特点，或者含有地名，他人因客观叙述商品而正当使用的，不构成不正当竞争行为。

⑤《最高人民法院关于审理不正当竞争民事案件应用法律若干问题的解释》第十七条：确定反不正当竞争法第十条规定的侵犯商业秘密行为的损害赔偿额，可以参照确定侵犯专利权的损害赔偿额的方法进行；确定反不正当竞争法第五条、第九条、第十四条规定的不正当竞争行为的损害赔偿额，可以参照确定侵犯注册商标专用权的损害赔偿额的方法进行。

因侵权行为导致商业秘密已为公众所知悉的，应当根据该项商业秘密的商业价值确定损害赔偿额。商业秘密的商业价值，根据其研究开发成本、实施该项商业秘密的收益、可得利益、可保持竞争优势的时间等因素确定。

续表

涉案法律法规和解释	《最高人民法院关于审理商标民事纠纷案件适用法律若干问题的解释》第十六条[①]、第十七条[②]； 《植物新品种保护条例》第十八条[③]； 《民事诉讼法》第一百七十条[④]第一款第（一）项
裁判要点	1. 植物新品种权作为一项民事权利，可以自己行使，也可许可他人行使。基于此所产生的诉权可以自己行使，亦可授权他人行使。本案权利人获得了品种权人的合法授权，且按照实施许可合同的约定，支付了相关品种权实施许可费用。因此，其享有诉权，是本案适格的诉讼主体

① 《最高人民法院关于审理商标民事纠纷案件适用法律若干问题的解释》第十六条：侵权人因侵权所获得的利益或者被侵权人因被侵权所受到的损失均难以确定的，人民法院可以根据当事人的请求或者依职权适用商标法第五十六条第二款的规定确定赔偿数额。

人民法院在确定赔偿数额时，应当考虑侵权行为的性质、期间、后果，商标的声誉，商标使用许可费的数额，商标使用许可的种类、时间、范围及制止侵权行为的合理开支等因素综合确定。

当事人按照本条第一款的规定就赔偿数额达成协议的，应当准许。

② 《最高人民法院关于审理商标民事纠纷案件适用法律若干问题的解释》第十七条：商标法第五十六条第一款规定的制止侵权行为所支付的合理开支，包括权利人或者委托代理人对侵权行为进行调查、取证的合理费用。

人民法院根据当事人的诉讼请求和案件具体情况，可以将符合国家有关部门规定的律师费用计算在赔偿范围内。

③ 《植物新品种保护条例》第十八条：授予品种权的植物新品种应当具备适当的名称，并与相同或者相近的植物属或者种中已知品种的名称相区别。该名称经注册登记后即为该植物新品种的通用名称。

下列名称不得用于品种命名：

（一）仅以数字组成的；（二）违反社会公德的；（三）对植物新品种的特征、特性或者育种者的身份等容易引起误解的。

④ 《民事诉讼法》第一百七十条：第二审人民法院对上诉案件，经过审理，按照下列情形，分别处理：

（一）原判决、裁定认定事实清楚，适用法律正确的，以判决、裁定方式驳回上诉，维持原判决、裁定；

（二）原判决、裁定认定事实错误或者适用法律错误的，以判决、裁定方式依法改判、撤销或者变更；

（三）原判决认定基本事实不清的，裁定撤销原判决，发回原审人民法院重审，或者查清事实后改判；

（四）原判决遗漏当事人或者违法缺席判决等严重违反法定程序的，裁定撤销原判决，发回原审人民法院重审。

原审人民法院对发回重审的案件作出判决后，当事人提起上诉的，第二审人民法院不得再次发回重审。

续表

裁判要点	2. 反不正当竞争法向来保护知名商品的名称。植物新品种也属于商品的范畴，当其达到知名的程度、其名称能够区别商品的来源时，便是符合反不正当竞争法所保护的知名商品的特有名称。而侵权人的故意使用在客观上会产生导致混淆商品来源的效果，违反了诚实信用原则，构成了不正当竞争
案例规则	植物新品种名称构成知名商品特有名称应当符合以下条件： 1. 该植物新品种为知名商品； 2. 通过该品种名称，相关公众可以识别商品的来源

二、案例综述

【主要诉请】

中江公司以千秋公司侵害植物新品种权及不正当竞争纠纷为由，请求法院判令：

1. 停止在其销售的种子包装、标签上使用“济麦廿二”的不正当竞争行为，停止对“济麦 22”植物新品种权的侵权行为；

2. 赔偿中江公司 300000 元；

3. 承担本案诉讼费。

【基本事实】

一审法院审理查明、二审法院确认的事实：

1. 2007 年 1 月 9 日，该品种通过全国农作物品种审定委员会品种审定，品种名称“济麦 22”。2009 年 5 月 1 日，该品种被获准授予植物新品种权。品种权人为山东省农业科学院作物研究所。2010 年 8 月 30 日，山东省农业科学院作物研究所授权许可中江公司在江苏地区生产、销售“济麦 22”小麦种子；有权以自己的名义对侵害该植物新品种权的行为提起民事诉讼；授权期限为 2010 年 8 月 30 日至 2015 年 12 月 31 日。

2. 2008 年 9 月 5 日，江苏省农林厅向各市农林（农业）局发出附件，推广品种包含了涉案“济麦 22”小麦品种。2009 年 1 月，山东省质量技术监督局发文认定“济麦 22”为 2008 年山东名牌产品。同期，山东省名牌战略推进委员会、山东省质量技术监督局认定“济麦 22”为山东名牌产品，有效期为 2009 年 1 月至 2012 年 1 月。2010 年 2 月 28 日，江苏省农业委员会向各级农业主管部门发出附件，推介包含涉案“济麦 22”的小麦品种。2010 年 6 月，中央电视台新闻综合频道《新闻联播》、农业频道《每日农经》以及山东卫视均对“济麦 22”进行了宣传报道。2011 年 3 月 2 日，农业部办公厅发出文件，向全国各地农业主管部门推介发布包含“济麦 22 号”在内的品种。

3. 2011年8月18日，国家工商行政管理总局商标局受理了千秋公司于2011年8月16日申请注册的“济麦廿二”商标。2011年9月，中江公司发现千秋公司在其销售的小麦种子包装袋上显著标示与“济麦22”含义相同的“济麦廿二”字样，包装袋背面则用较小字体标注“品种：皖麦19”，并以“济麦廿二”名义对外销售，且盖有该公司印章的收款收据上记载：商品为“济麦廿二”。

三、案例评析

【案例背景】

根据我国《植物新品种保护条例》第三十九[①]、四十[②]、四十二条[③]的规定可知，品种权的禁止效力主要体现在对以商业目的生产或者销售授权品种的繁殖材料、假冒授权品种、销售授权品种未使用其注册登记的名称等行为上，但对于植物新品种名称的保护却不明晰。

司法实践中，关于如何保护植物新品种名称出现了不同的声音。有的认为，植物新品种名称可以起到区分商品来源的作用，可看作是未注册商标；有的认为，植物新品种名称是该植物新品种的通用名称，不符合《商标法》第十一条的显著性要求；有的则认为，可以通过《反不正当竞争法》中的知名商品名称来对其加以保护。

本案经过一审、二审，最终以不正当竞争纠纷来作出最终的判决处理，

---

① 《植物新品种保护条例》第三十九条：未经品种权人许可，以商业目的生产或者销售授权品种的繁殖材料的，品种权人或者利害关系人可以请求省级以上人民政府农业、林业行政部门依据各自的职权进行处理，也可以直接向人民法院提起诉讼。

省级以上人民政府农业、林业行政部门依据各自的职权，根据当事人自愿的原则，对侵权所造成的损害赔偿可以进行调解。调解达成协议的，当事人应当履行；调解未达成协议的，品种权人或者利害关系人可以依照民事诉讼程序向人民法院提起诉讼。

省级以上人民政府农业、林业行政部门依据各自的职权处理品种权侵权案件时，为维护社会公共利益，可以责令侵权人停止侵权行为，没收违法所得和植物品种繁殖材料；货值金额5万元以上的，可处货值金额1倍以上5倍以下的罚款；没有货值金额或者货值金额5万元以下的，根据情节轻重，可处25万元以下的罚款。

② 《植物新品种保护条例》第四十条：假冒授权品种的，由县级以上人民政府农业、林业行政部门依据各自的职权责令停止假冒行为，没收违法所得和植物品种繁殖材料；货值金额5万元以上的，处货值金额1倍以上5倍以下的罚款；没有货值金额或者货值金额5万元以下的，根据情节轻重，处25万元以下的罚款；情节严重，构成犯罪的，依法追究刑事责任。

③ 《植物新品种保护条例》第四十二条：销售授权品种未使用其注册登记的名称的，由县级以上人民政府农业、林业行政部门依据各自的职权责令限期改正，可以处1000元以下的罚款。

对植物新品种的名称是否保护、如何保护给予了正确指导。

【焦点评析】

1. 擅自使用与他人授权的植物新品种名称相似的标志，是否侵犯了植物新品种权？

我国《植物新品种保护条例》第十八条明确规定，授予品种权的植物新品种应当具备适当的名称，并与相同或者相近的植物属或者种中已知品种的名称相区别。该名称经注册登记后即为该植物新品种的通用名称。而通用名称是一个商品或产品的法定名称（国家标准或行业标准）或约定名称（相关行业、领域、地域等的公众所皆知的）。这种名称具有普遍适用性，是社会的共同资源和财富，不应被个人所垄断。植物新品种名称的目的是为了区分不同的品种，而非区别不同品种的提供者（品种的来源）。因而，从功能上看，植物新品种名称的设置目的和商标的价值功能并不相符。另外，根据《植物新品种保护条例》第十二条的规定，品种的保护期并不影响植物新品种名称的使用。然而，当植物新品种的保护期过后，非品种权人将其名称申请作为商标使用，不仅会造成这种通用名称法律上的垄断，还会使相关公众产生混淆。综上，植物新品种名称不宜作为商标注册和保护。

在本案中，被诉侵权种子包装袋和内标签上均标注品种为“皖麦 19”，并没有使用“济麦 22”的品种字样。此外，“济麦廿二”虽与授权品种名称“济麦 22”构成语意相同，但从整体上并不相同。被诉侵权人在“济麦廿二”前标注了“国审”字样和右上角标注了“TM”字样均表明了其系作为商标在使用，而非作为品种之公示。因此，不应援用商标法中相同或相似的保护基理来认定是否构成对植物新品种权的侵犯。被诉侵权人的行为并不构成对“济麦 22”植物新品种权的侵犯。

2. 擅自使用与他人授权的植物新品种名称相似的标志，是否构成不正当竞争？

反不正当竞争法保护的是市场主体行为的正当性，防止不当行为的主体通过不当行为而获取比正当主体更多的交易机会或竞争优势，也即经营者实施了以违反商业道德、诚实信用原则等不正当方式损害了其他经营者或消费者的合法权益，就会构成不正当竞争。

知名商品作为中国境内具有一定的市场知名度、为相关公众所知悉的商品，其广告宣传、产品品质和售后服务等一系列相关环节都在经受着市场的洗涤和消费者的考验。之所以能够在激荡的市场竞争中扬名，是其在时间和市场中缔造与塑造的良好信誉及形象。而商品名称作为其信誉和形象的优质承载物，是关乎企业财富的重要无形资产。当商品的知名度越高，商品名称的传播速度越快、公众知晓度越高，该名称和商品的联系就更紧密、对应就更唯一，相关公众可以通过其名称来识别商品及商品的来源。这种名称是除商标之外的极具商业价值的标志。

从本质上来说，植物新品种名称也是一种商业标志，这种标志搭构起了品种与品名之间的联系，而这种联系是唯一的、不可变更的。当他人擅自使用与该品种名称相似的标志，无疑是扰乱和切断了植物新品种名称与品种之间的唯一对应联系，会使相关公众产生混淆，很明显有“搭便车”的意图，违法了诚实信用原则，会造成消费者的误认和混淆，构成不正当竞争行为。

本案中，“济麦22”早在2008年就被认定为山东名牌产品。2010年，江苏省农业委员会将该品种列入“四主推”名录进行推介。中央电视台多个频道及山东卫视均对“济麦22”进行了宣传报道。2011年，农业部又将该品种列入农业主导品种进行推介。该品种在相对广泛种植区域内经过多年的推广应用和宣传报道，已经取得了较大的实际影响，“济麦22”品种名称经过广泛使用也已经具备显著特征，在中国境内取得了一定的知名度，为相关公众所知悉，“济麦22”品种名称与其相关产品已经产生了特定的联系，取得了区别商品来源的效果，构成了知名商品特有的名称。而被诉侵权种子外包装上正面显著位置以大字体突出使用“济麦廿二”，而对标明商标使用的“TM”标志和实际生产、销售的“皖麦19”品种名称均在不显著的位置以较小的字体标注，且在销售收据上记载的销售品名为“济麦廿二”而非“皖麦19”，容易使购买者被吸引到“济麦廿二”上，极易误解所购品种为“济麦22”。而“济麦廿二”又与“济麦22”中文含义相近，且“济麦廿二”的销售区域江苏省东海县，属于“济麦22”具有较高知名度的主要适种区域黄淮冬麦区，从而极易使消费者误认“济麦廿二”即为“济麦22”。

3. 千秋公司是否可使用“济麦廿二”作为商标性使用进行抗辩？

我国商标法规定，申请注册和使用商标，应当遵循诚实信用原则；申请商标注册不得损害他人现有的在先权利。本案中，“济麦22”自2009年被授予植物新品种以来，在市场广泛销售，好评如潮。不仅获得名牌产品，还多次获得权威部门推介。由此可推知，作为同样行业领域的被诉侵权人理应知道“济麦22”的存在和知名度。但是，其仍于2011年11月去申请“济麦廿二”商标，其行为难言善意。不仅不能够作有效抗辩，该商标的合法有效性也依然待定，权利人可以提出无效程序对其不当注册的商标进行撤销。

【总体评价】

从法律适用的角度来看，法院严格沿用了业界所说的“一品一名”，认为植物新品种权的保护范围仅限于经认可的通用的品种名称。对未使用相同品种名称的行为不应认定构成对植物新品种权的侵犯，而应以反不正当竞争法作为兜底条款，对违背诚实信用原则的行为进行规制。

【案例规则】

植物新品种名称构成知名商品特有名称应当符合以下条件：

1. 该植物新品种为知名商品；
2. 通过该品种名称，相关公众可以识别商品的来源。

江苏苏科种业有限公司诉江苏思源种业科技有限公司植物品种许可合同纠纷案

张凤书 ①

一、案例基本信息

案例类型	植物品种　许可合同　技术合同　民事案件
案例名称	江苏苏科种业有限公司诉江苏思源种业科技有限公司植物品种许可合同纠纷案
裁判文书	一审判决：江苏省南京市中级人民法院（2007）宁民三初字第171号《民事判决书》 二审判决：江苏省高级人民法院（2008）苏民三终字第0051号《民事判决书》
合议庭成员	二审：审判长宋健、代理审判员顾韬、代理审判员陈芳华
一审原告	江苏苏科种业有限公司（本文简称“苏科公司”）
一审被告	江苏思源种业科技有限公司（本文简称“思源公司”）
二审上诉人	苏科公司
二审被上诉人	思源公司
裁判日期	二审：2009年12月15日
法律程序	一审、二审
一审判决结果	驳回苏科公司的诉讼请求
二审裁定结果	一、撤销一审判决； 二、思源公司于本判决生效之日起十日内支付苏科公司补偿款22万元、亲本费4.5万元、违约金10万元，合计36.5万元

① 张凤书，北京市北斗鼎铭律师事务所，合伙律师。

续表

适用法律	一审:《中华人民共和国合同法》第六十条①、第六十七条②。 二审:《中华人民共和国合同法》第六十条、第一百零七条③、第一百一十四条④,《中华人民共和国民事诉讼法》第一百五十三条⑤第一款第(二)、(三)项
裁判要点	1. 双方当事人基于涉案水稻品种许可使用权退出和补偿的约定合法有效。 2. 被许可人按照约定退出品种生产经营,应认定实际履行了合同义务
案例规则	对植物新品种许可使用和转让等合同争议,相关行政法规另有规定的,适用其规定;没有规定的,适用合同法等规定处理

二、案例综述

【主要诉请】

苏科公司请求法院判令:

1. 思源公司支付品种权益费、亲本费 26.5 万元;
2. 思源公司支付违约金 10 万元。

【基本事实】

2004 年 3 月,苏科公司与南京农业大学签订合同取得Ⅱ优 205 水稻种

① 《合同法》第六十条:当事人应当按照约定全面履行自己的义务。

当事人应当遵循诚实信用原则,根据合同的性质、目的和交易习惯履行通知、协助、保密等义务。

② 《合同法》第六十七条:当事人互负债务,有先后履行顺序,先履行一方未履行的,后履行一方有权拒绝其履行要求。先履行一方履行债务不符合约定的,后履行一方有权拒绝其相应的履行要求。

③ 《合同法》第一百零七条:当事人一方不履行合同义务或者履行合同义务不符合约定的,应当承担继续履行、采取补救措施或者赔偿损失等违约责任。

④ 《合同法》第一百一十四条:当事人可以约定一方违约时应当根据违约情况向对方支付一定数额的违约金,也可以约定因违约产生的损失赔偿额的计算方法。

约定的违约金低于造成的损失的,当事人可以请求人民法院或者仲裁机构予以增加;约定的违约金过分高于造成的损失的,当事人可以请求人民法院或者仲裁机构予以适当减少。

当事人就迟延履行约定违约金的,违约方支付违约金后,还应当履行债务。

⑤ 《民事诉讼法》(2007 年)第一百五十三条:第二审人民法院对上诉案件,经过审理,按照下列情形,分别处理:(一)原判决认定事实清楚,适用法律正确的,判决驳回上诉,维持原判决;(二)原判决适用法律错误的,依法改判;(三)原判决认定事实错误,或者原判决认定事实不清,证据不足,裁定撤销原判决,发回原审人民法院重审,或者查清事实后改判;(四)原判决违反法定程序,可能影响案件正确判决的,裁定撤销原判决,发回原审人民法院重审。当事人对重审案件的判决、裁定,可以上诉。

子生产经营权。2004年9月，思源公司从南京农业大学购买了Ⅱ优205水稻品种权。为了统一水稻品种经营权，2004年9月苏科公司与思源公司达成协议：苏科公司退出上述品种的生产经营权，思源公司给付品种权益费等。苏科公司按照约定不再生产经营上述品种，思源公司支付3万元后，余款未付。

一审法院审理查明的事实：

1. 南京农业大学育成Ⅱ优205水稻新品种，2004年4月通过江苏省农作物品种审定。2004年3月20日，南京农业大学与苏科公司签订《协议书》，约定：自2004年4月3日起授权苏科公司负责杂交水稻Ⅱ优205的生产经营，南京农业大学提供1000亩Ⅱ优205亲本种子和技术指导。2004年10月8日，思源公司与南京农业大学签订转让合同，买断Ⅱ优205水稻新品种，享有独家生产、经营权。2005年2月5日，思源公司就Ⅱ优205水稻品种以自己名义申请植物新品种权，并取得《品种权申请受理通知书》。

2. 2004年9月，苏科公司与思源公司签订《协议书》。双方联合生产Ⅱ优205稻种，苏科公司将其生产的部分全部交由思源公司统一回收、包装和销售；为弥补苏科公司损失，思源公司于2005年4月底即Ⅱ优205水稻种子销售基本结束时一次性付给苏科公司25万元，亲本费4.5万元，合计29.5万元。

3. 履约情况。2005年10月，苏科公司发函要求思源公司支付Ⅱ优205水稻种子损失的款项29.5万元。2005年10月30日，思源公司给苏科公司回函要求提供种子收购情况，未付款。苏科公司称思源公司曾向其支付过3万元，思源公司否认。

二审法院审理查明如下事实：

1. 涉案《协议书》的完整内容是："为确保专利保护和独家生产，经营品种Ⅱ优205的市场规范运作和统一管理，思源公司（甲方）和苏科公司（乙方）经充分协商，达成如下协议：（1）2004年水稻生长季节，甲乙双方联合生产的Ⅱ优205稻种，乙方的计划25万斤，全部交由甲方统一回收、包装和销售，为弥补乙方损失，甲方同意于2005年4月底即Ⅱ优205水稻种子销售基本结束时，一次性付给乙方人民币25万元，加亲本费4.5万元，合计人民币29.5万元，支付方式为现金。（2）在本文第一条的基础上，乙方不得再从事Ⅱ优205稻种的加工、包装和销售，如有客户需要该品种，全部交给甲方统一安排。

2. 履约事实。思源公司在二审期间认可其当年收购到涉案相关种子。思源公司于2005年12月2日向苏科公司支付补偿款3万元。

3. 品种审定情况。江苏省农作物品种审定委员会于2004年2月21日颁发的《江苏省农作物品种证书》（正本）记载："品种名称：Ⅱ优205；原名称：Ⅱ优98；审定编号：苏审稻200407。"

4. 其他相关事实。南京农业大学2004年4月10日书面授权苏科公司和案外人安徽未来公司生产经营"Ⅱ优205"（原名"Ⅱ优98"）1000亩左右。未来公司的股东和董事包括张树林、顾和平等人，张树林和顾和平实际负责涉案Ⅱ优205的生产、组织与经营工作。思源公司聘任张树林为公司常务副总经理，顾和平为公司副总经理。在本案诉讼期间，张树林和顾和平已退出思源公司。

三、案例评析

【名词解释】

1. 品种。

品种是指经过人工选育或者发现并经过改良，形态特征和生物学特性一致，遗传性状相对稳定的植物群体。

2. 植物新品种权。

植物新品种，是指通过人工选育或者发现的野生植物加以改良，具备新颖性、特异性、一致性、稳定性和适当命名的植物品种。根据《植物新品种保护条例》的规定，对符合条件的植物新品种授予植物新品种权，由完成育种的单位和个人对其授权品种享有独占的权利，简称品种权。被授予品种权的植物新品种，简称授权品种。[①]

3. 品种审定。

我国主要农作物是指稻、小麦、玉米、棉花、大豆。[②]国家对主要农作物实行品种审定制度，主要农作物品种在推广前应当通过国家级或者省级审定。[③]品种审定本质是对主要农作物品种生产秩序的管理，是一种行政许可，是对主要农作物的一种市场准入措施，其条件和标准与植物新品种权

---

① 《中华人民共和国植物新品种保护条例》第六条：完成育种的单位或者个人对其授权品种，享有排他的独占权。任何单位或者个人未经品种权所有人（以下称品种权人）许可，不得为商业目的生产或者销售该授权品种的繁殖材料，不得为商业目的将该授权品种的繁殖材料重复使用于生产另一品种的繁殖材料；但是，本条例另有规定的除外

② 《主要农作物品种审定办法》第三条：本办法所称主要农作物，是指稻、小麦、玉米、棉花、大豆。

③ 《中华人民共和国种子法》第十五条：国家对主要农作物和主要林木实行品种审定制度。主要农作物品种和主要林木品种在推广前应当通过国家级或者省级审定。由省、自治区、直辖市人民政府林业主管部门确定的主要林木品种实行省级审定。申请审定的品种应当符合特异性、一致性、稳定性要求。主要农作物品种和主要林木品种的审定办法由国务院农业、林业主管部门规定。审定办法应当体现公正、公开、科学、效率的原则，有利于产量、品质、抗性等的提高与协调，有利于适应市场和生活消费需要的品种的推广。

不同。

4. 技术成果。

技术成果，是指利用科学技术知识、信息和经验做出的涉及产品、工艺、材料及其改进等技术方案，包括专利、专利申请、技术秘密、计算机软件、集成电路布图设计、植物新品种等。①

【焦点评析】

1. 涉案品种不属于授权品种，基于品种经营权签订的《协议书》合法有效，应认定为技术转让合同。

二审法院审理认为，苏科公司按照《协议书》退出Ⅱ优205水稻品种的经营，由思源公司支付补偿金和亲本费的约定明确，且不违反法律规定。同时，法院认定，该协议中明确记载了双方签订该协议的目的，就是为了确保Ⅱ优205水稻品种的独家生产、经营以及品种的市场规范运作和统一管理。思源公司支付的补偿款是对苏科公司退出Ⅱ优205水稻品种经营权的补偿。对此，一审法院的认定明显是片面的，存在明显疏漏。二审法院指出，一审对涉案《协议书》条款内容的解释，缺乏事实依据，是不正确的。

另外，苏科公司与南京农业大学关于Ⅱ优205水稻新品种所签订的协议并未解除和终止，苏科公司所拥有的品种使用权依法可受到法律保护。之后，南京农业大学将该品种转让给思源公司，由其买断该品种权的生产经营权，并不必然影响之前与苏科公司签订协议的有效性。也就是说，苏科公司享有的权益不应当受到品种转让的影响。正是为了解决涉案品种转让后的经营问题，避免冲突，双方才签订了上述协议。由此来看，二审法院认定思源公司支付的补偿款是对苏科公司退出Ⅱ优205水稻品种经营权的对价，具有事实和法理基础。

值得注意的是，Ⅱ优205水稻新品种于2004年通过了江苏省农作物品种审定，虽申请了植物新品种权，但在诉讼中尚未取得植物新品种权，并不是授权品种。因此，涉案协议不是植物新品种实施许可合同。按照农业技术推广法的规定，品种属于农业技术成果，苏科公司所拥有的品种生产经营权为技术使用权。② 苏科公司将该品种的加工、包装和销售以及回收全部转让给思源公司，由思源公司独家享有该项品种的生产经营权，涉案《协议书》应属

---

① 《最高人民法院关于审理技术合同纠纷案件适用法律若干问题的解释》第一条第一款：技术成果，是指利用科学技术知识、信息和经验作出的涉及产品、工艺、材料及其改进等的技术方案，包括专利、专利申请、技术秘密、计算机软件、集成电路布图设计、植物新品种等。

② 《农业技术推广法》第二条第一项：本法所称农业技术，是指应用于种植业、林业、畜牧业、渔业的科研成果和实用技术，包括：（一）良种繁育、栽培、肥料施用和养殖技术。

于技术转让合同。[①]依照民事案件管辖的规定，技术合同纠纷由指定的中级人民法院管辖。[②]本案一审、二审法院均以植物品种许可合同纠纷为案由，在实体认定和程序处理上不妥，不符合最高法院关于民事案件案由的规定。

2. 苏科公司退出品种经营后，思源公司即取得了独家经营权，应承担补偿义务。

二审法院审理认为，苏科公司按照协议约定全面履行了合同义务，退出了Ⅱ优205水稻品种的经营，将其计划的25万斤的Ⅱ优205稻种全部交由思源公司统一回收、包装和销售，且未再从事相关加工、包装和销售，思源公司已经实现了其签订《协议书》的合同目的，即取得了独家生产经营Ⅱ优205水稻品种的权利，且收获了当年的涉案稻种，应认定苏科公司履行了合同义务。现思源公司未按约定支付补偿款和亲本费，构成违约，应承担违约责任。对此，一审法院认定错误，二审法院的认定正确。

本案中，Ⅱ优205水稻品种尚未取得授权，其经营权的转让和退出无须过户手续，只能按照合同法分则关于技术转让合同的规则处理。苏科公司在转让品种经营权之前已种植了涉案品种，正常情况下可以获得生产经营收益。因此，在思源公司受让涉案水稻种的经营权时应当支付合同对价，这是对苏科公司退出品种经营的补偿，完全符合等价有偿的原则。双方之所以在这一问题上发生争议，原因在于没有作出特别和具体的约定。同时，转让品种使用权的交付和履行属于非要式行为，极易发生争议。基于品种使用权的特征，品种经营的转让与其他技术转让基本相同，不需要办理权利转移手续，对于转让方而言，允许受让方行使使用权即完成了转让义务；而受让方，在实际取得某项技术使用权后，也缺乏实际履行的体现和证据，一审法院由此判决苏科公司败诉。可见，技术转让的交付和履行应当作出细致和有可操作性的

---

① 《最高人民法院关于审理技术合同纠纷案件适用法律若干问题的解释》第二十二条第一款、第二款：合同法第三百四十二条规定的“技术转让合同”，是指合法拥有技术的权利人，包括其他有权对外转让技术的人，将现有特定的专利、专利申请、技术秘密的相关权利让与他人，或者许可他人实施、使用所订立的合同。但就尚待研究开发的技术成果或者不涉及专利、专利申请或者技术秘密的知识、技术、经验和信息所订立的合同除外。技术转让合同中关于让与人向受让人提供实施技术的专用设备、原材料或者提供有关的技术咨询、技术服务的约定，属于技术转让合同的组成部分。因此发生的纠纷，按照技术转让合同处理。

② 《最高人民法院关于审理技术合同纠纷案件适用法律若干问题的解释》第四十三条：技术合同纠纷案件一般由中级以上人民法院管辖。各高级人民法院根据本辖区的实际情况并报经最高人民法院批准，可以指定若干基层人民法院管辖第一审技术合同纠纷案件。其他司法解释对技术合同纠纷案件管辖另有规定的，从其规定。合同中既有技术合同内容，又有其他合同内容，当事人就技术合同内容和其他合同内容均发生争议的，由具有技术合同纠纷案件管辖权的人民法院受理。

约定，避免发生类似本案的争议。

【案例背景】

1999年4月23日，我国正式加入《国际植物新品种保护公约》（简称UPOV公约）1978年文本，实施植物新品种保护制度。2016年1月1日，新修订的《种子法》增设植物新品种保护一章，提升了植物新品种保护的法律地位，保护品种权人利益。同时，该法对现行主要农作物品种审定制度进行了修改和完善，审定品种由28种减少到5种，审定品种必须通过特异性、一致性和稳定性测试要求，保护育种者利益。[①] 取得植物新品种权的品种即授权品种，如果是主要农作物，在推广应用上还需要经过品种审定；而通过品种审定的品种，只有在申请取得植物新品种权后才能取得排他的独占权。

由于两者的授权条件、审查机构、程序等存在诸多不同，因此通过审定的品种不一定符合授权品种要求的条件，而授权品种也不一定能够通过品种审定。因此，对于通过主要农作物品种审定的非授权品种，其权益转让、保护需要主要通过合同约定方式来处理。本案中，二审法院对于非授权品种权益的转让、使用和保护提供了可供借鉴的方式与路径。

【总体评价】

1. 事实认定。

从一审、二审的审理过程来看，二审法院对事实的认定更为清楚和全面，论证更深入、更详尽。首先，一审法院未对涉案《协议书》的相关条款进行全面认定，也没有对涉案协议书的法律关系进行分析和论证。二审法院针对案件的全部事实进行了认定，对协议书的性质作出了与一审法院不同的认定，考虑到品种的特殊性，追溯双方合同目的，还原了案件事实。

另外，关于合同义务的履行，由于双方约定不明确，一审法院未从品种权益的角度来考虑问题，在履约事实上认定陷于机械。对此，二审法院予以纠正，处理正确。

2. 法律适用

由于涉案品种为非授权品种，在没有专门法律调整时，应当从技术转让合同角度来审理案件，适用合同法分则关于技术合同的相关条款以及司法解释等规定来处理实体和程序问题。如果专门法律、合同法分则均没有具体规

---

①《主要农作物品种审定办法》第十二条：申请审定的品种应当具备下列条件：（一）人工选育或发现并经过改良；（二）与现有品种（已审定通过或本级品种审定委员会已受理的其他品种）有明显区别；（三）形态特征和生物学特性一致；（四）遗传性状稳定；（五）具有符合《农业植物品种命名规定》的名称；（六）已完成同一生态类型区2个生产周期以上、多点的品种比较试验。其中，申请国家级品种审定的，稻、小麦、玉米品种比较试验每年不少于20个点，棉花、大豆品种比较试验每年不少于10个点，或具备省级品种审定试验结果报告；申请省级品种审定的，品种比较试验每年不少于5个点。

定时，方能适用合同法总则进行裁判。一审、二审法院均未对涉案品种的权利状态加以甄别和准确认定，二审法院虽撤销了一审判决，处理结果正确，但二审判决在没有查明专门法律、合同法分则的情况下，直接适用合同法总则对《协议书》的法律关系及其性质的认定，论据不足，论证缺乏说服力，法律适用显有不妥。

【裁判规则】

对植物新品种许可使用和转让等合同争议，相关行政法规另有规定的，适用其规定；没有规定的，适用合同法等规定处理。

北京中通网络通信有限公司诉北京安博在线软件有限公司技术合同纠纷案

张 旺[①] 徐伟宁[②]

一、案例基本信息

案例类型	委托开发合同 技术合同 民事案件
案例名称	北京中通网络通信有限公司诉北京安博在线软件有限公司技术合同纠纷案
裁判文书	一审：北京市海淀区人民法院（2013）海民初字第22628号《民事判决书》。 二审：北京市第一中级人民法院（2014）一中民终字第3087号《民事判决书》
合议庭成员	二审：审判长彭文毅、代理审理员邓卓、代理审判员李茜
一审原告	北京中通网络通信有限公司（本文简称“中通公司”）
一审被告	北京安博在线软件有限公司（本文简称“安博公司”）
二审上诉人	安博公司
二审被上诉人	中通公司
受理日期	二审：2014年3月5日
裁判日期	一审：2013年12月19日 二审：2014年4月16日
审理程序	一审、二审
一审判决结果	一、本判决生效之日起七日内，安博公司给付中通公司合同首付款十五万九千元； 二、本判决生效之日起七日内，安博公司给付中通公司违约金两万六千五百元； 三、驳回中通公司的其他诉讼请求

① 张旺，山东诚功律师事务所高级合伙人、知识产权业务部主任。
② 徐伟宁，山东隆泰律师事务所高级合伙人。

续表

二审判决结果	驳回上诉，维持原判
适用法律	《合同法》第一百零九条[①]、第一百一十四条[②]第一款。 《民事诉讼法》第一百七十条[③]第一款
裁判要点	1. 技术合同的归责原则，应采用严格责任原则，在严格责任下，并非表示债务人就其债务不履行行为所生之损害在任何情况下均应负责，债务人可以依法律规定提出特定之抗辩或免责事由（如不可抗力、第三人过错、债权人过错等）。 2. 技术合同纠纷案件中，主张合同权利发生的当事人对产生合同权利的法律要件事实负有举证责任；主张已产生的合同权利变更或消灭的当事人对阻碍、变更或消灭合同权利的法律要件事实负有举证责任。负有举证责任的当事人不能证明自己的主张的，应承担不利后果
案例规则	无

二、案件综述

【主要诉请】

中通公司请求法院判令：

1. 安博公司支付中通公司合同首付款 159000 元；
2. 判令安博公司支付中通公司合同余款 106000 元；
3. 安博公司支付逾期付款的违约金 26500 元；

---

① 《合同法》第一百零九条：当事人一方未支付价款或者报酬的，对方可以要求其支付价款或者报酬。

② 《合同法》第一百一十四条：当事人可以约定一方违约时应当根据违约情况向对方支付一定数额的违约金，也可以约定因违约产生的损失赔偿额的计算方法。

③ 《民事诉讼法》第一百七十条：第二审人民法院对上诉案件，经过审理，按照下列情形，分别处理：

（一）原判决、裁定认定事实清楚，适用法律正确的，以判决、裁定方式驳回上诉，维持原判决、裁定；

（二）原判决、裁定认定事实错误或者适用法律错误的，以判决、裁定方式依法改判、撤销或者变更；

（三）原判决认定基本事实不清的，裁定撤销原判决，发回原审人民法院重审，或者查清事实后改判；

（四）原判决遗漏当事人或者违法缺席判决等严重违反法定程序的，裁定撤销原判决，发回原审人民法院重审。

原审人民法院对发回重审的案件作出判决后，当事人提起上诉的，第二审人民法院不得再次发回重审。

4. 安博公司承担诉讼费用。

【基本事实】

1. 中通公司与安博公司于2012年3月1日签订了《安博教育集团风语者智能管理平台CRM系统合同书》(下文简称“合同”)。

法院审查认定的事实：

双方签订的合同及其附件体现了双方的真实意思表示，依法成立，应属有效，双方均应按照合同约定履行自己的义务。

2. 合同约定：中通公司向安博公司提供风语者智能管理平台客户关系管理（CRM）系统，并与安博公司现有系统进行对接，总价人民币265000元，安博公司应于合同生效之日起20个工作日支付首付款人民币159000元，系统上线并经安博公司验收合格后20个工作日内支付尾款人民币106000元，安博公司付款前提为安博公司收到中通公司开具的等额发票。双方在合同第八条第二款第一项约定：“如甲方未能按照合同约定的期限付款，每延期1天，甲方应向乙方支付合同总价的0.1%作为违约金，但是违约金的总额不得超过合同总价的10%。”合同第八条第二款第三项约定，如因甲方财务预算，上级行政与决策等原因取消已经进行的项目，乙方有权要求甲方按合同要求支付余款。

合同附件三《安博教育CRM项目实施规划》中列出了7个阶段：理念导入、业务梳理、流程固化、系统部署、应用培训、系统试运行、系统上线。每个阶段列出了步骤、风语者实施内容、安博教育配合内容、目标成果、实施周期，其中流程固化的步骤分为方案设计、流程模拟，安博教育配合内容包括对风语者实施顾问提出的解决方案进行沟通和确认，安排其他信息系统技术人员进行沟通，就模拟系统构建进行沟通，确认解决方案和流程设计。目标成果是实现方案设计。

3. 中通公司在合同正式签订前，已提前介入开始履行合同所约定的工作，建立了项目团队，完成了咨询实施工作，进行了接口开发的部分工作，合同签订时，中通公司与安博公司将中通公司已完成的咨询实施工作成果《安博教育CRM应用规划建议书》作为合同附件共同盖章确认，同时将中通公司已完成的接口开发部分《安博教育CRM应用数据整合方案》作为合同附件共同盖章确认。合同签订后，中通公司根据合同约定及双方共同确认的方案完成了对软件的针对性开发，并向某集团客户服务中心提供并安装了CRM系统进行试用。中通公司已于2012年5月7日按约定开具了首付款发票，但安博公司未支付相应款项。

法院审查认定的事实：

(1) 双方均认可中通公司开具了发票，且安博公司未按约定支付合同首付款。(2) 中通公司主张该公司已履行了部分合同义务，即完成了涉案项目的理念导入、业务梳理、流程固化三个阶段。本案中，安博公司认可签订的合同已包含了方案设计，中通公司实施了理念导入等工作，且中通公司已向安博公司提供了涉案系统的测试版本，但表示因该公司需求变化等原因导致解决方案未最终确定。法院认为，中通公司已经履行了相关义务，安博公司如认为中通公司的履行不符合要求，应提交相关证据，否则应承担相应的举证责任。

4. 安博公司表示已收到上述发票，但中通公司已要求将该发票退回，合同已解除。经询问，中通公司表示为了避免产生税费，确实要求安博公司退回发票，并不是要求解除合同，并且安博公司一直没有退回发票。安博公司表示不清楚发票是否退回，亦未提交涉案发票已退回的证据。

法院审查认定的事实：

在合同纠纷案件中，主张合同关系解除的一方当事人应承担举证责任，对合同是否履行发生争议的，由负有履行义务的当事人承担举证责任。本案中，安博公司以中通公司要求退回发票为由要求确认双方已协商一致解除合同，中通公司不予认可，且该公司未提交证据证明已将发票退回，故对其主张，法院不予采信。

5. 中通公司表示未完成余下阶段的工作，该公司主张未完成相关工作的原因是安博公司拒不配合。

法院审查认定的事实：

中通公司虽曾发函要求继续履行，且安博公司存在机构变更等情形，但中通公司在本案中未提交证据证明该公司已为履行义务完成了所有准备工作，故对中通公司该项主张，法院不予支持。

6. 中通公司主张已按合同履行了义务，要求安博公司支付全部合同款项，并支付违约金。

法院认定的事实：

中通公司要求安博公司支付全部合同款项，理由是安博公司取消涉案项目，但未提交充足有效证据。该公司提交了电话录音，但未证明录音中的谈话人有权代表安博公司，且该录音中并未出现安博公司取消涉案项目的内容，故法院对中通公司的该项主张不予支持。

【案例背景】

CRM 是客户关系管理（Customer Relationship Management）的简称，是一种以客户为中心的现代管理思想，CRM 在国外的发展已有十余年的历史背景。CRM 软件综合集成了数据库与数据仓库技术、数据挖掘技术、在线分析处理、Internet 技术、面向对象技术、客户机 / 服务器体系、销售自动化技术以及其他相关技术成果，能够为企业的销售、客户服务和决策支持等领域提供一个业务自动化的解决方案，使企业具有一个面向客户的前台。[①]

实施是利用CRM软件中蕴含的管理思想、流程和方法来为企业进行管理规划，将通用的CRM管理软件按照企业特点进行个性化应用，是一个协助企业从现有管理模式逐步接近，最后达到目标模式的过程。在实施过程中，咨询顾问将详细了解企业的运营、管理状况，企业管理者也将更深入地理解CRM软件中包含的管理思想、流程和规范，在此基础上共同确立适应企业本身特点的CRM应用模式，并将之固化于软件之中。

本案安博公司认可签订的合同中的方案设计即为CRM软件的应用，中通公司主张该公司已履行了部分合同义务，即完成了涉案项目的理念导入、业务梳理、流程固化三个阶段，而安博公司则主张中通公司没有履行合同义务，中通公司实施的三个阶段，是合同签订前的业务介绍及推荐工作，不属于合同的履行。因此，理念导入、业务梳理、流程固化三个阶段的实施，是否属于合同义务的履行，是本案二审的主要争议之一。

三、案例评析

【名称解释】

1. 风语者智能管理平台CRM系统。

本案中的风语者智能管理平台CRM系统即是一种应用CRM管理思想的软件。

CRM软件的实施一般分为六大步骤：

第一步：理念导入。理念导入主要包括组建实施小组、确定人员和时间、项目动员和CRM理念培训。其中CRM的理念培训是实施中的重要价值点。“以客户为中心”的管理方式，将客户而非产品放在企业核心竞争力的位置上，企业要能够真正应用好CRM系统，必须首先从理念上了解、接受和认识这一点。

第二步：业务梳理。业务梳理是系统实施的重要步骤和控制实施周期的关键点。通过流程分析，CRM的咨询顾问可以了解企业现有的经营状况及工作方式，提炼出市场、销售、服务中各环节的关键点、控制点，暴露出隐藏的问题。同时，咨询顾问可充分发挥“第三方”的优势，提出个性化的实施建议，并对实施中可能出现的阻力作充分准备，是进行下一个步骤“方案设计”的基础。

第三步：流程固化。流程固化的重点是在调整和优化原有工作流程的基础上，建立基于CRM系统的、规范的、科学的、以客户为中心的企业运营流程。在方案设计过程中，CRM咨询顾问将运用在相关行业的成功实施经验，

---

① 张国方、金国栋：《CRM（客户关系管理）的应用与理论研究综述》，载《科技进步与对策》2003年3期，第178页。

根据在业务梳理过程中总结有关信息，重新进行流程规划调整。

第四步：系统部署。系统部署主要完成正式启用系统的数据准备工作。在系统部署过程中，咨询顾问将根据方案设计中规定的企业运营流程、工作传递关系、企业组织结构以及企业经营产品的特点等将基础数据录入或导入系统，指导企业建立协调统一的信息标准（或参照 ISO 标准）。系统部署由咨询顾问和企业内部的 CRM 项目负责人共同完成，确保知识传递。

第五步：应用培训。在应用培训阶段，CRM 认证讲师根据实施方案，结合应用流程对企业工作人员提供培训。通过培训，企业员工能够很快熟悉系统，了解自身工作在系统中的角色及如何利用系统来提高工作效率，使系统得以尽快投入实际工作中，解决现有的问题，加强工作协调。

第六步：系统试运行和上线。系统试运行通过后，将原有模式切换至 CRM 系统，系统正式启用。

2. 合同生效的要件。

根据《合同法》第四十四条①的规定，合同依法成立是合同生效的前提。合同生效主要应符合以下要件：

（1）合同当事人主体适格。我国《合同法》第九条规定，当事人订立合同，应当具有相应的民事权利能力和民事行为能力。

（2）合同当事人意思表示真实。

（3）合同内容不违反法律或者公共利益。

（4）合同的内容必须确定或可能。

（5）合同特殊要件达成。一般合同符合上述要件时成立即生效，但在特殊情况下，合同生效需要满足某些特殊的要件，如附生效条件的合同、附生效期限的合同、须具备法律要件的合同等，此类合同成立之后并不能立即生效，还需要满足合同中特殊要件时，才正式生效。

本案中，中通公司与安博公司均为依法设立并正常存续的法人，在订立合同时意思表示真实，合同内容也不存在违反法律或者公共利益的情形，涉案合同约定中通公司向安博公司提供风语者智能管理平台客户关系管理（CRM）系统，并与安博公司现有系统进行对接，其中风语者智能管理平台客户关系管理（CRM）系统属于现有技术，因此该合同目的明确并且可以达成，该合同也不属于需要特殊要件达成才能生效的合同，因此涉案合同自成立之日起生效。

3. 举证责任。

举证责任，在民事诉讼中指的是，应当由当事人对其主张的事实提供证

---

①《合同法》第四十四条：依法成立的合同，自成立时生效。法律、行政法规规定应当办理批准、登记等手续生效的，依照其规定。

据并予以证明，若诉讼终结时根据全案证据仍不能判明当事人主张的事实真伪，则由该当事人承担不利的诉讼后果。

技术合同纠纷案件中所涉及的技术专业性较强，在合同纠纷案件中主张合同权利发生的当事人对产生合同权利的法律要件事实负有举证责任；主张已产生的合同权利变更或消灭的当事人对阻碍、变更或消灭合同权利的法律要件事实负有举证责任。负有举证责任的当事人不能证明自己的主张的，应承担不利后果。

【焦点评析】

1. 关于首付款。

法院在审理查明案件事实过程中，是中通公司已经按照合同约定开具发票并履行部分义务，还是中通公司履行部分义务并根据合同约定开具发票?

法院认为，中通公司已经按照合同约定开具了发票并履行了部分义务，故对该公司要求安博公司支付合同首付款及违约金的诉讼请求，法院予以支持。

（1）合同约定支付款项的方式是中通公司先开具发票，再支付款项，这是合同约定的支付方式。但是，需要区分的是：合同约定支付合同款项的方式与法院认定应当支付首付款的情形属于不同的概念。法院能否根据合同约定的支付方式作为认定中通公司履行了合同义务、作为安博公司应当支付首付款依据；因为本案争议焦点是合同是否履行，只有审理查明中通公司已经履行了合同义务，不论是部分还是全部，判决安博公司支付合同首付款的依据是合同履行而不是已经开具发票。如果法院认定安博公司支付首付款是根据中通公司已经开具发票并履行部分义务，那么，法院的判决就不是支持中通公司的诉讼请求，而是判决安博公司按照合同约定，支付首付款。

（2）按照合同约定，在签订涉案合同之日起 20 个工作日，安博公司支付给中通公司首付款 159000 元；很明显，这是双方约定的首付款支付的时间，不是涉案合同义务。本案因合同履行发生争议，是否履行合同义务，并不涉及支付合同款项的条款约定。法院应查明：是否开具发票与是否履行合同义务不具有关联性。

因此，在审理查明合同义务范围方面与案件争议焦点存在不一致的情形下，法院认定安博公司应当支付首付款的理由，似乎有些牵强。

2. 关于余款。

中通公司是否按照合同约定履行了合同义务？（参见【名词解释】“风语者智能管理平台 CRM 系统”）

中通公司主张已按合同履行了部分合同义务，余下阶段的工作未完成的原因是安博公司拒不配合。而安博公司则主张中通公司未履行合同义务。

首先，对于已经履行的部分，即涉案项目的理念导入、业务梳理、流程固化三个阶段。该三个阶段包含在涉案合同附件三《安博教育 CRM 项目实施规划》中，并且每个阶段均列出了步骤、风语者实施内容、安博教育配合内容、目标成果、实施周期。尽管中通公司在合同正式签订前，已提前完成了理念导入、业务梳理、流程固化三个阶段的工作，但是由于该三个阶段的工作同样包含在合同内，该行为也仅是合同义务的自愿提前履行，并且安博公司也未能提交证据证明该履行不符合要求，所以中通公司提前完成三个阶段的工作应视为合同的正式履行。

其次，对于余下阶段的工作，中通公司主张未完成相关工作的原因是安博公司拒不配合。法院认为，中通公司虽曾发函要求继续履行，且安博公司存在机构变更等情形，但中通公司在本案中未提交证据证明该公司已为履行义务完成了所有准备工作。从判决中表述的内容可以看出，中通公司已经完成上述三个阶段的工作，并且将工作成果记载于合同附件《安博教育 CRM 应用规划建议书》和《安博教育 CRM 应用数据整合方案》中，上述附件均已作为证据提交。根据合同记载，第四步是系统部署，即主要完成正式启用系统的数据准备工作。该步骤需要咨询顾问和企业内部的 CRM 项目负责人共同完成，根据对该步骤的描述是“咨询顾问将根据方案设计中规定的企业运营流程、工作传递关系、企业组织结构以及企业经营产品的特点等将基础数据录入或导入系统，指导企业建立协调统一的信息标准（或参照 ISO 标准）”，可以看出该步骤实施的前提是需要企业内部 CRM 项目负责人（本案中对应安博公司）提供大量相关数据资料，而咨询顾问（本案中对应中通公司）仅需将数据根据方案设计（在步骤三流程固化中已完成）录入或导入系统即可。因此，虽然不能说咨询顾问在实施系统部署之前不需要进行额外的准备工作，但至少对于该做什么样的准备工作，以及准备工作的标准尚不够明确。然而法院在判决时没有对“准备工作”作出具体界定，也没有从技术的角度考察余下阶段工作与先前完成的工作之间的联系，直接认定“中通公司在本案中未提交证据证明该公司已为履行义务完成了所有准备工作”，未免有些草率。

【总体评价】

1. 安博公司因为发现了中通公司已有的技术所以才与中通公司签订了委托开发合同。中通公司已完成的接口开发部分《安博教育 CRM 应用数据整合方案》属于合同附件，所以合同签订后 20 日内，安博公司就应当向中通公司支付首付款，而不需要考虑合同是否履行。法院认为中通公司在合同签订后履行了部分研发义务并开具了发票，所以安博公司才应当支付首付款，因此法院对该事实的认定存在瑕疵。

2. 法院在判决时没有对“准备工作”作出界定，也没有从技术的角度考察余下阶段工作与先前完成的工作之间的联系，进而作出了“中通公司在本案中未提交证据证明该公司已为履行义务完成了所有准备工作”的认定，过于草率。

天津市高夫科技有限公司诉北京格林福天科技开发有限公司技术合同纠纷案

张 黎①

一、案例基本信息

案例类型	委托开发合同 技术开发合同 技术合同 民事案件
案例名称	天津市高夫科技有限公司诉北京格林福天科技开发有限公司技术合同纠纷案
裁判文书	一审：北京市第二中级人民法院（2012）二中民初字第13167号《民事判决书》 二审：北京市高级人民法院民事判决书（2013）高民终字第54号《民事判决书》 执行裁定：北京市第二中级人民法院（2015）二中执字第116号《强制执行裁定书》、（2015）二中执字第116-1号《强制执行裁定书》
合议庭成员	二审：审判长刘辉、代理审判员石必胜、代理审判员陶钧
一审原告	天津市高夫科技有限公司（本文简称“高夫公司”）
一审被告	北京格林福天科技开发有限公司（本文简称“格林福天公司”）
二审上诉人	格林福天公司
二审被上诉人	高夫公司
受理日期	二审：2012年12月24日
裁判日期	二审：2013年2月26日
法律程序	一审、二审、执行
一审判决结果	一、解除高夫公司与格林福天公司签订的《产品合作合同》； 二、格林福天公司返还高夫公司九十五万元； 三、驳回高夫公司的其他诉讼请求
二审判决结果	驳回上诉，维持原判
执行结果	终结（2012）二中民初字第13167号民事判决书的本次执行程序

① 张黎，北京张黎律师事务所，律师。

续表

涉案法律法规和解释	一审、二审： 《中华人民共和国合同法》第六十条①、第九十三条②、第九十八条③、第一百零七条④。 《中华人民共和国民事诉讼法》第一百七十条⑤第一款第（一）项。 《中华人民共和国民事诉讼法》第一百五十四条⑥第一款第（八）项、第二百五十七条⑦第（六）项、《最高人民法院关于执行案件立案、结案若干问题的意见》第十六条⑧第（三）项

① 《合同法》第六十条：当事人应当按照约定全面履行自己的义务。

当事人应当遵循诚实信用原则，根据合同的性质、目的和交易习惯履行通知、协助、保密等义务。

② 《合同法》第九十三条：当事人协商一致，可以解除合同。

当事人可以约定一方解除合同的条件。解除合同的条件成就时，解除权人可以解除合同。

③ 《合同法》第九十八条：合同的权利义务终止，不影响合同中结算和清理条款的效力。

④ 《合同法》第一百零七条：当事人一方不履行合同义务或者履行合同义务不符合约定的，应当承担继续履行、采取补救措施或者赔偿损失等违约责任。

⑤ 《民事诉讼法》第一百零七条：人民法院裁定先予执行的，应当符合下列条件：（一）当事人之间权利义务关系明确，不先予执行将严重影响申请人的生活或者生产经营的；（二）被申请人有履行能力。

人民法院可以责令申请人提供担保，申请人不提供担保的，驳回申请。申请人败诉的，应当赔偿被申请人因先予执行遭受的财产损失。

⑥ 《民事诉讼法》第一百五十四条：裁定适用于下列范围：（一）不予受理；（二）对管辖权有异议的；（三）驳回起诉；（四）保全和先予执行；（五）准许或者不准许撤诉；（六）中止或者终结诉讼；（七）补正判决书中的笔误；（八）中止或者终结执行；（九）撤销或者不予执行仲裁裁决；（十）不予执行公证机关赋予强制执行效力的债权文书；（十一）其他需要裁定解决的事项。

对前款第一项至第三项裁定，可以上诉。

裁定书应当写明裁定结果和作出该裁定的理由。裁定书由审判人员、书记员署名，加盖人民法院印章。口头裁定的，记入笔录。

⑦ 《民事诉讼法》第二百五十七条：有下列情形之一的，人民法院裁定终结执行：（一）申请人撤销申请的；（二）据以执行的法律文书被撤销的；（三）作为被执行人的公民死亡，无遗产可供执行，又无义务承担人的；（四）追索赡养费、扶养费、抚育费案件的权利人死亡的；（五）作为被执行人的公民因生活困难无力偿还借款，无收入来源，又丧失劳动能力的；（六）人民法院认为应当终结执行的其他情形。

⑧ 《最高人民法院关于执行案件立案、结案若干问题的意见》第十六条：有下列情形之一的，可以以“终结本次执行程序”方式结案：（一）被执行人确无财产可供执行，申请执行人书面同意人民法院终结本次执行程序的；（二）因被执行人无财产而中止执行满两年，经查证被执行人确无财产可供执行的；（三）申请执行人明确表示提供不出被执行人的财产或财产线索，并在人民法院穷尽财产调查措施之后，对人民法院认定被执行人无财产可供执行书面表示认可的；（四）被执行人的财产无法拍卖变卖，或者动产经两次拍卖、不动产或其他财产权经三次拍卖仍然流拍，申请执行人拒绝接受或者依法不能交付其抵债，经人民法院穷尽财产调查措施，被执行人确无其他财产可供执行的；（五）经人民法院穷尽财产调查措施，被执行人确无财产可供执行或虽有财产但不宜强制执行，当事人达成分期履行和解协议，且未履行完毕的；（六）被执行人确无财产可供执行，申请执行人属于特困群体，执行法院已经给予其适当救助的。（后略）

续表

裁判要点	1. 对于附条件生效的合同，要考察合同是否实际履行以及双方对于合同效力是否存在异议。如果双方都已经开始履行，并且履行了大部分义务，且对合同生效不存在异议的情况下，本着尊重当事人的自主意愿，应当认为合同已经生效。 2. 合同的性质不能仅从名称上考核，而是应当根据双方签署的合同目的及权利义务考察合同的性质；根据合同性质审查双方的义务履行情况，以及违约责任
案例规则	无

二、案例综述

【主要诉请】

高夫公司请求判令格林福天公司退还95万元及相应利息。

【基本事实】

1. 2010年3月17日，高夫公司（合同甲方）与格林福天公司（合同乙方）签订了《应用DYB制冷专利技术转化产品合作合同》（以下简称《产品合作合同》），双方约定：合作分为两个阶段，第一阶段为样机制造阶段，自动工开始至2010年8月31日结束，以制造出合格样机为标准；第二阶段为组织生产阶段，以获取加拿大需方订单之日起至本合同届满日止，以批量生产合格产品为标准。如第一阶段未达到双方合作目的，第二阶段不产生法律效力。

法院审查确认的事实：

在合同履行过程中，高夫公司依约向格林福天公司支付了合同款95万元。

对此，格林福天公司在一审法院庭审过程中表示其已经依约履行完成了第一阶段的任务，高夫公司剩余的应付合同款项可以在合同第二阶段进行时支付，并且表示在本案审理中对此不提起反诉。

2. 甲方的权利义务包括：甲方在第一阶段以投入资金130万元人民币为限，作为双方合作制造两台样机的资金，乙方所有的制造及相关费用均包括在内。超值部分由双方各按50%分摊。该款支付方式如下：合同签订后一周内，甲方向乙方支付样机制造费30万元人民币作为定金；乙方收到此款后的一个月内，向甲方递交所有与专利相关的资料，经甲方审核确认后，按照乙方制造样机实施方案的不同阶段分两次付清100万元。两台样机制造成功以后，其所有权归双方共有。经国家质量技术监督局检验合格以后，根据国内市场需求和加拿大需方的订单需求，双方决定在天津组织生产，此时即为进入第二个合作阶段。

乙方的权利义务包括：负责两台样机全程的设计、制作、安装等技术性工作，并有权在制造过程中要求甲方及时按合同提供所投入的资金，并保证专款专用。因为是加拿大市场制造的工程样机，必须根据加拿大国需方具体行业、领域或经济实体的意向或具体要求制造，并有加拿大国需方具体的书面技术质量要求标准。两台样机制造成功并经国家权威部门检验合格，样机演示工作由乙方负责，甲方派员进行协助。乙方在本合同签订后、待 DYB 技术专利发明人李定宇从加拿大回国以后一周内，向甲方提供 DYB 专利技术的相关资料。

法院审查确认的事实：

在格林福天公司提交的证据中，有一份书面的《对 DYB 制冷技术（专利）的说明与承诺》，上面有“李定宇”的签字，所署日期是“2010 年 3 月”。对该份承诺书，格林福天公司称在双方签订合同后即交付给高夫公司，但是，高夫公司在一审庭审中表示其在本案诉讼中才收到。

对于合同约定的工程样机，格林福天公司未能按照约定的时间交付。在高夫公司负责人徐政刚与格林福天公司法定代表人张力于 2010 年 10 月 14 日签订的一份《会商纪要》中记载：“鉴于格林福天公司在合同执行期间，没有按合同约定专款专用，在高夫公司不知情的前提下，利用高夫公司打入的资金制造合同以外的两台样机，且支付与合同中与约定无关的费用，严重影响合同中约定样机制造的进度。为了正确履行合同，经双方协商，由张力先生负责及时追回合同以外的两台样机制造费用和与合同约定无关的费用。追回上述款项后，作为工程样机的启动资金，并向高夫公司提交工程样机实施方案即进度，格林福天公司在确保工程样机的实际制造进度情况下完成合同投资。”

对于上述《会商纪要》，格林福天公司称：经与高夫公司协商，工程样机交付时间被推迟，并已得到高夫公司的谅解，格林福天公司已于 2011 年 3 月 1 日将工程样机发往加拿大的客户。对此，高夫公司称其从未同意延迟交付，也不知道格林福天公司将工程样机发往加拿大的事实。

由于涉案《产品合作合同》约定了工程样机最迟应于 2010 年 9 月内交付，虽然高夫公司与格林福天公司于同年 10 月签订了《会商纪要》，但其中并未明确变更工程样机的交付时间，而且格林福天公司并未出示证据证明其已经向高夫公司提交了工程样机实施的进度方案，并经高夫公司确认，故格林福天公司并未依约按时履行交付工程样机的义务。同时，格林福天公司虽然提交了其于 2011 年 3 月 1 日向加拿大发送货物的单据，但是该加拿大收货方是否与涉案《产品合作合同》存在关联性，是否为合同指定的加拿大需方，在格林福天公司并未提交证据予以证明，且高夫公司不予认可的情况下，无法进行确认，亦不能证明格林福天公司已经完成了工程样机的交付。因此，格林福天公司并未依约全面履行其交付工程样机的合同义务，其此部分上诉理由缺乏事实依据，本院不予采纳。

3. 两台样机制造要求：原理性演示样机（为国内市场）的制造原则是以利用热能为条件，通过 DYB 制冷技术达到制冷的效果，为了明显说明效果，此样机以制出“冰”的结果为目的。对于工程样机（为加拿大国市场）的制造，应按需方具体技术要求，经我国权威部门检验合格后即交付加拿大方面。交付该样机的时间（离岸）最迟为 2010 年 9 月内。

法院审查确认的事实：

格林福天公司的技术人员会同案外相关人员进行了设备研制工作。对于合同约定的演示样机，高夫公司称格林福天公司至今未交付。格林福天公司则称演示样机已经运到天津市，为此，格林福天公司申请双方合同的事务协调兼高夫公司总监张玉峰出庭作证。张玉峰作证称：演示样机在 2010 年 5 月完成研制，8 月运往天津，高夫公司的负责人进行了查验，现上述设备保存于天津市的某厂房内。

根据涉案《产品合作合同》的约定，格林福天公司应当确保演示样机和工程样机符合合同约定的质量，由于合同明确约定样机合格的判断依据是以通过国家权威部门检测为标准，而演示样机出“冰”仅为其最终结果，是否依据《产品合作合同》所约定的技术方案产生此结果无法进行确认，因此格林福天公司认为在无法进行检测的情况下，仅以演示样机出“冰”进行判断缺乏事实依据，本院不予采信。

4. 任何一方违约，违约方按守约方的实际经济损失予以赔偿。有效期为三年，自 2010 年 3 月 17 日至 2013 年 3 月 16 日止。

5. 本合同生效必须具备以下两个条件：（1）专利技术持有人李定宇亲笔签字的《对 DYB 制冷技术（专利）的说明与承诺》；（2）合同签约人的《法人代表身份证明》或法人《授权委托书》。

法院审查确认的事实：

在格林福天公司提交的证据中，有一份书面的《对 DYB 制冷技术（专利）的说明与承诺》，上面有“李定宇”的签字，所署日期是“2010 年 3 月”。对该份承诺书，格林福天公司称在双方签订合同后即交付给高夫公司，但是，高夫公司在一审庭审中表示其在本案诉讼中才收到。

6. 双方当事人在庭审中均同意解除合同。

三、案例评析

【案例背景】

“自 1824 年法拉第发现吸附制冷现象至今已有一百多年的历史了，但在很长一段时间内，吸附制冷技术一直未引起重视，发展非常缓慢，主要是因为其制冷效率和功率远远达不到压缩式制冷的水平。70年代爆发的能源危机为吸附制冷技术的发展提供了契机。80年代，随着人们环保意识的增强，传统的压缩制冷中的CFCs（氟利昂）系列制冷剂破坏大气臭氧层的问题引起了广泛关注，这更为吸附制冷技术的发展提供了良机。”“以湖南定宇制冷有限公司李定宇为首的技术人员，结合湖南大学、中南大学的技术力量，经过近20年来不间断的研究与开发，在吸附制冷的理论和系统设计方面打下了坚实的基础，在制造工艺方面已趋于成熟。湖南定宇制冷有限公司的有关吸附制冷装置已完成了中间试验，批量投入生产，并有部分产品销往日本。”[①] 该文表明，作为合同标的的“DYB制冷专利技术”已经从实验阶段完成了中试走向市场，可以进行批量生产。

本案涉案合同为专利技术转化合同，合同签订时间是2010年，上述文章发表于2001年，距离本案合同签订时间有10年之久，可以推论，涉案技术已经是相对稳定、成熟的技术。但是，根据涉案合同约定内容和履行状况将稳定、成熟的专利技术转化为市场产品并非是一项简单的工程。“对于双方约定的对两台样机的检测，高夫公司称合同约定的检测单位是国家质量技术监督局。格林福天公司则认为只要是国家权威部门即可，并不是特指国家质量技术监督局。对于两台样机至今未能检测，格林福天公司称，其曾联系了相关国家权威部门，被告知由于涉及的技术出现较晚，应用时间较短，国内还没有可依据的检测方法和测试标准，故无法检测。”同样可以看出，涉案专利技术产品的市场仍有赖于需求方的实际需求。本案需求方为加拿大某公司。因此，演示样机和为加拿大市场制造的工程样机“必须根据加拿大国需方具体行业、领域或经济实体的意向或具体要求制造，并有加拿大国需方具体的书面技术质量要求标准”。成为合同履行一方（本案被告格林福天公司）的义务。该义务是否履行亦成为本案焦点问题之一。

【名词解释】

1. 合同生效要件。

合同生效是指已经依法成立的合同在当事人之间产生一定的法律约束力，亦即法律效力。[②] 合同一旦生效，合同签约各方当事人均应当按照合同的约定享有权利和承担义务，即合同具有请求保护的法律约束力。合同生效要件是指合同发生法律效力普遍应具备的条件。合同生效的前提是合同成立，“合同成立是指合同当事人意思表示一致而达成协议，而合同的有效则是指已经成立的合同，只有在符合法定的有效要件时，才能够产生合同的当事人所预期

① 齐朝晖、汤广发、李定宇、黄德珂：《吸附制冷技术在余热回收中的应用》，载《中国能源》2001年第4期，第30页。

② 来源：http://baike.so.com/doc/330250-349772.html。

的法律后果并受法律的保护”[①]。因此，合同成立是合同生效的前提条件，合同生效是当事人双方订立合同实现预期目标必然要追求的结果。[②]

合同成立与合同生效的主要区别是：（1）合同成立是指合同订立事实这一过程的完成，而合同生效则是对于已经成立的合同作出法律上的判断，从此点而言，生效后的合同瑕疵可以通过法律途径予以纠正，而未成立的合同则无法通过法律予以救济；（2）合同成立的构成要件仅考察当事人之间是否达成一致的意思表示，而合同生效则还需要考察当事人的主体（行为能力）、意思真实、内容和形式的合法性。

涉案合同附有生效条件，即合同约定的“本合同生效必须具备以下两个条件：（1）专利技术持有人李定宇亲笔签字的《对 DYB 制冷技术（专利）的说明与承诺》；（2）合同签约人的《法人代表身份证明》或法人《授权委托书》。”

2. 专利技术持有人。

专利技术持有人，包括专利权人、专利权许可的被许可人、专利权转让的受让人等，该用词无法明确界定专利权的归属。在法律中，《合同法》第十八章“技术合同”中并没有“专利持有人”的用词，但是在 1996 年的《促进科技成果转化法》和 2015 年修订的《促进科技成果转化法》中均有“科技成果持有者”的用词，恰好是因为科技成果是指通过科学研究与技术开发所产生的具有实用价值的成果[③]，具有宽泛的属性，不一定享有专利权。

在 2012 年立案的技术合同且标的为专利技术纠纷案件的判决中，出现“专利技术持有人”的用词，的确是一个缺陷。

3. 技术转化合同。

技术转化合同，又称科技成果转化[④]合同或者技术成果转化合同，是指当事人之间就具有产业应用价值的科技成果实施转化订立的合同，参照技术开发合同的规定。[⑤]技术转化合同时一类特殊的技术开发合同，一般情况下，技术转化合同已经对合同标的进行过小试、中试阶段，并非是全新的技术，甚至是已经获得专利权的技术。其重点在于将实验室技术推向市场，形成市场运用价值的生产力。

---

① 谭启平主编：《中国民法学》，法律出版社 2015 年版，第 400 页。

② 来源：http://baike.so.com/doc/330250-349772.html。

③《促进科技成果转化法》第二条第一款。

④《促进科技成果转化法》第二条第二款：本法所称科技成果转化，是指为提高生产力水平而对科技成果所进行的后续试验、开发、应用、推广直至形成新技术、新工艺、新材料、新产品，发展新产业等活动。

⑤《合同法》第三百三十条第三款：当事人之间就具有产业应用价值的科技成果实施转化订立的合同，参照技术开发合同的规定。

涉案合同是典型的专利技术转化合同。

4. 技术开发合同。

技术开发合同，是指当事人之间就新技术、新产品、新工艺或者新材料及其系统的研究开发所订立的合同。[①]技术开发合同因当事人权利义务和法律责任的不同，分为委托开发合同和合作开发合同。

《合同法》第三百三十条中的“新技术、新产品、新工艺或者新材料及其系统”，是指当事人在订立技术合同时尚未掌握的产品、工艺、材料及其系统等技术方案，但在技术上没有创新的现有产品的改型、工艺变更、材料配方调整以及技术成果的验证、测试和使用除外。包含两个部分：一是当事人在订立技术合同时尚未掌握的产品、工艺、材料及其系统等技术方案；二是实质要件是应当具备一定的技术先进性或者技术创新性。

委托开发合同是一方当事人仅提供资金、设备、材料等物质条件或者承担辅助协作事项；另一方当事人以自己的技术能力、技术人员进行和完成研发工作。

合作开发合同是合同签约各方为完成一定的研究开发工作，由当事人各方共同投资、共同研发、共担风险、共享技术成果权益所订立的合同。

涉案合同在一审判决书中作了如此表述：“从本案双方当事人之间存在的委托开发关系上看，高夫公司只负责提供研制资金，并在涉及技术方面对格林福天公司充分信赖；格林福天公司作为受托开发者，应当负责技术领域内涉及的一切相关问题……”一审法院明确涉案合同应当参照委托开发合同的规定。

5. 失信被执行人。

2013年最高人民法院颁发了《最高人民法院关于公布失信被执行人名单信息的若干规定》，对于被执行人具有履行能力而不履行生效法律文书确定的义务，并具有下列情形之一的，人民法院应当将其纳入失信被执行人名单，依法对其进行信用惩戒：

（1）以伪造证据、暴力、威胁等方法妨碍、抗拒执行的；

（2）以虚假诉讼、虚假仲裁或者以隐匿、转移财产等方法规避执行的；

（3）违反财产报告制度的；

（4）违反限制高消费令的；

（5）无正当理由拒不履行执行和解协议的。

（6）有履行能力而拒不履行生效法律文书确定义务的。[②]

“最高人民法院先后于2013年7月、11月和2014年1月三次召开新闻发

---

① 《合同法》第三百三十条。

② 《最高人民法院关于公布失信被执行人名单信息的若干规定》第一条。

布会，集中对失信被执行人名单信息的公开等情况进行通报，建立了网上的‘老赖’黑名单系统。社会各界人士点击‘全国法院失信被执行人名单信息公布与查询’，输入姓名就可以查询失信被执行人名单信息。”“最高人民法院统计显示，全国法院 2008 年至 2012 年执结的被执行人有财产的案件中，70% 以上的被执行人存在逃避、规避甚至暴力抗拒执行的行为，自动履行的不到 30%。最高人民法院新闻发言人孙军工说：‘建立健全惩戒制度，压缩恶意逃债者的生存空间，成为人民法院执行工作的重中之重。’”[①]

根据《最高人民法院关于公布失信被执行人名单信息的若干规定》第八条的规定[②]，2013 年 11 月 14 日最高人民法院执行局与中国人民银行征信中心签署合作备忘录，共同明确失信被执行人名单信息纳入征信系统相关工作操作规程。[③]

本案当事人格林福天公司因拒不履行生效法律文书确定的义务，北京市第二中级人民法院于 2015 年 11 月 10 日［（2015）二中执字第 116-1 号］《执行裁定书》中载明：“本院于 2015 年 10 月 30 日作出执行决定书，将被执行人纳入失信被执行人名单。”

【焦点评析】

1. 根据《合同法》第三百三十条第三款的规定，涉案合同名称为《应用 DYB 制冷专利技术转化产品合作合同》，根据判决书所述的实际约定内容，应当可以确认涉案合同属于专利技术转化合同，涉案合同标的为 DYB 制冷专利技术。

技术转化合同（参见【名词解释】“技术转化合同”）的两个重要特征。

（1）当事人之间已经有一项具有实用价值的科技成果，但尚无法实现投产或者工业化应用，必须具有后续试验、开发、应用、推广直至形成新产品、新工艺、新材料，发展新产业的内容。DYB 制冷专利技术自李定宇在 1985 年至 2007 年，就吸附制冷技术及相关技术，先后申请和获得专利达 20 项之

---

① 来源：http：//baike.so.com/doc/24214321-24844141.html。

②《最高人民法院关于公布失信被执行人名单信息的若干规定》（2013 年）第八条：人民法院应当将失信被执行人名单信息，向政府相关部门、金融监管机构、金融机构、承担行政职能的事业单位及行业协会等通报，供相关单位依照法律、法规和有关规定，在政府采购、招标投标、行政审批、政府扶持、融资信贷、市场准入、资质认定等方面，对失信被执行人予以信用惩戒。

人民法院应当将失信被执行人名单信息向征信机构通报，并由征信机构在其征信系统中记录。

失信被执行人是国家工作人员的，人民法院应当将其失信情况通报其所在单位。

失信被执行人是国家机关、国有企业的，人民法院应当将其失信情况通报其上级单位或者主管部门。

③ 来源：http：//baike.so.com/doc/24214321-24844141.html。

多，但专利权的获取并不意味着该专利技术在市场上已经可以作为产品进行实际应用，还需要经过后续试验、开发、应用、推广直至形成新技术、新工艺、新材料、新产品，发展新产业的一个或者几个过程。涉案合同将专利技术进行工业化应用具有典型的技术成果转化特征。因此，涉案合同中的两台样机（演示样机和工程样机）中的演示样机成为涉案合同是否能顺利履行的关键。

（2）合同目的是为了提高生产力水平而对科学研究与技术开发所产生的具有实用价值的科技成果实现投产或者工业化应用。因此，涉案合同中的两台样机（演示样机和工程样机）中的工程样机成为涉案合同是否实现合同目的的关键。

截至 2001 年《吸附制冷技术在余热回收中的应用》一文发表时，湖南定宇制冷有限公司的有关吸附制冷装置已完成了中间试验，批量投入生产，并有部分产品销往日本。且因李定宇的专利申请是在逐步研发中形成的，涉案专利因为名称设定的宽泛性，无法确认指向的具体专利技术是哪一项，因此从合同约定来看，投入生产为市场提供有应用价值的产品尚需完成相对应的专利技术的中间试验，仍是需要进行后续研发的。

2. 技术转化合同是参照技术开发合同的规定对合同双方当事人权利义务进行判定。而技术开发合同又分为委托开发合同和合作开发合同，这两类合同的不同决定了双方当事人的权利义务和法律责任不同（参见【名词解释】“技术开发合同”）。

（1）合作开发合同的重要特征在于合同各方当事人均应当以自己的技术力量和人员参与研发工作，做出实质性贡献。研发形式可以是共同委派人员进行或者各自进行，也可以按照研发阶段进行。从涉案合同双方当事人的权利义务约定可以判断：甲方（高夫公司）的主要义务是承担研发经费；乙方（格林福天公司）的主要义务是“负责两台样机全程的设计、制作、安装等技术性工作”以及对两台样机的检测。尽管涉案合同在后期双方当事人均要承担部分资金，转化成果也由双方共享，但并不符合合作开发合同的本质要件。因此，本案即使名称为《产品合作合同》，其法律性质都属于委托开发合同，应当按照委托开发合同的法律规定审查合同履行情况和判定法律责任。

（2）技术开发合同另一重要特征是具有开发风险。因为技术开发合同是当事人之间就新技术、新产品、新工艺或者新材料及其系统的研究开发所订立的合同技术。对于“新”可以理解为未知，因此开发过程中因无法解决的技术难题或者被他人申请专利等原因导致无法实现合同目的，属于技术开发合同中特有的无法预知、无法避免和无法克服的技术困难导致研究开发全部失败或者部分失败，无法实现合同预期目的的技术开发风险。技术开发风险由当事人双方合理承担。[①] 按照法律规定，当事人对该风险责任有约定的依约定；没有约定或者约定不明确，依照《合同法》第六十一条[②] 的规定仍不能确定的，风险责任由当事人合理分担。[③]

法律规定的合理分担并不意味着平均分担，而是要根据以下情形综合考虑分担责任，力求对当事人双方公平、合理：①研发进度；②各方履行情况；③物质、技术投入和合同目的预期的可承受能力；④风险产生的主客观因素；⑤当事人所受到的实际损失等。

那么，涉案合同的样机检测未能完成，是否属于开发风险？

“对于两台样机至今未能检测，格林福天公司称，其曾联系了相关国家权威部门，被告知由于涉及的技术出现较晚，应用时间较短，国内还没有可依据的检测方法和测试标准，故无法检测。”检测是为了生产出合格的产品，并能够符合市场的需求，无法检测属于第三方资质、能力的客观原因，并非研发的技术本身所导致的技术风险，亦不属于案外人的合法行为所导致的使合同继续履行成为不必要的行为。因此，涉案的“无法检测”不属于开发风险。一审法院认为：“从本案双方当事人之间存在的委托开发关系上看，高夫公司只负责提供研制资金，并在涉及技术方面对格林福天公司充分信赖；格林福天公司作为受托开发者，应当负责技术领域内涉及的一切相关问题，除履行研制义务外，在签约时对所研制出的设备能否被国家相关部门检测应当具有预见性或者就此提前了解相关信息，以避免设备在研制出来后无法被相关部门检测，导致合同无法继续履行，现其未能履行该义务的行为构成违约。”二审法院则认为：“由于涉案《产品合作合同》系双方当事人协商确定，合同相关内容各方当事人均应当尽到谨慎审查的义务，不能仅依据各方当事人在合同中所承担的义务而判断合同条款的归责方式，亦不应加重或减轻任何一方的合同责任，一审判决将无法检测的责任完全归于格林福天公司，显然缺乏法律依据，本院予以纠正，格林福天公司此部分上诉理由具有法律依据，本院予以采纳。”技术开发风险也无法因“谨慎审查的义务”而避免。

一审法院基于委托开发合同的性质，作出认定，但是无论委托开发合同还是合作开发合同，对于技术合同风险的承担并无实质意义。技术开发风险

---

① 《合同法》第三百三十八条：在技术开发合同履行过程中，因出现无法克服的技术困难，致使研究开发失败或者部分失败的，该风险责任由当事人约定。没有约定或者约定不明确，依照本法第六十一条的规定仍不能确定的，风险责任由当事人合理分担。

② 《合同法》第六十一条：合同生效后，当事人就质量、价款或者报酬、履行地点等内容没有约定或者约定不明确的，可以协议补充；不能达成补充协议的，按照合同有关条款或者交易习惯确定。

③ 《合同法》第三百三十八条第一款。

不能归责于任何一方当事人，能够归责的就不属于技术开发风险，而法律明确规定，技术开发合同的技术开发风险由当事人双方共同承担。在“无法检测”不构成开发风险的前提下，一审法院的判定是准确的，因为委托开发就是一方当事人可能完全不懂得合同标的的技术，甚至可能是完全无合同标的技术的知识、常识，那么更不可能知悉目前国内的检测技术和检测能力，完全信赖和交由受托方去履行合同义务并不构成委托方对合同履行的懈怠。二审法院认定的“谨慎审查的义务”属于合同的附随义务，更多的是强调合同签署和履行过程中，合同双方应当本着怎样的态度与行为约定和履行合同的权利义务，也同时是除合同必要条款之外，应当遵循的公序良俗以及行业规则和商业道德。在技术合同中，对于涉案技术的“谨慎审查”仅限于考量专利权的有效性、专利权人等能够公开查询的范围之内。因此，二审法院的这一纠正是错误的。两个法院给出的认定完全不同，但是从判决结果并无变化来看，二审法院也只是为了维持一审判决而作出的“姿态”。

（3）格林福天公司是否完成了两台样机的设计、制造工作?

一审法院认为：“根据现有证据，表明证人张玉峰其系双方当事人认可的合同事务协调人兼高夫公司总监，与格林福天公司、高夫公司无利害关系，其证言可以单独作为认定案件事实的依据。根据其证言的内容，证明演示样机在 2010 年 5 月已经完成研制，并在当年 8 月运往天津，高夫公司的负责人还进行了查验，故格林福天公司已完成演示样机的研制。对于工程样机是否已完成研制的问题，根据格林福天公司提供的向海外发货单的证据，显示其已于 2011 年 3 月 1 日将相关工程样机发往加拿大，故法院认定格林福天公司已完成工程样机的研制。”

二审法院则认为：“本案中，由于涉案《产品合作合同》约定了工程样机最迟应于 2010 年 9 月内交付，虽然高夫公司与格林福天公司于同年 10 月签订了《会商纪要》，但其中并未明确变更工程样机的交付时间，而且格林福天公司并未出示证据证明其已经向高夫公司提交了工程样机实施的进度方案，并经高夫公司确认，故格林福天公司并未依约按时履行交付工程样机的义务。同时，格林福天公司虽然提交了其于 2011 年 3 月 1 日向加拿大发送货物的单据，但是该加拿大收货方是否与涉案《产品合作合同》存在关联性，是否为合同指定的加拿大需方，在格林福天公司并未提交证据予以证明，且高夫公司不予认可的情况下，无法进行确认，亦不能证明格林福天公司已经完成了工程样机的交付。因此，格林福天公司并未依约全面履行其交付工程样机的合同义务，其此部分上诉理由缺乏事实依据，本院不予采纳。”

一审法院和二审法院在事实认定上，很显然是不同的。一审法院确认两台样机已经完成交付，二审法院则对两台样机的交付存疑，无法确认。另外一个关键问题在于对张玉峰的证言是否能够采信，作为定案的证据的问题，一审法院给予了明确的肯定，而二审法院则没有予以确认。

3. 专利技术持有人李定宇亲笔签字的《对 DYB 制冷技术（专利）的说明与承诺》是否是涉案合同生效的必要条件（参见【名词解释】“合同生效要件”）？

涉案合同中约定“乙方在本合同签订后、待 DYB 技术专利发明人李定宇从加拿大回国以后一周内，向甲方提供 DYB 专利技术的相关资料。”和“专利技术持有人李定宇亲笔签字的《对 DYB 制冷技术（专利）的说明与承诺》”是什么性质?

首先，专利发明人并不一定是专利权人。李定宇申请的 20 多项专利，其中大部分专利权人为李定宇，有少部分专利权人为他人。

其次，专利持有人是个不准确的概念（参见【名词解释】“专利持有人”）。在本案中，应当确定李定宇是专利权人还是被许可人，精准定义是关乎本案的生效要件的关键性因素，因为只有确定了权利人的授权和许可，其才可以确定合同生效要件是否能够成为合同有效与否的关键。

最后，“说明与承诺”可以推断不是专利权证书，亦不是与专利技术相关的资料。尽管是涉案合同约定的，但是如果格林福天公司没有 DYB 制冷专利技术的正式授权和许可，如果法院审查了此重要事实，恐怕判决结果将对格林福天公司更加不利。当然，原告高夫公司的诉请仅仅是返还支付给被告格林福天公司的 95 万元合同款及利息，而“合同签订后一周内，甲方向乙方支付样机制造费叁拾（30）万元作为定金；乙方收到此款后的一个月内，向甲方递交所有与专利相关的资料，经甲方审核确认后，按照乙方的制造样机实施方案的不同阶段分两次付清壹佰（100）万元”约定中的“向甲方递交所有与专利相关的资料”应该是格林福天公司并没有履行递交义务，因此，高夫公司没有全部支付合同款项也就不构成违约行为，或者法院审理可以“忽略”该行为。

根据《合同法》第四十五条[①]的规定，涉案合同约定的“本合同生效必须具备以下两个条件：1. 专利技术持有人李定宇亲笔签字的《对 DYB 制冷技术（专利）的说明与承诺》。2. 合同签约人的《法人代表身份证明》或法人《授权委托书》。”依照《最高人民法院关于审理技术合同纠纷案件适用法律若干问题的解释》有关技术合同效力规定的三点精神：（1）维护意思自治和交易安全；（2）维护技术市场公平竞争；（3）科学合理平衡当事人的利益。[②]考虑到高夫公司已经支付了部分款项，且格林福天公司也已经履行了对样机的

① 《合同法》第四十五条：当事人对合同的效力可以约定附条件。附生效条件的合同，自条件成就时生效。附解除条件的合同，自条件成就时失效。

② 孔祥俊：《技术合同效力的认定与处理》，载《技术合同司法解释的理解与适用》，科学技术文献出版社 2007 年 11 月第 1 版，第 107 页。

研发义务，出于对合同稳定性、当事人双方意思自治和权益保障，将涉案合同认定为已经生效，并无不妥。

但是，我们无从知悉李定宇的“说明与承诺”的具体内容，如果能够证明格林福天公司使用涉案专利技术并没有得到完整的专利授权或者许可，则可能直接导致涉案合同的无效。

4. 高夫公司所主张的利息是否属于实际经济损失？

涉案合同对于违约责任的约定是：“任何一方违约，违约方按守约方的实际经济损失予以赔偿。”尽管一审法院认定的格林福天公司的违约行为在于延迟交付样机和样机没有通过检测与二审法院认定的格林福天公司的违约行为在于没有按时交付样机和无法确认工程样机是否实际交付以及因为没有通过检测而无法达到合同约定的质量的认定完全不相同的情况下，格林福天公司均存在违约行为，而高夫公司未能全额支付合同款的责任因为格林福天公司未提出“反诉”而被一审法院和二审法院“忽略”，未就高夫公司的违约行为作出认定。那么，高夫公司诉讼请求中的利息是否属于实际损失的赔偿范围，要结合法院最终判定的法律依据。

从判决书的法律依据来看，一审法院依照《合同法》第九十三条，而非第九十四条[①]，判定涉案合同双方当事人解除合同，也就是合同的解除是当事人协商一致的结果，各自返还财、物（涉案演示样机1台和工程样机1台归格林福天公司所有。）。同时，一审判决又依照《合同法》第一百零七条作出“格林福天公司返还高夫公司九十五万元”的判定。二审判决书中特别说明“由于根据在案证据，格林福天公司无法证明其已经交付了符合合同约定质量的演示样机和工程样机，故其应当对此承担相应的违约责任，一审判决根据格林福天公司违约事实认定其所承担返还高夫公司合同款项950000元的结果并无不当，本院予以确认，虽然格林福天公司部分上诉理由具有法律依据，但并不足以支持其上诉请求，本院不予支持。”。那么，涉案的九十五万元的“返还”就是赔偿损失中实际损失的一部分。高夫公司请求的合同款利息是否属于实际损失的另一部分？根据《合同法》第一百一十三条[②]的规

① 《合同法》第九十四条：有下列情形之一的，当事人可以解除合同：（一）因不可抗力致使不能实现合同目的；（二）在履行期限届满之前，当事人一方明确表示或者以自己的行为表明不履行主要债务；（三）当事人一方迟延履行主要债务，经催告后在合理期限内仍未履行；（四）当事人一方迟延履行债务或者有其他违约行为致使不能实现合同目的；（五）法律规定的其他情形。

② 《合同法》第一百一十三条：当事人一方不履行合同义务或者履行合同义务不符合约定，给对方造成损失的，损失赔偿额应当相当于因违约所造成的损失，包括合同履行后可以获得的利益，但不得超过违反合同一方订立合同时预见到或者应当预见到的因违反合同可能造成的损失。

定，利息应当属于高夫公司实际损失的另一部分。但一审判决认为“对于其要求判令支付相应利息的请求，鉴于双方当事人是在诉讼阶段表示愿意解除合同，且无法明确利息的起算日期，故对高夫公司的该项请求，不予支持。”因此，法院并不是否定利息属于实际损失，而是因为“无法明确利息的起算日期”，且双方“协商”解除合同的情况下，判决格林福天公司返还高夫公司合同款，已经达到平衡当事人权益的目的，至于利息就被“忽略”不计了。

【总体评价】

1. 事实认定。

（1）本案在认定格林福天公司违约行为和责任承担方面，一审和二审有所不同，不同之处在于：一是一审法院基本确认格林福天公司已经完成两台样机的交付义务；二审法院认为在高夫公司予以否认的情况下，无法确认格林福天公司对涉案工程样机已经完成交付。二是涉案样机无法按照合同约定进行国家检测部门检测的事实，一审法院认为是格林福天公司单方面的责任，而二审法院则认为是高夫公司和格林福天公司双方的责任。

（2）一审和二审法院对于涉案专利技术是否实际存在专利权及专利权是否有效和研制开发方格林福天公司是否获得授权和许可，均未做出认定。

2. 法律适用。

二审法院认定“一审判决认定事实基本清楚，适用法律基本正确，认定结果并无不当”，并依据《合同法》第一百七十条第一款第（一）项做出“驳回上诉，维持原判”的判决。而《合同法》第一百七十条第一款第（一）项规定：“（一）原判决、裁定认定事实清楚，适用法律正确的，以判决、裁定方式驳回上诉，维持原判决、裁定。”可以看出判决书在事实和法律部分均出现了“基本”两字，事实基本清楚尚可理解，适用法律基本正确就难以理解了。同时，二审法院认为：“综上所述，虽然格林福天公司部分上诉理由具有法律依据，但并不足以支持其上诉请求，本院不予支持。”具有法律依据的事实和理由，如何不足以支持上诉请求，二审判决书确有不足之处。

就二审判决中阐明的“虽然一审判决在引述格林福天公司关于高夫公司未按期支付合同款项方面存在不当，但并未损害格林福天公司的合法权益，格林福天公司亦可针对高夫公司未按期支付合同款项另行主张其合法权益，并不影响本案的认定结论，故本院对格林福天公司此部分上诉请求亦不予以支持”一节，格林福天公司未在本案中就未支付的合同款项提起反诉是其诉讼权利行使的自由。但是从“损益相抵原则”适用的角度讲，本案因违约损害已经成立，且为了避免因损害与收益同时存在导致一方当事人既获得赔偿又获得不应得利益，致使法律适用的不公平，且损害赔偿范围无法准确确定，而是放到另一案件中予以解决，存在极大的不确定性。二审判决提及“另行主张”虽无错误，但却有画蛇添足的不妥，而格林福天公司及其代理人未在本案中提起反诉也是个不小的瑕疵。